本书出版得到国家自然科学基金面上项目（72373151、71773133、71573267）的支持

中国欠发达城市
建设区域性金融中心研究
——以宜宾市为例

文余源◎著

经济管理出版社

ECONOMY & MANAGEMENT PUBLISHING HOUSE

图书在版编目（CIP）数据

中国欠发达城市建设区域性金融中心研究：以宜宾市为例/文余源著．—北京：经济管理出版社，2024.4

ISBN 978-7-5096-9660-6

Ⅰ.①中…　Ⅱ.①文…　Ⅲ.①区域金融中心—建设—研究—宜宾　Ⅳ.①F832.771.3

中国国家版本馆 CIP 数据核字（2024）第 080012 号

组稿编辑：魏晨红

责任编辑：魏晨红

责任印制：张馨予

责任校对：陈　颖

出版发行：经济管理出版社

（北京市海淀区北蜂窝 8 号中雅大厦 A 座 11 层　100038）

网　　　址：www.E-mp.com.cn

电　　　话：（010）51915602

印　　　刷：北京市海淀区唐家岭福利印刷厂

经　　　销：新华书店

开　　　本：720mm×1000mm/16

印　　　张：16.5

字　　　数：333 千字

版　　　次：2024 年 4 月第 1 版　2024 年 4 月第 1 次印刷

书　　　号：ISBN 978-7-5096-9660-6

定　　　价：78.00 元

前　言

　　区域金融中心是金融体系格局置于空间中的一种经济景观，它以中心城市为依托，集聚金融机构、聚散金融信息、集中金融交易和金融服务，汇集金融市场、整合金融资源并具有良好服务设施的核心地理区域。随着我国经济的快速发展和全球化的加速深化，金融对经济发展的重要性日益突出，为了能够争夺和支配更多的金融资源以掌控经济发展的主动权和提升竞争力，很多有实力的城市开始竞相建设区域金融中心。据不完全统计，在中国已有 30 余个城市正式提出了建设各级各类的金融中心，这些城市分布在全国各地，但主要集中在东部沿海发达地区。2009 年以来，中国稳居世界第二大经济体已有十余年，且发展势头依然强劲，是引领世界经济发展的主要发动机之一，是全球经济发展最具活力的经济体之一。中国这样一个大体量、发展快、势头猛、能级高的经济体，完全可以支撑其多个不同等级不同类别的金融中心的发展。2021 年《中华人民共和国国民经济和社会发展第十四个五年规划和 2035 年远景目标纲要》提出了"加快构建以国内大循环为主体、国内国际双循环相互促进的新发展格局""提高金融服务实体经济能力""大力发展绿色金融"和"提高参与国际金融治理能力"的目标和要求。在此框架下，我国既需要具有世界影响服务全球的国际金融中心，也需要立足特定地区服务于国内局部范围的区域性金融中心。从地域上看，发达地区的发展需要金融中心的支持，欠发达地区同样需要金融中心的服务。目前来看，我国主要的金融中心如香港、上海、北京、深圳、广州等都分布在沿海地带，而广大的中西部地区拥有的金融中心数量不多，且影响能级不高。伴随西部大开发的持续推进，"一带一路"倡议的加速实施，迫切需要在欠发达地区发展起来一批各具特色的金融中心，来支撑西部大开发和"一带一路"倡议的顺利推进。因此，研究具备一定条件的欠发达城市如何建设区域性金融中心具有重要的现实意义。宜宾是长江首城，是沿江城市带区域中心城市、长江上游区域中心城市、全国性综合交通枢纽和四川南向开放枢纽门户，也是川滇黔区域的战略要地和全国 50 个铁路枢纽之一，具备一定的经济实力和良好的后发优势。在成渝地区双城经济圈建设、"一带一路"倡议推进、长江经济带建设等一系列国家战略的相继推动下，宜宾的战略地位更加突出，也为其构建区域性金融中心城市提供了良好机遇和条件。因此，选择宜宾作为欠发达城市建设区域性金融中心的研究案例具有很好的典型性和代表性，其研究成果可推广至其他类似城市。

本书得到了中国人民大学国家发展与战略研究院、宜宾市政府委托课题"宜宾市加快建成区域性国际金融中心研究"的支持，也是上述研究项目的阶段性成果，并得到国家自然科学基金"中国世界级城市群发展机制与政策研究"（72373151）"基于流空间的中国巨型城市区网络体系研究"（71773133）和"新型城镇化背景下FDI区位迁移与我国城市群发展响应"（71573267）的数据成果支持。本书研究的内容框架和基本思路为：首先，对区域金融中心相关概念进行界定，对相关理论及其关系进行介绍阐释，为欠发达城市建设区域性金融中心提供理论支撑。其次，构建区域性金融中心竞争力指标体系，并对不同层次类型城市的金融发展竞争力进行评价，分析欠发达城市宜宾建设区域性金融中心的发展态势与关键问题。再次，选取国际国内典型金融中心城市剖析其形成发展的模式及影响因素，以期为欠发达城市宜宾建设区域性金融中心提供经验借鉴。最后，本书认为宜宾作为欠发达城市应该走特殊定位的路子，即建设区域性绿色金融中心，并对宜宾建设绿色金融中心的战略意义、目标和路径进行了阐述和设计。

本书建立了欠发达城市构建区域性金融中心的理论和实证分析框架，从不同视角对欠发达城市建设区域性金融中心的基本机制和影响因素进行了深入探讨，并以宜宾作为案例对象提出了其建设绿色金融中心的战略定位和基本路径，为未来更好地推进类似欠发达城市建设区域性金融中心提供了参考依据。

在研究和成书过程中，得到了多方支持和帮助，感谢国家发展和改革委员会王青云司长，国家发展改革委城市和小城镇改革发展中心高国力主任，北京市发展和改革委员会隆学文处长（现国家医疗保障局副司长），宜宾市政府副秘书长、市金融工作局局长华淑蕊女士（现宜宾市副市长），宜宾市金融工作局朱珂君科长，中国人民大学国家发展和战略研究院执行院长严金明教授，中国人民大学国家发展与战略研究院长江分院院长罗来军教授（现海南省委政策研究室副主任），中国人民大学国家发展与战略研究院张杰教授和刘瑞明教授，中国人民大学农发学院仝志辉教授，中国人民大学应用经济学院副院长黄隽教授等，为课题研究中资料收集、实地调研、课题评审等给予了大力支持、协调和指导。感谢中国人民大学经济学院和应用经济学院多位领导的关怀指导和同事的慷慨支持。特别感谢中国人民大学区域与城市经济研究所孙久文教授、张可云教授、侯景新教授、付晓东教授、姚永玲教授、虞义华教授、张耀军教授、刘玉教授、徐瑛副教授、蒋黎副教授、孙三百副教授、席强敏副教授和卢昂荻副教授等，与他们的学术讨论让我受益匪浅。感谢家人对我工作的无私支持和奉献。

在课题研究和成书过程中，王少龙、张翱、王芝清、邵璇璇、陈莹、姬瑞丰、王旭东、崔田、刘人瑞、杨钰倩、刘兰婷等多位硕士、博士研究生协助了资料数据收集整理、数据处理、量化分析和图表制作等工作，并参与了部分课题研究报告初稿的起草工作，助力了本书的完成，在此对他们表示感谢。

本书在写作过程中参阅了大量的文献著作和数据资料，笔者尽力标注引用，但仍不免会有遗漏，在此一并作谢和致歉。由于理论和实践水平有限，本书错误纰漏之处在所难免，并恳请读者指正。

感谢经济管理出版社对本书出版的大力支持，感谢申桂萍主任和魏晨红编辑为本书付梓付出的辛勤努力和提供的热忱帮助。

文余源

2024 年 3 月

目　录

第一章　绪　论

区域性金融中心在金融学理论中没有严格的定义，现实中是指区域金融活动发生的中心地，是国家金融机构高度集中和金融资本活跃的发源地。区域性金融中心最突出的特征之一是金融集聚，金融集聚会提高金融效率，进而显著地促进地区经济增长。极化效应、规模效应、溢出效应和扩散效应是金融集聚产生的四种基本影响效应，其中扩散效应和溢出效应对地区经济增长具有带动作用，但这种效应只有当金融集聚到一定程度时才会产生，金融集聚与地区经济发展是一个类似反馈互激的过程，也是区域性金融中心形成发展的过程。区域性金融中心的形成必须以金融集聚为前提条件，因此区域性金融中心建设的首要任务就是聚集各类金融资源，除了金融资源集聚，还需要大片为其提供支撑的经济腹地。对于区域性金融中心建设的研究，一方面要考察金融机构、信息、技术、人才等要素的集聚功能，另一方面要考察其金融集聚的辐射功能。拥有一个具备引领经济发展和特定优势的区域中心城市是形成区域金融中心的必要条件，通过该城市聚集区域的金融资源、优化资源配置、提高金融效率，进而促进区域经济发展。正因为区域性金融中心具有集聚金融资源并推动地区经济发展的作用，建设区域性金融中心能够为本地区经济发展带来直接或间接的效益，因而各地政府竞相建设本地区的金融中心。

20 世纪 90 年代以来，建设区域性金融中心成为区域发展的一股潮流，国际上很多大中城市纷纷瞄准了区域性金融中心的建设目标。进入 21 世纪以来，我国也有不少城市提出了建设区域性金融中心的目标并付诸行动。据不完全统计，我国已有 30 多个城市明确提出要建设各类区域性金融中心的发展目标，主要是一些省会城市或副省级城市（计划单列市）。从地域分布来看，这些城市大多分布在东部地区，拥有能级较高的中心城市和发达的经济腹地，中西部地区的城市不多。我国经济发展体量已经多年位居世界第二，与世界第一的美国的差距在不断缩小，人均 GDP 已超过 1 万美元，已进入中上等收入国家行列。尽管经济增长已从高速增长向中低速增长的高质量发展转型，但其增长潜力以及对全球经济增长的贡献依然处于高位。我国拥有广袤的国土、全球近 1/5 的人口和最庞大的中等收入人群，城市化和工业化处于快速上升阶段，是全球最大的贸易大国之一，也是蓬勃发展的全球制造中心。这些背景和条件为中国发展多个层级、多种类型的金融中心创造了环境，也就是说，在我国同时建设多个不同类型、不同级别的金融中心具有一定合理性。经济欠发达地区由于经济相对落后，其发展经济的要求较之发达地区更为迫切，也更加需要区域性金融中心的支持。我国在持续推动西部大开发中，由于其地域广大，各地面临的环境和条件千差万别，发展水平参差不齐，为了更好地推进各地区因地制宜地发展，金融支持极其重要，在远离国家重要金融中心（如香港、上海、北京等）难以获得其辐射的情况下，在西部地区发展若干依托和服务于本土的、不同级别不同类型的区域性金融中心是必要的，考虑到中国作为世界第二大经济体和良好的增长势头，以及在未来相当长的时期内要构建以国内大循环为主体、国内国际双循环相互促进的新发展格局，我国西部欠发达地区将迎来新的发展高潮，对在西部地区构建更多的各级各类金融中心形成了良好的支撑，因而也是可行的。

四川省宜宾市是国家确定的沿江城市带区域中心城市，是长江上游区域中心城市、全国性综合交通枢纽、四川省南向开放枢纽门户和 7 个争创全省经济副中心的城市之一，地处长江黄金水道的起点、川滇黔区域的战略要地，是全国 50 个铁路枢纽之一，是川滇黔区域的航空桥梁，宜宾港是国家规划的长江上游航运物流中心、长江六大重要枢纽港之一。宜宾具有较强的经济实力，商贸、旅游、工业基础较好，也具有较好的金融基础。随着国家对西部大开发战略的日益推进，成渝地区双城经济圈、"一带一路"倡议、长江经济带发展战略等的相继推动，宜宾市作为成渝以及川滇黔战略支点的作用越发凸显，尽管与东部很多中心城市相比还存在不小的差距，但具有成为西部特色区域金融中心的潜力。因此，本书将其选为欠发达城市建设区域性金融中心的具体案例。

本书在系统梳理国内外金融中心城市金融产业集聚发生、发展一般规律的基础上，以现代金融深化理论、金融地理学、区域经济学和演化经济地理学等相关学科理论为指导，从金融产业空间集聚形成机制的角度，考察欠发达城市宜宾建设区域性金融中心和金融产业集聚的动因，从理论和实践两个层面探究金融产业集聚的内在机理，归纳影响宜宾建设区域性金融中心的关键因素，设计推进宜宾建设区域性金融中心的路线图和发展模式，并提出促进金融产业集聚进而打造金融中心的对策与措施，为宜宾有序发展金融产业和建设主题区域性金融中心提供理论和实践依据，进而为全国其他欠发达城市建设区域性金融中心提供借鉴。

第二章　区域金融中心的相关理论

本章介绍区域金融中心的相关概念、相关理论及各理论与区域金融中心的联系，为欠发达城市建设区域性金融中心提供理论支撑。

一、区域金融中心的相关概念

（一）区域金融中心的概念

金融中心没有统一的定义，根据相关文献，金融中心的概念主要从以功能作用和以金融地理两个方面定义。通过查阅各个地方政府对金融中心规划的文件可知，虽然对金融中心概念说明的文件少之又少，但多从这两个角度定义。本章梳理了文献中出现的两种方式下金融中心的概念，并列举了地方政府文件中金融中心的概念。

1. 以功能作用定义金融中心

Kindleberger（1974）认为，金融中心是承担资金交易中介和跨区域价值贮藏功能的中心区，实现资金跨时空配置和结算功能。Roberts（2008）认为，作为金融中心的城市由金融和商业服务部门、金融市场、金融机构、金融服务企业等相互补充的要素构成，主要提供零售性和批发性的金融服务活动。Jao（1997）认为，金融中心是银行与其他金融机构高度集中、各类金融市场自由生存和发展、金融活动与交易较任何其他地方更能有效地进行的都市。

2. 以金融地理定义金融中心

金融地理学从地理视角考察金融的区域差异，随着信息科技发展，金融信息成为金融地理研究金融中心问题的新切入点。Amin 和 Thrift（1994）认为，信息是金融体系运行的核心，金融中心主要功能就是产生、获得、解释和提供流动的货币信息中最重要的部分。Gehrig(1998)认为，金融中心是金融资源在空间配置所形成的集聚状态，是高端金融功能和服务产生聚集的区域。曹源芳(2010)从金融地理学视角研究区域金融中心体系，认为金融中心一般需要具备金融机构高度集聚、金融市场高度发展和金融信息高度集中三个条件。范从来、林涛(2005)认为，区域性金融中心是金融机构集中、金融市场发达、金融信息灵敏、金融设施先进、金融服务高效的融资枢纽。区域性金融中心能够聚集金融资本和其他生产要素，从而有力推动该城市及周边地区的经济发展。钱明辉、胡日东(2014)认为，金融中心形成本质上是一种"涌现"过程，即金融机构及相关服务业大量集聚促进金融中心产生，因此金融中心往往具有金融市场齐全、金融服务业高度密集、对周边地区具有辐射影响力的特性。

3. 地方政府采取的金融中心定义

地方政府从各自建设目标需要出发，对区域金融中心也进行了不同的界定，其共同特点是强调金融中心对金融要素的空间集聚性。下面是两个典型例子。

大连市人民政府发布的《大连区域性金融中心建设规划(2019—2030年)》中定义：金融中心是指对各类金融要素具有较强汇集和吸纳能力，在金融市场价格和金融政策的形成中具有一定话语权，并对周边地区形成辐射和影响力的金融中心城市。

青岛市人民政府发布的《关于印发青岛市"十三五"金融业发展规划的通知》中定义：区域性金融中心必须是区域金融资源的集散中心，是资金集散中心、金融交易中心、金融产品中心、金融机构聚集中心、金融创新源泉中心、金融服务中心、金融监管中心，要达到这个目标，还有很长的路要走。金融中心的实质性繁荣要靠实体经济作支撑。融通资金是金融市场最基本的功能。如果没有有效的资金需求，实体经济无法创造出良好的效益回报，就难以形成巨量资金流动。

（二）金融中心的分类

全球各地被称为金融中心的区域很多，这些金融中心，按地区和空间角度、功能和目的角度及发展和演化角度可归纳为三大类。本部分介绍这三种划分方法并列举一些知名金融中心的归类：

1. 地区和空间角度

Johnson(1976)从服务地域范围将金融中心划分为地区金融中心和国际金融中心。国际金融中心(如纽约、伦敦)提供的金融服务超出城市所在国家，覆盖到世界或世界大部分地区。地区金融中心(如中国香港、新加坡、巴拿马)主要依赖邻近国际金融客户所在国家或地区优势提供开展金融业务安全便利条件，吸引总部设在国际金融中心的外国金融机构在当地设立分行、子公司和办事处集聚。Jones(1992)则进一步划分为三类：A 类是次区域性国际金融中心，主要侧重于所在东道国经济与其他国家经济的双边交易；B 类是区域性金融中心，主要为整个地区(如亚洲或环太平洋地区)提供金融服务；C 类是全球性金融中心，主要为全球经济提供范围广泛的金融服务。

我国学者李军(2011)认为，不同区域金融中心服务地域范围的差异是中国各城市金融中心的主要特征，并给出了中国各城市对其金融中心的差异定位，如表 2-1 所示。

表 2-1　中国各城市对金融中心的差异性定位

序号	城市	金融中心建设目标定位
1	北京	具有国际影响力的金融中心城市
2	天津	建设与北方经济中心相适应的现代金融体系和全国金融改革创新基地
3	大连	辽宁沿海经济带区域性金融中心
4	济南	黄河中下游地区金融中心
5	青岛	区域性金融中心
6	石家庄	冀中南经济区金融中心
7	沈阳	东北区域金融中心
8	长春	东北区域性金融创新城市
9	上海	国际金融中心
10	南京	泛长三角重要的区域金融中心城市
11	杭州	长三角区域金融服务中心
12	苏州	与上海国际金融中心互补的功能性金融中心
13	宁波	区域性金融结算服务中心、金融后台服务基地
14	合肥	建设滨湖国际金融后台服务基地，打造区域性金融中心
15	武汉	区域金融中心
16	郑州	区域性金融中心
17	温州	服务民营经济创新发展的区域性金融中心和省级金融集聚区
18	深圳	全国性金融中心，港深大都会国际金融中心重要组成部分
19	广州	国家战略层面的区域金融中心
20	长沙	长株潭区域性金融中心
21	南昌	中部区域性金融中心
22	厦门	两岸区域性金融服务中心
23	福州	海西金融服务中心

序号	城市	金融中心建设目标定位
24	成都	西部金融机构集聚中心、金融创新和市场交易中心、金融外包及后台服务中心
25	重庆	长江上游地区金融中心
26	贵阳	在西部有影响力的资源产权交易中心和排放权交易中心
27	西安	西部区域性金融中心
28	兰州	西部区域性金融中心
29	乌鲁木齐	中国西部和面向中西亚的区域性金融中心
30	南宁	中国—东盟区域性货币结算中心
31	昆明	面向南亚和东南亚地区的区域性国际金融中心
32	哈尔滨	东北亚地区重要的金融中心

资料来源：笔者根据相关资料整理。

2. 功能和目的角度

McCarthy(1979)区分了簿记中心(Paper Centre)和功能中心(Functional Centre)，前者仅仅记录金融交易地点，几乎没有实际的银行或金融交易发生；后者实际发生吸收存款、贷款、外汇交易、证券买卖等业务。Park(1982)将金融中心划分为基本中心、簿记中心、筹资中心和融资中心四类。其中，基本中心是指该中心资金来源和使用都是全球性的(如伦敦和纽约)；簿记中心仅仅是为发生在其他地区的金融交易提供合法的登记场所(如巴哈马群岛)；筹资中心则主要将本地以外的资金引入本地，为本地企业或居民提供融资服务(如旧金山)；反之，扮演资金向外输出角色的，则称为融资中心(如首尔)。Reed(1981)通过建立一系列的识别变量对金融中心的地位及影响力的区域范围进行了评估，将金融中心划分为五类，即世界性金融中心、区域国际金融中心、全国性金融中心、国内地区性金融中心以及省市一级金融中心。

中国各地政府对其金融中心的功能性定位也是其一大特征。如在《南京区域金融中心建设规划(2011—2020)》中，南京市政府提出建设金融服务外包中心。利用地缘和成本优势，顺应金融业发展趋势，承接上海、北京等国际金融中心的外溢效应，引进国外先进的金融外包服务理念和业务流程，依托现有的中国软件谷、麒麟生态科技园和新城科技园，规划金融服务外包产业园区，形成三大金融服务外包平台和金融研发、服务外包基地。在《青岛市"十三五"金融业发展规划》中，青岛市政府提出，发展蓝色金融，对接产业升级。落实国家海洋战略，适应蓝色经济发展要求，深化投融资体制改革，深入推进产融结合，面向实体经济，培育金融机构和市场，创新金融产品，加强金融资源投入，紧密服务于全市海洋产业、战略性新兴产业发展和传统产业改造升级。在《杭州市金融业发展"十三五"规划》中，杭州市政府提出，到 2020 年把杭州市建设成为以新金融产业体系、新金融市场体系、新金融管理体系、新金融空间支撑体系为载体，以互联网金融创新和财富（资产）管理为特色，具有较强支撑与引领实体经济发展能力的全国一流新金融中心和区域金融中心。

3. 发展和演进角度

Gunter 和 Giddy（1994）认为，金融中心是一个金融机构高度集中的城市，其形成是一个渐进过程，商业部门的业务发展引进金融机构扩张，进而形成金融中心；金融中心的形成促使融资费用降低，促进商业活动进一步发展。由此过程可以划分传统中心（Traditional Centre）、金融集散地（Financial Entrepot）、离岸银行中心（Offshore Banking Centre），其中传统中心通过发行、认购、募资等银行信贷和证券市场活动成为对外部世界的净资本输出国，如 20 世纪 50~60 年代的伦敦、80~90 年代的东京；金融集散地本质特征是允许甚至鼓励外国信贷者参与本国金融市场发展的，同时对国内外居民和机构提供金融服务，如 70 年代以来的纽约；离岸银行中心主要为非居民借贷者提供金融中介服务。

4. 统筹多元素划分

Jao（1997）从目的、地理、历史三个角度对金融中心的类型进行了归纳和总结，并对金融中心进行了分类，如图 2-1 所示。

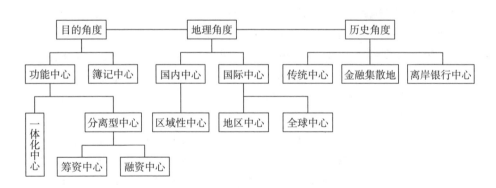

图 2-1　金融中心的类型和层次

（三）关于金融中心形成与经济发展相关的研究

分析金融中心形成的动力因素是构建金融中心的前提。现有文献主要从城市发展、区位经济、产业集聚、金融地理、信息经济学、制度经济学等多个学科对金融中心的形成进行了不同视角的研究。

1. 城市发展视角

配第、克拉克、库兹涅茨、霍夫曼等通过对经济结构变动分析，发现经济结构规律性地从低级向高级阶段演进，主要体现在三次产业结构由"一二三"向"二三一"继而向"三二一"方向演变的趋势，并在劳动力和产值结构等方面反映出来。Gras(1922)提出了城市发展阶段论，认为城市发展分为商业、工业、运输业和金融业四个阶段，金融业是城市发展最高阶段，金融业比商业、工业和运输业有更高的集中度，并得出金融中心的形成是城市经济发展必然结果的结论。Jao(1997)认为，金融中心的形成由市场供求力量决定，随着信息革命和金融创新，通过外部需求因素和内部供给因素作用而成。

2. 区位经济视角

Park(1982)认为，时区优势、地点优势、交通优势和政策优势等是促使国际金融中心形成的区位优势和构成国际金融中心的地理条件。Davis(1990)指出，金融中心是金融企业活动和集聚的中心，金融企业选址的关键是看当地的综合条件能否使金融企业获得更大的净收益，影响企业区位决策主要有生产要素供给、产品需求和外部经济三个因素。生产要素供给因素主要包括金融人才可获得性、资金成本、结算效率和监管等；产品需求因素主要是面对面客户联系的需要；外部经济因素主要是规模经济和集聚经济。

3. 产业集聚视角

Vernon(1960)指出，金融机构集聚的原始动力是聚集可以提供近距离的交流沟通便利，吸引那些需要快速互动的行业、公司或金融机构的集中，并建立起适应复杂多变市场的客户关系。Kindleberger(1974)认为，金融中心具有提高跨地区支付效率和跨地区金融资源配置效率的显著聚集效应，因为全部结算活动如果集中在一个金融中心仅需 n-1 个而非 n(n-1)/2 个渠道，可大幅提高结算效率并降低成本。陈铭仁(2010)从内生性和外生性两个方面分析了金融机构集聚路径，其中内生性集聚路径主要伴随着经济增长和金融发展自发产生，金融发展规律的作用是主要的；外生性集聚路径是在经济和金融发展水平较低情况下，以政府为代表的外生因素，根据金融发展规律，通过完善金融发展的必要环境和特定历史机遇等偶然因素，促成金融业超前发展，从而形成金融集聚。

4. 金融地理视角

Porteous(1995)强调物理距离是金融交易的重要影响因素，物理距离越近，信息不对称造成的空间效应越小、风险越小，物理距离越远则相反。金融中心地位的决定具体可以用"信息外部性"（Information Externalities）、"信息腹地"（Information Hinterland）、"国际依附性"（International Attachment）、"路径依赖"（Path Dependence）和"不对称信息"（Asymmetric Information）等因素来解释。

Gehrig(1998)运用市场摩擦理论和大量的实证分析，证明了某些金融活动在地理上的集聚趋势与另外一些金融活动在地理上的分散趋势并存，支付机制中的规模经济以及信息外溢、市场流动性和外部性是金融市场向心力因素，金融市场离心力则包括市场进入成本和协调成本、寻租和政治干涉、局部化信息等。

5. 信息经济学视角

Amin 和 Thrift(1994)认为，非标准化信息的传递与获得具有歧视性和边际成本递增性，尽可能接近信息源是准确利用非标准化信息价值的最佳途径。在全球化经济体系中，金融机构进驻信息腹地以更准确地辨析市场。金融中心的形成就是金融机构突破地理约束大规模集中于信息源地的结果。赵晓斌等(2002)认为，信息流和不对称信息是金融与服务中心形成的决定因素，信息的性质和流量决定国际金融中心的发展方向，同时国际金融中心推进高层次信息化，金融业可被理解为"高增值"的信息服务业。

6. 制度经济学视角

Porteous(1999)将制度经济学中的"路径依赖"概念引入国际金融中心研究，并阐释了金德伯格所谓的"过程"。Martin(2000)认为，制度把路径依赖传播到经济过程，不同地区的制度路径不同，从而导致金融地理景观差异。薛波和杨小军(2009)总结了国际金融中心理论研究发展脉络：路径依赖是基础功能观，延伸信息经济学是趋势，他们将路径依赖和蝴蝶效应结合起来，构建了国际金融中心变迁机理，即"路径依赖—蝴蝶效应—路径转化与新的路径依赖"。

二、区位经济理论

区位经济理论是构建区域金融中心的基础理论之一。区位的概念有两层含义：一是指地球上某一地理事物的空间位置，二是指空间位置上反映的自然界各种地理要素和人类经济社会活动间的相互联系作用。区位经济理论是关于人类活动空间分布及其空间相互作用联系的学说，是研究人类经济行为的空间区位选择及空间区内经济活动优化组合的理论。从历史角度考察，区位经济理论经历了成本决定论的古典区位论、利润决定论的近代区位论和综合决定论的现代区位论的发展演变，这些区位经济理论对区域金融中心的形成都具有一定的解释力，并对宜宾构建区域性金融中心具有启示意义。

（一）区位经济理论的历史演进

区位经济理论有古典区位论、近代区位论和现代区位论之分。古典区位论强调不同的区位会产生不同的成本，进而决定相应的区位经济活动。古典区位论始于德国地理学家杜能的农业区位论，杜能从运输费用、级差地租、产品价格等角度论证了孤立国内部结构差异的存在和成因，认为农业土地利用类型和农业土地经营集约化程度由土地到农产品消费地（市场）的距离决定。随着西欧工业化的推进，德国经济学家韦伯贡献了工业区位论，认为运输、劳动力和集聚因素是工业企业布点区位选择的决定因素。

近代区位论强调利润对企业区位决策的决定作用。美国经济学家费特（Feite）认为，企业竞争力销售量、消费量与市场空间的大小，决定运输费用和生产成本的大小企业盈利能力和竞争力的强弱。20世纪30年代，德国地理学家克里斯塔勒提出并阐述了"中心地理论"，揭示了城市、城镇居民点形成的区域基础及等级规模的空间关系，该理论为城市布局和商业地理分布优化提供了理论借鉴。40年代，德国学者廖什在中心地理论的基础上，进一步将产生区位与市场范围相结合，构建了市场区与市场网的理论模型，其空间形态即"廖什市场景观"，认为生产者目标是利润最大化，但成本最小化不一定能保证利润最大化，因此最优的区位决策是选址市场区最大化以保证利润最大化。

现代区位论强调综合因素是企业区位决策的决定力量。代表人物是美国经济学家Isard（1975），他指出虽然利润最大化是产业配置的基本准则，但利润最大化的实现与自然环境、产品成本、区域间工资水平、价格水平变动等因素相关，因而合理的区位选择和产业配置需要综合判断多种因素的影响。20世纪60年代后，区位论还特别重视行为因素的影响。克鲁梅指出，企业区位选择不是孤立的，还取决于区位决策者的思想行为和价值观等与行为有关的因素，这意味着企业选址不一定是成本最低或利润最大的区位，而是综合优势最明显的区位。现代区位论的发展趋势已从个别企业区位扩展到区位体系，认为工业、农业、城市的区位不是孤立的，而是相互联系、相互影响的，寻求的是整体的空间结构优化。

（二）区位经济理论对金融中心形成的解释

区域金融中心的规划建设，首先需要对核心金融机构集聚区的地理位置做出选择。区位经济理论对此提供了理论依据，根据区位经济理论，区域金融中心设在不同地区有不同的有利和不利因素，据此，区域金融中心规划建设的首要任务是权衡不同影响因素的区位。

区位经济理论可从供给和需求两个方面解释金融中心的形成。在需求方面主要是对金融机构的需求，包括对金融服务规模和质量的需求，其中最重要的是满足与客户沟通的需求。在地理位置方面应邻近大的金融需求腹地，腹地内资金需求规模越大，经济增长越快，经济体系越有活力，就越有利于金融机构集聚和产生规模效应，从而降低成本，提高盈利。

在供给方面主要考虑金融机构顺利运转所需生产要素的成本，包括经营许可证、专业人才、闲置资金规模、设备以及投入资金的成本。其中，经营许可证或营业执照成本与地区审批制度效率和金融管制程度相关。一个地区的审批制度效率越高，金融管制越宽松，越容易聚集金融机构。此外，高素质专业人才的可获得性和所在区位能提供的大量闲置资金也是金融机构集聚考虑的重要因素。

三、规模经济理论

狭义的规模经济一般是指企业规模适度增大带来的经济效益提升。但规模经济在区域经济学理论中有更宽泛的定义，涵盖了单个企业规模经济和多个同产业企业集聚形成的产业规模经济。考虑到金融中心本质上是金融行业的地理集聚，因此，本书更侧重于其行业集聚规模经济的内涵。

（一）规模经济理论核心思想

规模经济（Economies of Scale）的主要含义是，随着投入的增加，产出的增加多于投入的增加，伴随这个过程的是，单位产品的平均成本会开始下降。从通常企业的成本角度去解释，随着生产规模的扩大，企业可以有效配置设备与人员，提升技术效率，使单位产品或服务的固定成本被摊薄，从而降低平均成本。从产业行业间的异质性角度去解释，同一产业的不同企业和在区域上集聚成集群，该集群作为一个独立的个体相对其他产业会有自己独特的产业特性和优势，形成了其行业上的不可替代性。在应用中，规模经济常被用来说明企业生产的规模是否合理。

（二）规模经济引力作用

规模经济之所以能在现实中存在，是其具有对同类企业天然的吸引力。在这种吸引力的作用下，同产业企业会被聚集于同一区域上。吸引力主要体现为三种形式：一是自然优势聚集力，即地区自然禀赋优势及其附带的社会经济资源优势。自然资源优势、环境优势及其组合优势受到企业布局的青睐。便捷交通节约的时间成本和低成本劳动力会带来社会经济资源优势。这两种优势共同形成了自然优势集聚力。Glaeser 和 Gottlieb（2009）对美国产业聚集研究发现，约20%的产业聚集行为可由自然优势聚集力解释。二是外部经济效应。外部经济效应同样是促成经营单位空间聚集的重要原因，在区域经济学中，外部经济效益的产生主体特指第二、第三产业的经营单位。这两个产业的企业主体通过在空间上彼此靠近，会对彼此带来成本降低、收益增加的正向经济收益。这种收益主要来自物理外溢和智力外溢。物理外溢的常见例子是基建资源，如一家物流企业为了效率修建的道路使另一家企业享受了更多的客流量外溢效应。智力外溢的一个客观证据则是科研机构和高技术区都围绕科研水平高的大学去建设。这两种效应在结果上都会表现为一家企业的建成降低了其他企业的经营成本或使后者竞争力得到了提升。在相关文献中，大多数观点认为外部经济效应是仅次于自然优势聚集力，是产业集聚过程中重要的动力。三是人文凝聚力。规模经济理论认为，人文环境的力量对于企业生存、区域经济的发展而言同样必不可少。因为一个人的力量毕竟有限，无法使行业达成共识，但一群专业人员的提案往往能体现出该共识的权威性，更易被行业接受。这样凝聚的人文环境常常会带来经过集体研判达成共识的知识成果，如在通信业发展过程中通信传输、信息交换和存储的技术协议标准就是由专业的 ITU 和 MPEG 的协会制定的，没有这样集聚的人文环境便不能形成这些协会，没有国际通信标准，也就没有今天的移动互联网。因此，人文凝聚力也是规模经济得以形成的一种重要力量。

（三）规模经济理论对金融中心形成的解释

虽然金融机构的经营模式不同于传统企业，但经营目标也是建立在利润最大化原则之上的，再加上随着金融机构经营规模的扩大，其长期平均成本会下降，效率也会提升。因此，金融产业的企业也是有动力去寻求规模经济的，当这样的集聚在同一区域形成到一定量级时，区域金融中心就会出现。规模经济理论对金融中心形成的解释主要表现在以下几个方面：

（1）金融机构的集聚可以为近距离信息传递和人际沟通带来便利。金融业中最重要的资源就是信息渠道。由于金融市场瞬息万变，投资机会稍纵即逝，因此掌握第一手信息对金融资讯企业、投资企业和中介企业都是至关重要的。区域上的集聚能为降低金融信息在从业人员之间的传递成本是显然的。除此之外，金融业也是一个"人到人"的行业，无论是证券投资、理财购买还是 IPO 上市和会计审计，都是一个落实到人的业务群。在这样的运营形式下必然对人脉资源有高优先级的需求。而通过面对面地沟通、交流，不仅可以避免交流中的误会、节约交流时间，而且从业人员与客户是可以建立起私人间的信任和感情的，形成独特的客户资源。因此，对于一个高水平的区域金融中心来说集聚是不可或缺的一大基础。

（2）金融机构可以实现基础设施的共享。通过聚集，同一区域的金融企业可以共用基础设施和通信服务设施。这对于一个需要天天与客户打交道、报告路演、企业尽调的行业是至关重要的。例如，在同一栋写字楼里，高楼层的营业部享受了共同基础设施电梯的外部经济，这可以使该营业部接待更多客户。同时，如果这栋大楼里存在与该营业部客户需求互补的金融服务提供商，客户往往会就近在这家机构办理。这显然对多家集聚在一起的金融机构都带来了外部性，使整个集群带来规模经济，并且多家机构可以通过分摊方式降低这些设施的成本。除此之外，金融机构的聚集形成的庞大需求市场，必然引致更多基础设施服务商对基建产品的供给，从而推动了基础设施的不断完善和发展。

（3）有利于市场流动性的提升和投融资风险的降低。金融市场的本质就是对于金融资源的直接配置功能。而金融市场对于金融资源配置效率的提升建立在两个前提下：一个是理性人利益最大化原则，这对于参与金融市场的个体来说经验上是成立的；另一个是竞争的充分性。换句话说，参与金融市场的个人和机构越多，选择越自由、竞争越激烈，市场经济对于资源配置的效率也就越高。金融市场的资源配置效率一般由市场流动性体现。因此，可以说集聚的金融中心比分散的金融市场有更高的市场流动性，从而有更高的效率。除此之外，参与市场的主体越多，意味着金融风险可以被分散的空间越大，这也在宏观层面上降低了金融市场的系统性风险。

四、产业集群理论

产业集群理论是指一组相互关联的公司、供应商、关联产业和专门化的制度和协会通过在区域集聚形成有效的市场竞争和专业的生产要素以及产业链集聚区。使各企业降低运营成本，产业集聚效率和竞争力得到整体提升，体现的是一种"外部"规模经济。产业集群在区域经济学领域中多指一个产业的形态表现，形成这种产业形态的动力机制则是产业集聚机制。产业集群理论最初由马歇尔提出，之后经 Hoover、Scott、Lundvall、Krugman 和 Porter 等的发展逐步完善。Hoover（1937）在 20 世纪 30 年代首次将集聚经济分解为内部规模经济、地方化经济和城市化经济，并对产业集群现象进行初步的空间划分。20 世纪 80 年代，Scott（1983）进一步应用宏观经济理论探讨当代生产的空间组织的变化，提出并定义集群现象中的"产业区"或新的"产业空间"概念。90 年代，新熊彼特主义者Lundvall（1992）首次从创新视角研究集群现象，空间经济学家 Krugman（1991，1995）则通过应用不完全竞争经济学、递增收益等理论解释产业的空间集聚，

Porter(1990，1994)则强调产业集群与国际竞争力间的关系，提出了著名的地区竞争力"钻石"模型来解释和构建产业集群。至此，产业集群理论已经具有了较完善的理论分析框架。产业集群的发生均与某种形式的集聚经济有关，尽管学者对产业集群的发生机制仍然存在不同的观点，但产业集聚具有的共性特征，即产业集聚几乎都是在市场经济这只"看不见的手"的作用下自发形成的，在区域间、国际贸易间形成了以不同产业集群为界限的集聚现象，并且这是一个自发且自我强化的过程。产业集群理论无疑对区域金融中心的形成具有不可替代的解释力，并为构建区域金融中心具有重要的启示和指导意义。

（一）产业集群的动力机制

产业集群的动力机制可概括为共享外部经济、促进企业创新和减少交易成本三个方面。

1. 共享外部经济

个体企业规模带来的效益提升称为规模经济，而产业集群其实就是产业层面的规模经济。但这种更宏观意义的规模经济不仅有量这个维度，还有产业集群结构的质这个维度。通过空间上在产业链的布局，企业会获得集群结构改变带来的收益。通过产业集聚，每个集群成员都可以在不牺牲其个体灵活性的前提下获取范围经济收益，以更低成本获得原材料、信息资源和基础设施等互补性资产。具体表现为：第一，通过利用地理上的接近性，同一产业的企业更容易达成合资、合作或成立联盟等共识，从而提高企业区域集团的影响力。第二，位于同一集群或联盟的企业一般会采用同样的商业或生产标准，这使集群的产品可以获得更大的公众认可度和影响力，结合多家企业不同的技术和企业价值观，也会使集群产品质量更有保证。第三，集群的知名度也能吸引更多的供应商和销售商，提高企业的经营范围和影响力，从而提高企业对市场的议价能力，赚取更多的利润。

2. 促进企业创新

通过产业集群可以使企业成员的创新能力得到极大的提升，不同于分享外部经济带来的获取资源成本的下降，这是一种收益的增量。创新力的提升主要有以下三种方式：第一，产业集群通过创新激励效应，促进企业进行创新。同一集群内企业会进行激烈的竞争，从而对彼此形成了强大的压力。这种压力迫使企业加快技术创新步伐，提升服务水平和改进产品质量。如 IT 行业竞争使集成电路在近几十年来一直按照摩尔定律高速创新发展。第二，集群内企业具有创新学习效应，快速积累与自己主营业务相关的技术，这种收益被称为企业间的"干中学效应"。例如，位于产业链中游的产品提供商可以通过向集群上游的原材料提供商和下游的销售商学习技术，共同改进产品品质，一起向产业链要效率。第三，通过集群，企业成员使创新成本和风险降到最低，这有利于鼓励企业创新。通常一个产业集群的背后会有大量的提供研究开发和技术支持的机构以及服务企业，如专业咨询机构、培训教育组织、行业协会等。这些机构通过为企业提供基础性技术和服务提高了创新的便利性，而且通过企业间的合作投资，也可以分担创新项目的风险。

3. 减少交易成本

产业集聚可从两方面减少交易成本：一是企业可通过垂直或水平并购来降低交易成本。道理很简单，以垂直形成的产业集群为例，由于集群内企业间交往频繁，协作关系稳定，更容易建立互信的合作机制，这有利于提高谈判效率和降低谈判成本。二是产业集群可降低企业间要素交易成本。因为位置邻近可大幅降低企业间运输成本、信息成本和时间成本，进而降低产品成本，提高企业竞争力。

（二）产业集群理论与区域金融中心的形成

产业集群是区域金融中心形成的基础，而其形成则依赖于三个前提：规模收益递增、较低的运输成本以及生产要素的可流动性。这三个前提对于金融业有着天然的契合性，并且其中以规模收益递增效应最为明显。例如，随着金融数字化，使100元资金在银行间划拨和划拨100万元的操作成本几乎是相同的，因此不需要因为银行规模的扩大而雇用同样比例的人员。但拥有更大资本规模的银行，盈利必然比小规模银行更多，因此长期平均成本必然下降，形成规模收益递增。此外，生产要素流动性和运输成本方面的优势是不言而喻的。因为金融机构经营的对象主要是金融资产，资本是依靠运动来增值的，流动性必然是极大的。最核心的生产要素是人才，人在城市间的迁移、在公司间的跳槽也是常事，因此人才是可以自由流动的。同时，数字化使金融资源的运输成本几乎下降到了零，信息交流则可以通过产业集聚降低成本。因此可以说，金融产业集群的形成比其他实体产业更有必然性和合理性，在集群的基础上发展成为区域金融中心的趋势也是客观存在的。

与其他生产企业相比，区域金融中心对自然资源优势是没有过多需求的，并且通过理论梳理可以了解产业集群效应具有自我强化性。因此，可以认为一个区域金融中心的形成在前期更多依赖的是一种金融企业对集聚选择共识，到发展期和后期则是一种自我驱动发展的过程。按此逻辑，在区域金融中心形成前期，政府规划象征的这种共识力量则至关重要。但是，因为这种人为共识的依赖性，也使政府在这个规划过程中会承担很大的压力，必须反复论证方案以求得最优的建设成果。

五、交易费用理论

交易费用理论揭示了企业存在的必然性，并且解释了企业采取不同的组织方式（也就是产业集群形态）最终目的也是节约交易费用。梳理交易费用理论有助于我们更深入地理解规模经济理论和产业集群理论的本质，进而更深刻地理解区域金融中心的成因。

（一）交易费用理论基本思想

交易费用主要由决策成本、执行成本以及搜寻信息成本等组成。交易费用理论的产生是反思传统西方经济学理论前提的结果。其代表人物是 Coase 和Williamson。Coase(1937)首次提出交易费用理论，认为市场经济中企业就是为减少交易费用而形成的经济组织，它是价格机制的替代物。假设没有企业制度，那么个人代表独立的交易经济个体在交易中会产生激烈的交易摩擦，因为市场上交易个体太多了，交易频率也大大超过有企业组织的情形。大量摩擦带来的高交易成本甚至会中止许多交易。但如果有企业，则会将交易摩擦内化到企业内部，从而提升市场经济效率。但同时企业也会产生组织、行政管理等费用，并随其规模扩张而增大，直到扩张到企业组织一笔额外交易成本等于其在公开市场上进行该交易的成本为止。科斯从交易费用理论视角对产业聚集成因作了解释，认为产业集群犹如一个大企业，将区际交易成本内化到一个集群内，有利于促进集群的内化交易，减少到区域间市场上直接公开交易所产生的额外成本。此外，产业集群内成员企业地理上更加接近，可以减少企业搜寻信息的成本和非理性决策的风险。Coase 之后，Williamson 和 Oliver(1977)对交易费用理论进行了发展和完善，修正了传统经济学的假设并提出在交易费用理论框架中的三大修正假设：有限理性假设、机会主义假设以及资产专用性假设。Williamson 和 Oliver(1977)认为，人的理性因为会被现实生活中的不确定性和信息不完全性影响，因而是不完全理性的。同时认为，在交易过程中，有的人会为了成功投机而采取说谎和窃取等策略，特意歪曲交易信息从而使交易难度增大、交易费用增加。此外，为特定交易而进行持久性投资产生的沉没成本很难转移到其他用途，这种资产专用性也会提高交易费用。除以上三个修正假设之外，Williamson 和 Oliver(1977)还将交易费用分为事前和事后两类交易费用。事前交易费用是交易需要事先协商洽谈、签订合约过程花费的成本，事后交易费用则是交易后企业花费成本监督后续执行过程。此后，Williamson(1980)进一步将环境不确定性、小数目条件、机会主义以及信息不对称等列为交易费用的主要影响因素。

(二) 交易费用理论与区域金融中心形成逻辑

交易费用理论对区域金融中心建设首先提供了一个积极的理论支撑。区域金融中心会像一个"大企业"一样在个体企业扩张到各自的边界时形成。这个"大企业"可以减少集群内部金融企业进行跨区域交易的行为，如在集群内交易会有更少的空间交易成本、信息搜索成本等。并且由于空间距离比较近，这也减少了很多交易对手企业的事前逆向选择风险和事后道德风险。因此，将这些交易内化到"大企业"内部，可以极大地减少公开市场上交易的摩擦。若从国际区域金融中心建设的视角作比喻，可以认为，一国的区域金融中心建设的完善，可以减少对国外资金的需求，盘活国内资金，从而优化整个宏观面资金应用的效率。

除了减少交易成本、优化效率的视角，交易费用理论对区域金融中心建设还有一个重要启示，即作为一个"企业们的企业"的产业集群也许同企业扩张一样是存在边界的。因为根据交易费用理论，企业的本质是为了内化交易费用，而企业管理等费用将随着规模的扩张而增加，企业也将扩张到额外一次交易的成本等于公开市场交易成本时停止扩张。所以，此时的企业必然会采取在集群组织的方式去内化交易摩擦，减少交易费用。而集群与企业这种组织方式的最大不同之处就在于其无组织性，因此不会有管理费用等。但是，换个角度思考，集群规模的增加必然会引致更多的环境成本和资源竞争，所以从这个层面上说，集群也会有一个边界规模。因此，在建设区域金融中心的过程中，不仅要促进金融企业的集聚，也要控制整个集群的规模，关注一个区域金融中心随着规模增长而增加的额外成本费用。

六、金融深化理论

1973 年，美国经济学家 Mckinnon 在《经济发展中的货币与资本》一书中提出了"金融抑制"的概念，探究了金融与经济关系在发展中国家的重要性。其后，Shaw(1973)顺着其理论脉络提出了用"金融深化"缓解"金融抑制"的政策主张。两者的关注点都在于货币理论与经济发展的关系，故他们的理论被称为"金融中介理论"，并得到了后人的发展。许多发展中国家都曾借鉴此理论对金融体制进行改革，并对经济发展产生了不错的效果。

（一）金融深化理论的主要内容

金融深化理论的核心观点是：政府应当充分市场化金融市场，放弃对金融市场的过度管制和干预，使利率和汇率能充分反映资金供求般地自由运行。在这个"金融自由化"的过程中，会使金融和经济进入相互强化良性发展的通道。一方面，金融的充分市场化极大地提高了资金的使用效率，减少了金融体系中许多的摩擦成本，使资金资源得到在区域、产业间的最优配置，提高了国民经济投资水平，拉动了经济快速发展。另一方面，高速发展的经济和向好的经济前景又将催生更多的投资项目，产生大量的资金需求和金融服务的需求，从而促进金融行业进一步集聚和发展。提出金融深化理论的 Shaw 还认为，"金融深化"不仅是发展中国家经济和金融繁荣发展的必要手段，还是一个国家在社会工业化发展进程中所必经的一个历史阶段。除此之外，Shaw 还首创了金融深化的测度指标，完善了一个国家金融深化程度的具体评价体系，这套指标被许多研究金融发展的学者采用并得到不断完善。

（二）金融深化理论与金融中心的建设

1. 强化金融监管和提高金融监管的效率

在区域金融中心的建设过程中，采用金融深化的政策主张是必要的。但是金融深化并不意味着完全的自由，更多是强调一个合理的自由度。因为我国仍属于发展中国家，必然有许多发展的障碍还没有被破除。这些障碍是该被破除，但不应该是不合时宜地立刻被破除，应该根据具体国情稳定地推进各种体制改革。为此，在金融中心建设金融自由化的过程中，首先应该设计合理的金融监管机制，对资本充足率进行合理的约束并健全各金融部门及政府部门间的协调机制。其次应该坚持国家金融上的政策主张，防范重大金融风险，构建合理的金融风险化解机制。最后通过设计更加合理的金融市场退出机制，完善相关的投资保护和保险保障制度，进一步提高金融市场的市场化水平。

2. 深化金融机构改革形成多层次的金融机构体系

借鉴金融深化理论的观点，在建设区域金融中心应该打破国有金融机构垄断的约束，建立多层次的金融机构体系，提高金融市场的活力。这种目标可以通过两个方面去实现：一方面，金融中心中应该成立更多的具有国际竞争力的现代股份制银行，这要求在产权明晰和产权结构调整上进行制度层面的完善。另一方面，为了提高区域金融中心的活力，可以通过改造中小金融机构并组建非国有金融机构，以此使银行多元化，形成良好的银行间竞争态势，从而使资本在竞争中自由地流向效率更高的金融机构和生产企业，提高金融和经济的运行效率。

3. 完善科学的金融深化衡量指标体系

通过构建科学的金融深化衡量指标体系，使地方政府在金融中心的建设和进一步发展过程中，能时刻客观地评价金融发展水平，并能与其他区域金融中心作客观数据层面的横向比较，实时了解本区域金融中心在建设过程中的短板和优势。为此，地方政府应该进一步完善金融数据的收集水平和统计技术。首先，可以考虑提高金融数据的获取维度，通过金融大数据等方式去获取数据。其次，还应该采用更科学的数据分析技术，如数据可视化技术和人工智能数据挖掘技术等。最后，要根据对金融体系从多维度量化出的结果进行合理的指标设定，借鉴金融深化理论的指标设定体系，制定符合建设目标要求区域金融中心的金融深化指标体系。

七、金融地理学理论

金融地理学始于 20 世纪 50 年代，而迅速兴起则在 80 年代之后，已成为经济地理学的重要分支之一，由于其研究相对庞杂且不系统，本部分仅从金融变化与区域经济的关系、金融系统演化模式和金融流动与金融中心这三个视角对其进行介绍。

（一）金融变化与区域经济的关系

对此领域的研究目前主要围绕三个方面进行：第一，主要围绕特殊地区薄弱的金融发展问题，常被称为"金融排除"（Finance Exclusion）问题。随着世界经济的发展，近年来西方发达国家金融业经历了放松管制和信息技术应用等一系列重大变化，这些变化为位于一国经济中心的金融业带来了新的发展空间和机遇。使位于金融中心的许多金融机构开始进行重组和改革，如为了提高利润，许多银行会关闭其在中小城市的金融分支机构。但是，这样的金融资源集中过程也使这些相对落后地区开始面临金融机构不足的问题，使地方经济发展受到了极大的制约。研究发现，这些"金融排除"现象大多发生在发展中国家的贫穷地区，并使其区域经济进一步拉大。第二，集中在金融发展与区域经济关系的量化研究，由于区域经济学一直没有一个统一的理论体系，各个流派采用的实证方法技术也各有差异，所以这一方面目前尚无普遍接受的结论。第三，主要讨论金融体系在发展过程中，金融国际化对区域经济发展差异产生的影响。这一方面观点也是尚未统一，主要对立分化为两派：一派认为金融全球化可以避免未来收入差距的进一步拉大；另一派则认为金融全球化日益强化了各区域间的收入差距水平。

（二）金融系统演化模式

这是金融地理重要的理论研究之一。这一方面的研究主要以银行业作为金融系统的主体基础，其中，Dow(1997)根据发达国家银行业空间系统深化的客观进程和相关实证数据，将其总结为六个阶段：①服务当地社区的金融中介；②经营者凭借信誉拓展了市场，但仍限于本地；③银行系统向全国发展；④立足国内向海外拓展；⑤银行系统在国内开始于非银系统展开竞争；⑥政府放松金融管制引致金融业的国际竞争，最终将相关金融活动集于国内地区，形成国际金融中心。可以看出，金融系统演化模式理论主要强调在金融发展过程中，银行组织形式会在空间上进行拓展并且随之而来的是金融活动在地理上的集中。此外，由于这一模式理论的提出是基于发达国家金融业发展的相关数据和历史，所以发展中的转轨经济国家需要进行调整。

（三）金融流动与金融中心的形成

Clark(2003)通过利用从世界银行获得的官方数据绘制了金融流动情况的地图，并将金融市场的流动联结起来成为 24 小时交易圈。他在此基础上，进一步提出了时间和空间、贸易、跨越时空的金融机构的交叉和核算是影响世界范围内金融流动的重要因素。而其他许多学者则从交易和信息搜寻成本的角度讨论了金融的流动性。例如，Gehrig(1998)主要利用了市场摩擦理论以及在此基础上的大量实证分析，证明了金融活动的聚集趋势与分散趋势在地理上是共同存在的。对此他的解释是，信息敏感性的证券交易更易集中在那些更易交流和证券信息更加集中的地区。但标准化证券由于信息的不敏感性，较之信息需求更在意成本差别，所以分散比较均匀。除此之外，Gehrig 还指出进入市场的物理成本以及收集信息和传播信息的技术成本会随着技术水平的进步而减少。但是，只要交易成本仍然为正，即使成本很小，地理因素也将持续发挥作用。

在中国金融问题的研究中，比较有影响力的理论有信息腹地理论。该理论由史密斯、赵和斯特最先创立，并被应用于中国金融中心演化问题的研究中。他们以一系列公司总部区位选择的数据为基础，结合对经济和制度的分析，得出了信息腹地和金融中心的形成主要是受信息外部性及不对称信息这两个因素影响的结论。他们还进行了实证分析，揭示了中国信息腹地变化对该地区金融系统的空间重组在加入世界贸易组织后产生了重要的影响。具体指出了香港、北京、上海、深圳等各金融中心在国内的金融地位将在空间上发生转换，认为北京将与香港共同构建信息走廊并取代上海的金融中心地位。除此之外，他们还论证了地理因素在互联网时代将比以往更重要。

金融地理学的核心观点是地理区位是影响金融活动的重要因素，这是一门正在发展的、由地理学和金融学交叉而成的学科。通过从空间地理视角的切入以及借助一些地理学科的绘图等研究方法，该新兴学科为金融中心的建设问题不断提供了新的解决方法的启发，也为具有一定地理区位优势的地区在区域金融中心的建设上提供了相关的理论基础。

八、总部经济理论

作为一个较新的经济学理论概念，总部经济目前在理论和实践上达成的共识水平并不高，因此也没有具体的理论框架体系。总部经济的概念，最先由赵弘（2004）在《总部经济》一书中提出。其定义为："某区域通过创造各种有利条件，吸引跨国公司和外埠大型企业集团总部入驻，通过极化效应，形成企业总部在本区域集群布局，生产加工基地通过各种形式安排在成本较低的周边地区或外地，从而形成合理的价值链分工的经济活动的总称。"由此定义可知，总部经济的内容主要由企业总部集群分布和价值链分工这两个维度构成。而其实现的成果则是搭建一个能够吸引跨国公司和外埠大型企业集团入驻的平台。这一部分首先介绍总部经济理论的主要内容，然后阐述其对区域金融中心建设的启示。

（一）总部经济的主要内容

研究发现，总部经济的发展主线是由"城市发展—企业分工—聚集"三个演变阶段构成的。

1. 城市发展为总部基地提供平台

此阶段的主要内容是总部基地建设。总部基地是企业总部落脚的平台，是总部经济得以形成的首要前提。只有总部基地平台的发展足够好，才能为落脚于此的企业总部提供足够的区位资源，使总部经济效应显现。随着国家经济的发展和各行业在区域上分工的细化，处于工业化中心的大城市会凭借其强大的工业体系资源、政治影响力、制度等优势，开始吸收各要素向其集聚。同时，大城市凭借对周边中小城市经济资源吸附作用使企业总部也开始不断向大城市迁移。经济全球化也使中心大城市集聚的资源不仅来自国内，许多国外要素资源也开始跨国流动集聚。在这种内外加持的集聚驱动下，城市对各种生产要素和经济资源的吸附能力大大增强。随着城市发展和资源的集聚，优质的总部基地平台也将逐渐形成、完善。

2. 企业分工使总部功能从企业价值链中分离

企业分工是指在企业规模不断扩大的过程中部分职能不断分离出去由其他专门企业来承担的过程。随着企业规模的扩大，企业价值链所覆盖的范围越来越广，包含的价值链资源也会越来越多，此时，出现一个集团总部公司作为企业资源调配的指挥中心就显得越发重要。因此，可以说总部公司被分离出集团的生产链是企业发展壮大所必经的一个环节。通过这种分离和资源的调配，使企业内部的资源得到了合理的整合和配置，将价值链各环节的价值最大化。通过总部的专业指挥，庞大的企业集团也会有更清晰的中长期战略规划，从事其更具比较优势的领域并产出附加值更高的产品，从而提高了企业的核心竞争力。在总部经济理论中共有两个主体要素：一个是总部基地，另一个就是企业总部。因此，企业总部从价值链中分离也是总部经济得以形成的重要前提之一。

3. 企业集聚促使总部经济发展

企业在经营过程中主要承担两种成本：一种是有形的、看得见的经营成本，另一种是由制度原因导致的交易过程中产生的无形的交易摩擦成本。企业聚集无疑是降低交易成本的有效方法，并且还会产生范围经济、集群效应等一系列效益，这便是前文各个理论中总结出的集聚经济产生的必要性。一个集聚的产业集群是由具有关联性的产业在一定区域构成的。通俗地讲就是，"物以类聚"的前提便是"物有共性"，这种共性联系使集聚的物体可以受益，因而产生的吸引力才是集聚的成因。这种集聚观点若从产业链角度来看，便是上游企业应与上游相聚，下游企业应与下游相聚，总部企业便与总部企业相聚。由此可知，企业总部的聚集从产业链分工的角度来看确实是符合各环节企业利润最大化的。有了企业聚集这个机制，便使总部经济两大主体要素总部基地和总部企业得以在此作用力下结合，发展出总部经济效应。

总部经济具有很强的辐射功能，可对整个地区的产业链产生拉动效应，形成该地区的增长极。在带动地区经济发展的过程中，将吸引更多的投资进入该地区，推动该地区经济相对于周边地区保持高速增长的状态。除了增长极效应之外，总部经济还有产生中心外围效应。该效应是指，在城市发展初期城市中心由于便利的基础设施使得人们在此可以享受低生活成本的正外部性，但随着发展的深化，城市逐渐显现出"大城市病"，会有很多交通、环境以及制度管制等问题，产生很多额外成本，此时要素便开始由中心流向城市外围。对于负责企业战略规划和管理的总部来说，其最重要的要素资源是人才，而负责生产的分公司则更多是对资本和劳动力有着大量的需求。因此，企业总部便向具有更多优质人才资源的城市中心集聚形成总部经济，分公司等工厂便向外围土地成本、工资成本较低的地区集聚，形成了加工基地。通过价值链在空间上的重新配置，企业的生产效益得到有效提升，总部经济效应得到了显现。

（二）总部经济与金融中心的形成

1. 总部企业拉动大量金融服务需求

大型企业的总部决策，往往会引起大量生产要素在空间上的调度，而其背后则一定会伴随着资本的运作。因此，聚集了更多总部的城市中心必然会产生大量的大规模资金流动，从而催生出更多、更丰富的金融服务。所以，将金融机构与总部企业在同一总部基地上集聚也是合理的。并且，不仅总部集聚能促进金融集聚的发展，金融水平的提高也会吸引更多的总部来此集聚，形成一种良性的循环。与此同时，金融机构的业务往往具有很强的交叉性。

2. 总部经济与金融中心可以相互促进发展

金融中心与总部经济是有相互促进作用的，虽然其内在复杂的作用机制暂无统一的理论共识，但从许多总部经济的现象和实践结果中确实可以得到印证。例如，美国纽约作为三大国际金融中心之首，就是一个总部经济与金融中心相互促进发展的典型。一方面，纽约是一个典型的总部经济城市，1.2万家制造业公司的总部在此聚集，囊括了全球财富500强中的46家。另一方面，纽约更是一个强大的金融中心。比如，拥有美国10家大银行中的4家、世界最大的10家证券公司中的9家以及美国最大的4家会计师事务所。所以可以说，总部经济与金融中心在理论上的可融合性、统一性，在纽约得到了实践上的证实。总之，总部经济是金融中心发展到一定阶段的必然产物，在区域金融中心的建设中，要将总部经济当作一个发达金融中心的重要风向标。

九、相关理论对区域金融中心构建的指导与关联

（一）相关理论对建设区域金融中心的指导意义

前述各理论从不同角度对建设区域性金融中心形成不同的指导意义，并共同构成了区域性金融中心的理论支撑体系。

1. 区位经济理论

区位经济理论是研究生产资源在一定空间（区域）优化配置和组合，以获得

最大产出的学说。因此，区位经济理论是金融中心及其内部各金融功能区区位合理选择的理论基础，从空间布局层面给建设金融中心提供理论支撑。一个好的区位可能指成本最小、利润最大，也可能参考更多综合因素。因此，区位经济理论主要从建设金融中心的供给因素和金融中心的需求因素两个层面去分析一个区位是否合适。一个区位对金融中心建设的要素供给一般有经营许可证、专业人才和经营场所等。区位的需求因素则一般指地区对资金的需求规模。

2. 金融地理学

金融地理学可以大致认为是从地理学科的角度研究金融领域问题的新兴学科，其主要特征是"嵌入"（经济活动嵌入具体的社会关系之中）、网络等理论概念的引入。因此，该理论不仅从自然地理因素角度，也从社会人文环境等角度更深刻地分析了区域金融中心的空间布局。同时，通过金融地理学从更多角度分析区域金融中心的建设，也带来了许多创新启示。如从信息流动角度给予的发展科技金融和金融数据基础设施应该完善的启示，从人文角度提出了普惠金融的要求等。

3. 金融深化理论

金融深化理论的主要观点是，政府放弃对金融市场和金融体系的过度干预，放松对利率和汇率的严格管制，使利率和汇率成为反映资金供求和外汇供求关系变化的信号。因此，该理论从监管等制度体系层面，为适度的金融监管程度选择、金融风险防范和资本市场体系建设等提供了理论基础。

4. 规模经济理论

规模经济理论是指在一个特定时期内，企业产品绝对量增加时，其单位成本下降，即扩大经营规模可以降低平均成本，从而提高利润水平。该理论为金融机构企业和个体规模的选择提供了理论基础。适当的个体企业规模能提升企业的经济效益，从而吸引更多资源要素集聚，是区域金融中心形成的动力机制。

5. 产业集聚理论

产业集聚是指在一个适当大的区域范围内，生产某种产品的若干个不同类企业，以及为这些企业配套的上下游企业、相关服务业，高度密集地聚集在一起。该理论为金融机构集群合适集群规模的选择和对集聚能带来资源使用效率提高提供了理论支持，同时也是区域金融中心得以形成的核心动力机制。同时，产业集群则是产业集聚的结果，是一种产业的组织形态。产业集群带来的经济效益的提升主要通过外部经济效应、范围经济效益、空间运输成本下降、学习竞争创新和空间交易成本下降来实现。

6. 交易费用理论

所谓交易费用是指企业用于寻找交易对象、订立合同、执行交易、洽谈交易、监督交易等方面的费用与支出，主要由搜索成本、谈判成本、签约成本与监督成本构成。交易费用理论是从交易成本角度来分析区域金融中心建设的。因为金融中心的主要承载者是金融产业集群，而产业集群的承载者则是企业，根据交易费用理论，企业的形成就是为减少直接在市场上交易发生的摩擦成本。同理，通过交易在集群中的内化，也减少了直接在市场交易的摩擦成本。所以，该理论解释了企业和产业集群形成的必然性。

7. 总部经济理论

总部经济是指一个区域利用特有的资源优势，吸引企业将总部在该区域集群布局，将生产加工基地布局在具有郊区优势的其他地区，而使企业价值链与区域资源实现最优空间耦合，以及由此对该区域经济发展产生重要影响的一种经济形态。形成总部经济的核心要素是企业总部和承载企业总部的总部基地。总部经济通过极化效应(规模经济和集聚经济的一种综合作用体现)、区域空间上合理分工和总部企业对金融服务大量需求的效应，来促进区域金融中心的形成，是区域金融中心的一种先进、高效的组织形式。

总之，各理论各有侧重，区位经济理论侧重于金融中心的选址空间布局，规模经济理论和产业集群理论侧重于金融中心的动力机制，交易费用理论侧重于金融中心的成本分析，金融深化理论侧重于金融中心的监管调控，总部经济理论侧重于金融中心的主体形态，这些理论共同构成了区域性金融中心的基础理论体系，对于区域性金融中心实践的操作具有关联的指导意义。其中，核心理论是产业集聚理论，如图 2-2 所示。

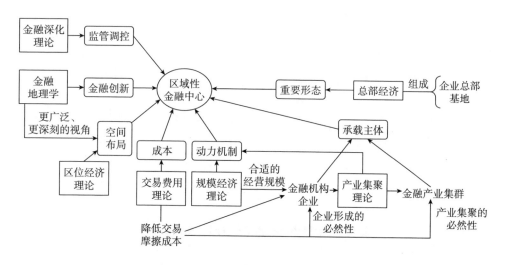

图 2-2　相关理论对建设区域金融中心的支撑

(二) 金融中心视角下相关理论之间的关系

区域金融中心的本质功能就是通过金融企业的集聚，发展出各式各样的金融产业集群，通过这些集群实现资金的跨时空配置和结算功能。因此，建设区域金融中心所用到的核心理论就是产业集聚理论。区位经济理论对产业集聚理论的支撑作用体现在，通过该理论确定最优、最合适的集聚区位。规模经济理论与产业集聚理论的本质都是通过"规模"的调整以带来更多收益。只不过规模经济指单个企业自身规模扩大带来的经济效益，产业集聚指通过提高同一行业内和相关行业间的产业集群规模来获得经济效益，相对于存在于企业内部的规模经济，产业集聚是作用在企业间的组织关系上，是一种企业外部的规模力量。交易费用理论分别从企业内部交易和企业之间交易两个视角去分析规模经济和产业集聚是如何减少交易摩擦成本，进而提高经济效率的。金融深化理论从监管的角度去分析最合适的产业集聚规模和形式是什么，如通过调控行业牌照数量来调整行业集群规模。总部经济是一种高效的产业集聚形式。金融地理学则以更广泛、更深刻的视角去分析地理、人文环境、信息流动等因素对区域金融中心形成的影响，既是考虑更多因素的、深刻的区位选择理论，又从各个角度给了创新集聚方式、创新监管方式以启示。例如，从信息流动的视角给了集聚科技金融企业的启示、从人文的角度提出了普惠金融的必要性。各相关理论之间的联系如图 2-3 所示。

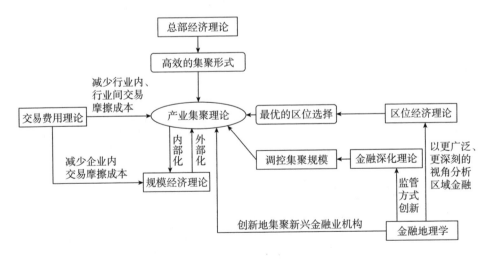

图 2-3　金融中心视角下相关理论之间的联系

第三章 区域性金融中心
竞争力指标体系

近年来，金融中心竞争力的评价问题逐渐成为理论界和金融界关注的焦点。对于金融中心竞争力的客观评价不仅有利于各金融中心进行科学合理的金融定位，也有利于各金融中心克服自身薄弱环节，更好地制定发展战略。而金融中心理论实际上是金融中心评价体系建立的基础，通过对金融中心理论的梳理及其特点的分析，可以明确评价体系建立的条件，有利于确定评价因素。同时金融中心理论的发展也为评价体系的研究指明了方向，是评价研究方向的动力与源泉。因此，金融中心竞争力的评价是指以金融中心理论为基础，通过建立评价指标体系，寻求评价指标，用评价方法进行金融中心竞争力的分析及定位。本章将探讨区域性金融中心竞争力指标体系及评价方法。

一、金融中心形成理论

目前，有关金融中心形成的理论主要有金融聚集理论、金融地理学、信息流金融中心理论等。

（一）金融聚集理论

当生产实体达到一定规模后所产生的聚集效应，有利于聚集效应的产生。金融聚集理论就是从规模经济和聚集理论的角度出发建立起来的，金融中心一旦形成便产生聚集效应，在提高交易效率的同时带来密集的信息流，提高了金融聚集效应。Kindleberger(1974)在对金融中心进行定义后认为金融市场组织中存在着"规模经济"或"聚集效应"：跨地区支付效率以及金融资源跨地区配置效率不断提高。这便形成了金融市场的集聚力量，使金融中心得以产生与发展。

（二）金融地理学

金融地理学属于区域经济学的研究分支，金融地理学从地理学的角度分析了金融中心建设发展过程中地理位置的重要作用，是对金融中心的环境和自身特征的研究与探讨。Park（1982）认为，国际金融中心在地理上拥有吸引投资者与借款者的优势，这些优势主要表现在以下四个方面：一是交通优势。金融中心便利的交通条件有利于降低金融企业的"落脚成本"，吸引投资者、金融机构在此聚集。二是时区优势，随着金融交易全球化的进展，跨境、跨时区的金融交易大量增加。因此金融中心的营业时间与其他地区的国际金融中心衔接，成为国际金融市场连续运转的一个环节。三是地点优势。金融中心要靠近经济增长迅速的地区，确保稳定的金融交易与资金流动需求。四是政策优势。金融中心所在地政府会对当地的金融机构提供多方面的优惠政策。

此外，依托于金融地理学，许多研究直接将区位理论应用到金融中心形成和发展的解释上。英国经济学家 Davis 就是代表人物，他提出了这样一个分析框架：金融中心是金融企业活动和聚集的中心，金融企业选址在何地主要取决于当地的综合条件与其他地方相比较能否使金融企业获得更高的净收益。因而金融企业在做出区位选择时主要考虑以下三方面的因素：第一，供给条件，主要是指金融机构运行所需的生产要素和商业环境。第二，需求条件，指金融服务的需求规模，显而易见的是，客户联系显然是最主要的因素。第三，影响金融机构的规模经济因素，主要是指金融产业的产业集群、专业化和金融创新等。这里主要是指金融体系规模、健全性和发达程度等。此外，Richard（2008）在讨论金融中心的形成时，从竞争力角度探讨了金融中心形成和发展的因素，指出了区位成本与区位优势、劳动力和人力资源、通信与技术、法制与税收四个因素决定了金融中心的竞争力。

（三）信息流金融中心理论

近年来，金融中心的理论研究开始越来越多地关注金融中心发展的动态特点，理论研究的视角也逐渐由静态转向动态，出现了如金融产品流动性理论、信息流金融中心理论等具有动态特点的金融中心理论。其中最具代表性的就是信息流金融中心理论。

信息流金融中心理论是从动态的角度分析信息流动、聚集及其不对称发展对金融中心发展的影响。金融中心是信息的聚集地，是信息流通、传输的枢纽。信息流金融中心理论认为越是信息集中的地方越是金融机构的集中地，因此信息是金融中心建设的关键。Porteous（1995）提出了信息外溢、不对称信息、信息腹地、国际依赖性和路径依赖性的概念，并指出这些因素是金融中心建设发展的关键条件。

二、金融中心指标体系研究综述

由于西方发达国家金融业发展已有较长的历史，金融机构系统健全，其金融数据的收集也更加全面快捷，这为金融中心竞争力评价体系的研究奠定了良好的基础。因此，国外学者对于金融中心竞争力评价体系的研究时间更早、研究范围也更为广泛。实际上，国外学者对于金融中心竞争力评价体系的研究起步于20世纪七八十年代，起初学者们多局限于定性分析金融中心竞争力以及产生发展的条件，从而进一步解释各金融中心的竞争力特点。随着金融中心的蓬勃发展和对金融中心研究的不断深入，各位学者开始在金融中心竞争力研究中引入定量研究方法。国内学者对于金融中心评价指标体系的研究起步较晚，但近几年来发展也极为迅速，各学者在积极学习国外金融中心指标体系研究成果的基础上结合本国的实际状况，发展出一系列具有本国特色的金融中心评价指标体系。接下来将介绍几个目前认可度较高的指标体系。

（一）新华·道琼斯指数

1. 指数简介

新华·道琼斯指数（International Financial Centers Development，IFCD）由新华社联合芝加哥商业交易所集团（拥有原道琼斯指数，现为标普·道琼斯指数）共同推出。它将发展和成长性作为指数研发的重要维度，采取了以客观指标体系和主观问卷调查信息相结合的指数编制方式。自2010年首次推出以来，IFCD指数目前共推出五期评价结果，得到了一定程度的好评，为国际金融中心城市建设提供了一定的参照[①]。伴随全球科技创新繁荣发展，互联网等新技术以多种方式影响着经济金融系统的运行，给传统金融中心城市也带来了新型挑战。以往国际金融中心城市间竞相争抢金融资源的发展方式正在被更加可持续的融合竞争法则所影响。相关的国际金融中心发展评价研究认为，现在的金融中心评价不仅要注重传统的金融市场、服务水平等基础性因素，也要注重发展与成长性因素，将成长发展作为考量的重要维度；不仅注重金融要素的存量，

---

① 蔡真.国际金融中心评价方法论研究——以 IFCD 和 GFCI 为例[J].金融评论，2015(5)：1-17.

也注重要素增量，最终形成更加科学的评价体系。该指数正是在适应这一变化的基础上形成的。

2. 理论溯源

新华·道琼斯指数的理论渊源主要是金融生态系统理论。

（1）金融生态系统理论。国际金融中心是金融要素在全球重要网络节点城市流动与集聚的结果。一个城市能否成为国际金融中心取决于其在金融市场建设、成长发展能力、产业支持力度、城市服务水平及国家环境等方面的综合竞争力。同时，经济、知识、技术、产业等在不断发展创新，金融市场同样呈现出既与经济相匹配又带有自己独特特征的成长路径。由此可见，金融中心的建立、发展与完善是动态的过程，用静态分析的办法无法全面地认识金融中心的形成，更无法很好地解释现实中金融市场出现的一系列问题。因此，借用生态学原理解释金融市场乃至金融中心的形成、发展、完善与创新是有据可循的。

金融生态系统理论是在金融发展理论、金融资源理论、金融协调理论的基础上而形成的。金融发展理论着重解释了金融发展的原因及其在经济活动中的作用和地位，并且随着经济理论的发展不断发展，如结合内生增长理论，金融发展理论中纳入了"金融抑制"与"金融深化"的内容[1]。金融资源理论则探究金融的资源属性，因而尤为重视金融资源的效率问题，这也为构建金融指标体系提供了驱动力。而金融协调理论则强调金融资源的动态配置与优化，金融为经济发展而服务，应与经济活动、社会发展相适应，实现协调发展。可以看出，金融理论的发展是逐渐深化而变得更加全面的，社会经济发展至今，在各项要素、各种经济主体、经济活动和现象之间联系愈发紧密的背景下，无法再孤立地看待金融的发展，因为无法孤立地探讨金融市场和金融中心的形成和发展，从联系和发展的观点来看待金融系统，就不难发现金融系统与生态系统之间的共性。

生态系统是指一定时空范围内，生物与非生物环境通过能量流动和物质循环所形成的一个彼此关联、相互作用并具备自我调节机制的统一整体；而金融生态系统可以解释为各种金融组织和机构为了生存和发展，在特定的经济环境中形成的，内部具备长期的密切联系和相互作用机制并通过分工合作形成具有一定结构特征、执行一定功能作用的动态平衡系统[2]。生态系统与金融系统的类比如图3-1所示。

---

[1][2] 徐诺金. 论我国的金融生态问题[J]. 金融研究，2005（2）：35-45.

图 3-1 生态系统与金融系统的类比

如前所述，金融中心是建设良好的金融市场、具备可持续的成长发展能力的城市、蓬勃发展的产业、完善的城市服务建设及国家环境等多项方面综合形成的，实质上是一个大型的、复杂的、综合的金融系统，基于上述理论，在评价某区域、某地方或是某城市的金融竞争力时，将其作为一个具有生命力的、动态发展的生态系统，也会经历萌芽、成长、发展完善的阶段是具备合理性的，这也是新华·道琼斯指数的科学之处。

（2）圈核支点响应模型的构建。新华·道琼斯国际金融中心发展指数以创新金融中心生态系统理论为指导，构建了"圈核支点生态响应模型"，即国际金融中心是以服务实体经济、实现产业支撑的"成长发展"为核心，以"金融市场""服务水平""产业支撑"为支点，以国家环境为圈层环境的生态循环系统。其中，"圈"即圈层环境，在 IFCD 指数的体系中是国家环境，任何经济发展都在一定的环境当中，如生态系统中的自然环境一样，没有良好稳定的国家环境，经济活动的开展就缺乏合适的土壤，金融的发展就更无从谈起。核心即该金融中心，主要作用为支撑产业的成长发展——金融最根本的目的仍然是促进市场上的资金融通，以服务经济发展、支撑产业为主。支点则是"金融市场""金融服务体系""产业支撑"，即金融中心是通过构建良好的金融市场、提供高效完善的金融服务体系、为产业提供强有力的支持来发挥作用的。良好稳定的环境、吸引力强大的核心以及运作良好的各个支点之间相互联系、相互影响、相互强化，不断演进，才能实现金融中心的形成、发展和完善。图 3-2 即"圈核支点生态响应模型"的组成内容和相互作用关系，此模型也是 IFCD 指数构建的基础。

3. 具体指标的选择和指数构建

IFCD 指数体系包含 5 个一级指标、15 个二级指标、46 个三级指标（见表 3-1）。其中，一级指标注重揭示金融中心生态系统内在发展规律，具体包括金融市场、成长发展、产业支撑、服务水平和国家环境五个维度。金融市场是对国际金融中心城市的发展核心优势的测度；产业支撑是对国际金融中心城市发展物质基础的测度；服务水平是对国际金融中心发展配套能力的测度。二级指标是基于功能属性对一级指标的方向性层次展开；三级指标则指的是具体的指标层。二级指标和三级指标内容采用等权重的方式赋权，n 个指标中，每个指标的权重是 1/n。客观指标部分大多指标计取最近四年的均值，减弱不可比干扰因子的影响。问卷调查部分的信息则包括被调查者的基本信息；对国际金融中心的主观评价，以及对五个金砖国家是否有城市成为国际金融中心的信息调查等，基本情况和 GFCI 相同。

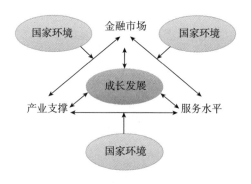

图 3-2　圈核支点生态响应模型

表 3-1　IFCD 相关指标体系

一级指标	二级指标	三级指标	资料来源	指标特性
金融市场 （0.21）	资本市场	股票交易额	世界交易所联合会	客观指标
		债券交易额	世界交易所联合会	客观指标
		商品期货交易额	世界交易所联合会	客观指标
		证券市场国际化程度	世界交易所联合会	客观指标
	外汇市场	远期外汇交易额占世界总额的比例	世界交易所联合会	客观指标
		外汇储备	美国中情局	客观指标
		汇率波动	世界交易所联合会	客观指标
	银保市场	大型银行总部数量	福布斯	客观指标
		保费总额	世界经济论坛	客观指标
		保险服务	新华社全球信息采集系统	调查问卷

续表

一级指标	二级指标	三级指标	资料来源	指标特性
成长发展 （0.21）	市场成长	新上市债券增长率	世界交易所联合会	客观指标
		上市公司数量增长率	世界交易所联合会	客观指标
		股票交易额增长率	世界交易所联合会	客观指标
	经济成长	GDP 五年平均增长率	世界银行	客观指标
		国内购买力近三年增速	瑞银集团	客观指标
		税收和社会保障金额增长率	经济合作与发展组织	客观指标
	创新成长	科技创新	新华社全球信息采集系统	调查问卷
		近五年政府研发支出年均增长率	经济合作与发展组织	客观指标
		近五年每百万人研发人员增长率	联合国教科文组织	客观指标
产业支撑 （0.19）	产业关联	外贸进出口总额	世界银行	客观指标
		全球金融服务供应商实力	中国社会科学院全球城市竞争力研究	第三方评价数据
		跨国公司指数	中国社会科学院全球城市竞争力研究	第三方评价数据
	产业人才	人才聚集	新华社全球信息采集系统	调查问卷
		高等教育投入	经济合作与发展组织	客观指标
		受教育水平	联合国开发计划署	客观指标
	产业景气	制造业景气	新华社全球信息采集系统	调查问卷
		服务业景气	新华社全球信息采集系统	调查问卷
		高新技术产业景气	新华社全球信息采集系统	调查问卷
服务水平 （0.2）	基础设施	货物吞吐量	中国社会科学院全球城市竞争力研究	第三方评价数据
		机场客运量	国际机场协会	客观指标
		信息设施建设	世界经济论坛	客观指标
	社会管理	服务业就业比例	中国社会科学院全球城市竞争力研究	第三方评价数据
		监管质量	世界银行	第三方评价数据
		政府数字化管理程度	联合国电子政务调查	第三方评价数据
		失业率	世界经济论坛	客观指标

一级指标	二级指标	三级指标	资料来源	指标特性
服务水平 (0.2)	工作生活	生活成本	瑞银集团	第三方评价数据
		适宜人居程度	Mercer HR	第三方评价数据
		工作环境	新华社全球信息采集系统	调查问卷
国家环境 (0.2)	经济环境	营商便利指数	世界银行	第三方评价数据
		物价指数	国际货币基金组织	客观指标
		经济自由度	Fraser Institute	第三方评价数据
	政治环境	政治稳定度	世界银行	第三方评价数据
		廉洁指数	Transparency International	第三方评价数据
	社会环境	社会国际化程度	KOF-Index of Globalization	第三方评价数据
		信息化普及程度	世界经济论坛	第三方评价数据
		幸福指数	美国新经济基金	第三方评价数据

主观的调查问卷部分，IFCD 调查问卷对国际金融中心的评价主要包括三个方面：第一，受访者在 45 个金融中心当中最了解哪些城市(选择 5~9 个城市)，这主要作为评价的参考。第二，对上述 5 个一级指标的主观评价，包括 5 个题目，但 5 个题目与一级指标并非完全对应，如成长发展只针对金融市场、产业支撑只针对基础产业。第三，针对评价指标体系中三级指标进行调查，但每个问题内容相对简单，如针对创新潜力的问题为"这些城市中，哪些城市科技创新潜力表现优秀"，针对制造业的问题为"这些城市中，哪些城市制造业活动表现优秀"。

4. IFCD 指数评价

IFCD 指数是基于金融中心的动态发展的系统性特征，采用层次分析法，在指标的选择上注重体现该区域未来的增长和发展潜力，并结合当今经济、技术发展创新的特点，凸显了金融产业对经济活动的服务和支撑作用，可以合理地衡量一个地区的金融实力，尤其是未来的金融竞争潜力。但是，IFCD 指数也存在一些问题：首先，除了调查问卷部分，主观内容还体现在指标权重的赋予上，人为干扰较大；其次，某些指标与金融中心实力的关联较小，尤其是在当今经济发展的时代背景下，与现实情况不符，如产业景气指数中提到的"制造业景气指数"，不少发达的金融中心事实上制造业并不发达，有的地区甚至出现了制造业空心化，可以认为，这与信息技术发展下，金融业务的市场规模迅速扩大存在一定的关联。

（二）GFCI 全球金融中心指数

1. 指数简介

由伦敦金融城发布的"全球金融中心指数"（Global Financial Center Index，GFCI）是目前最具权威的国际金融中心地位排名以及评估体系之一。该指数主要对全球范围内的金融中心进行评价，侧重关注各金融中心的市场灵活度、适应性以及发展潜力等方面，每年 3 月和 9 月定期更新，以客观显示金融中心竞争力的变化。评价体系涵盖了营商环境、金融体系、基础设施、人力资本、声誉及综合因素五大方面。

2. 理论溯源

与新华·道琼斯指数体系相似，全球金融中心指数的设置同样基于金融发展理论、金融资源理论、金融协调理论，在一定程度上体现了金融中心形成与发展的动态性。但在划分上存在不同的侧重点，GFCI 指数体系主要包括营商环境、金融体系、基础设施、人力资本和声誉及综合因素。在共性上，两者都重视对金融部门（或金融市场）的评估；在区别上，前者更强调产业的支撑，而GFCI 更重视产业集聚，前者强调宏观环境的重要性，而后者突出强调营商环境，层面上更加细化。另外，值得注意的是，与 IFCD 指数不同，GFCI 将"人力资本"作为评价体系的五大主要方面之一，显示出人力资本对金融中心发展的重要性。

舒尔茨的人力资本学说体现了人力资本对经济的贡献以及这种贡献的持续增长能力，而金融中心竞争力的人力资本因素包括产业人力资本与金融人力资本。产业人力资本对产业蓬勃发展的重要性不言而喻，也有大量理论与经验研究表明人力资本发展与产业发展之间的密切关系，尤其是在信息时代、知识经济时代背景下，这一点尤为突出，而金融人力资本是相对于金融物质资本而言的，通过对金融人才的投资转化为金融从业人员的素质，从而获得更高的收益回报[①]。金融中心的竞争力表现在金融产业上，而金融产业作为重要的生产性服务业，对人才的依赖性不言自明。另外一点即 GFCI 更注重基础设施的重要性，而 IFCD 仅将其作为服务水平的一个子项。金融中心尤其是国际金融中心，特别注重其全球市场规模以及各要素的流动性，良好的基础设施无疑将减少流动的障碍，使金融中心对外联系更加紧密。同时，良好的基础设施也对金融人才有较大的重要吸引力，由此可见 GFCI 指数的设计机理。

从指数体系构建的模型方法来看，GFCI 指数通过"因素评估模型"计算国际

---

① 王树伟. 金融人力资本与竞争力之间的关系研究［J］. 管理观察，2008（6）：108-109.

金融中心的排名，此模型是两大部分输入的集合。第一部分数据为工具因子，又称竞争力因子。首先将竞争力因子分为五大类，包括商业环境、金融部门发展、基础设施、人力资本以及声誉和其他一般因素，然后寻找对应这五类因素的子指标。这些工具因子在保持一定延续性的基础上每半年更新一次。值得注意的是，这些指标无须事先设定权重，而是基于支持向量机（SVM）方法进入一次性模型计算。第二部分数据主要来自国际金融中心的在线调查，调查内容主要是受访者在开展业务过程中对各个金融中心的评价。基于调查的评价结果通过对不同时期的赋权保持一定的延续性：最近的评价被赋予最高的权重，时间越早权重越低，24个月以前的评价权为0。两部分的数据通过支持向量机（SVM）直接得出评价结果，最后再经过一定的微调得出最终结果。

3. 具体指标选择与指数体系构建

具体来看，GFCI指数评价体系是通过因素评价模型来实现对全球不同金融中心的排名。而这一因素评价模型又是通过两种截然不同的渠道评价得以建立的：其一是媒介指标要素，这一数据来源于外部客观数据。其二是金融中心评价。GFCI的工具性指标因素关注五个关键性的领域：人力因素、商业环境因素、市场准入因素、基础设施因素、总体竞争力因素。该指数由101个特征指标（竞争力指标）和主观调查问卷组成。特征指标分为五大类，分别为人力资本、商业环境、金融部门发展、基础设施、声誉和其他一般因素，其中每大类都有二级指标（见表3-2）。数据均由第三方提供，包括世界银行、经济学人智库、经济合作与发展组织和联合国等，该指数反映了商业环境、金融发展、基础设施等方面的竞争力。同时采用聚类和关联两种分析方法，从金融的多样性、专业性、联系度三个维度来综合评判各金融中心的竞争力。

表3-2　GFCI全球金融中心指数指标体系

五大方面	指标名称	资料来源
人力资本	平均降水量	世界银行
	公民国内购买力	UBS
	城市生活成本排名	Mercer
	犯罪指数	Numbeo
	全球技能指数	Hays
	全球恐怖主义指数	Institute for Economics & Peace
	科学、商业、法律高等教育毕业生比例	世界银行
	高等教育毕业率	世界银行
	健康指数	Numbeo

五大方面	指标名称	资料来源
人力资本	自杀率	UN Office of drugs & Crime
	人类发展指数	联合国开发计划署
	语言多样性	Anthropology
	高净值资产人数	Capegemini
	生活质量指数	Numbeo
	城市生活质量排名	Mercer
	主要旅游目的地	Euromonitor
	签证受限指数	Henley Partners
	世界人才排名	IMD
基础设施	办公楼租用成本	CBRE Research
	单位面积公路里数	CIA
	单位面积铁路里数	CIA
	全球房地产透明指数	仲量联行
	主要国际住宅指数	Knight Frank
	地铁网络长度	Solability
	物流绩效指数	世界银行
	互联网指数	The World Wide Web Foundation
	ICT 发展指数	联合国开发计划署
	电信基础设施指数	联合国开发计划署
	国内运输网络质量指数	世界经济论坛
	道路质量	世界经济论坛
	网络就绪指数	世界经济论坛
	能源可持续指数	世界能源委员会
	环境绩效指数	耶鲁大学
声誉和其他综合因素	创新城市全球指数	Think Now Innovation Cities
	城市可持续发展指数	Arcadis
	外资直接投资信心指数	AT Kearney
	全球城市指数	AT Kearney
	可持续发展指数	波士顿咨询
	优良国家指数	Good Country Party
	城市运动指数	IESE
	世界竞争力评分表	IMD

续表

五大方面	指标名称	资料来源
声誉和其他综合因素	全球创新指数	INSEAD
	全球繁荣指数	Legatum Institute
	全球知识产权指数	Taylor Wessing
	零售物价指数	经济学人
	巨无霸指数	经济学人
	人均国内生产总值	世界银行
	价格水平	UBS
	外资直接投资流入	UNCTAD
	外国直接投资占 GDP 比率	UNCATAD
	全球竞争力指数	世界经济论坛
	国际协会会议数量	世界经济论坛
	全球贸易促进报告	世界经济论坛
金融部门发展	业务流程外包区位指数	Cushman & Wakefield
	全球联通性指数	DHL
	开放式基金总资产净额	Investment Company Institute
	伊斯兰金融国家指数	Islamic Banks and Financial Institutions
	银行外部头寸及银行外部头寸占 GDP 比重	The Bank for International Settlements
	商业和金融城市 GDP 构成	The Brookings Institution
	银行业国内信贷占 GDP 比重	世界银行
	银行投融资公司数量百分比	世界银行
	班轮连接指数	世界银行
	证券交易所资本化程度	The World Federation of Stock Exchanges
	股票交易价值	The World Federation of Stock Exchanges
	股票交易量	The World Federation of Stock Exchanges
	广义股票指数	The World Federation of Stock Exchanges
	债券成交价格	The World Federation of Stock Exchanges
营商环境	全球服务定位指数	AK Kearney
	政府债务占 GDP 比重	CIA
	法律体系	CIA
	营商环境排行	EIU
	操作风险指数	EIU
	最佳营商国家排行	福布斯

续表

五大方面	指标名称	资料来源
营商环境	经济自由度	Fraser Institute
	全球和平指数	Institute for Economics & Peace
	全球网络安全指数	ITU
	城市风险指数	Lloyd's
	个人所得税率	OECD
	双边税务信息交换协议	OECD
	国家风险指数	OECD
	公司税率	PWC
	员工税率	PWC
	新闻自由指数	Reporters Without Borders(RSF)
营商环境	通货指数	Swiss Association for Standardization(SNV)
	金融安全指数	Tax Justice Network
	Commonwealth Countries	The Commonwealth
	营商便利指数	世界银行
	实际利率	世界银行
	税占 GDP 比重	世界银行
	政府有效性	世界银行
	通胀指数	世界银行
	清廉指数	CPI Transparency International
	工资比较指数	UBS
	开放政府指数	World Justice Project
	监管执法	World Justice Project

4. GFCI 指数评价

GFCI 是用于评价较为成熟的国际金融中心指标体系，国际影响力较大。采用因素评价模型来进行指标构建，在赋予指标权重时有效避免了人为因素的干扰，与 IFCD 同样注重金融市场(部门)的重要性，但与此同时，GFCI 指数更加重视人力资本和基础设施的作用。但其调查的主观性仍然较为严重，并且指标数量众多，其中部分指标与金融中心实力(竞争力)之间并无清晰的逻辑关联，令人费解。GFCI 指数在更大程度上类似于城市综合发展指数，展现的不仅是一个城市的金融实力，还展现了一个城市的综合实力。

（三）中国金融中心指数

1. 指数简介

中国金融中心指数（CDI CFCI）是由综合开发研究院（中国深圳）（CDI）在进行区域金融学研究的基础上，综合前人的研究成果，根据中国金融中心发展以及我国统计体系的实际情况编制的中国金融中心竞争力评价的指标体系。如图3-3所示。该指标利用已经公开的统计数据，对我国金融中心的发展状况进行科学客观的总体评价，首期于2009年发布，其后每年更新一次。该指数旨在通过一系列客观指标评价中国金融中心发展的优劣势，从而为进一步提出提升金融中心竞争力的有效举措奠定了基础。指标体系共使用了4级85个客观指标对31个中国金融中心竞争力进行全面评价，包括综合竞争力评价以及金融产业绩效、金融机构实力、金融市场规模和金融生态环境四个分项在内的竞争力评价。与其他指标体系不同的是，该指数更加注重对中国金融中心竞争力的横向比较。

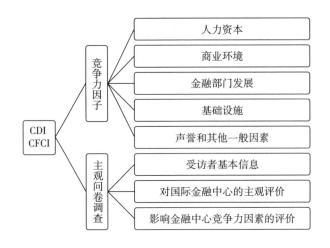

图3-3　CFCI指标体系

2. 理论溯源

中国金融中心指数建立的理论基础是"钱才"集聚理论。金融中心是金融资源相对集聚的场所，金融资源包括金融资本、金融机构、金融市场、金融人才、金融信息等。本质上，金融中心的形成与发展可以归结为"钱才"集聚。"钱"指的是金融资本，"才"代表的是金融人才，"钱才"的集聚可以全面体现各项金融资源的集聚。"钱才"本来就是最重要的两项金融资源，其他资源如金融机构、金融市场、金融信息、金融产品都是"钱才"的结合。与此同时，金融中心的"钱才"聚集论能够较好地解释金融中心形成与发展的客观规律。"钱"即金融资本具有逐利的本性，往往流向能够带来高盈利的地方。"才"即金融人才流向高收入和高生活质量的地方。因此，金融中心即为高盈利、高收入、高生活质量的城市。

金融资本盈利能力与金融市场及经营成本相关。金融市场包括金融交易市场与金融服务市场。一个国家或地区的金融交易市场放在哪个城市通常是国家行为，因此多数金融交易市场中心都是金融中心，而许多金融中心也是金融交易市场中心。而金融服务市场的大小往往与当地社会经济发展水平相关，金融资本往往在经济发展水平较高、经济规模较大的城市较容易获得利润，因此金融中心也会在这些地方形成。经营成本则包括三个方面：商业成本、税收成本及生活成本。但成本的高低是相对的，相对盈利水平后才能显示出其高低。就金融人才集聚而言，金融人才的收入水平与城市经济发展水平相关也与相关税收等人才政策有关。人力资本的高收入通常是由市场因素来决定的，而低成本那部分可以由市场来施加影响，例如给予金融人才优惠税收政策和生活补贴政策。城市的生活质量涉及因素则更多，既包括地理、气候等方面的自然因素，也包括文化、政治方面的人文因素以及基础设施配给等方面的商业因素。

"钱才"聚集不仅可以体现金融中心发展的表征，也可以说明金融中心形成和发展的机理。本指数研究遵循该理论展开。CFCI 的一级指标体系共有四个：金融产业绩效、金融机构实力、金融市场规模与金融生态环境，前三个为显示性指标，最后一个为解释性指标。金融产业绩效是金融产业发展的直接结果体现，也反映了一个城市进行金融中心建设给城市发展带来的利益。金融机构实力体现了一个金融中心金融市场主体发展的概况及金融业务开展的状况。金融市场规模体现了一个金融中心在国家或是区域金融交易市场中的地位。金融生态环境则反映金融中心发展的基础和潜力。金融产业对一个城市的社会经济发展具有重要的推动力，根据产业经济的乘数理论，这一推动力的大小依赖于金融产业的直接产出，以及金融产业所控制的直接资源。金融产业绩效包括金融产业增加值、金融从业人员、金融深度、金融宽度等，是金融竞争力的直接与综合体现。金融机构通常包括银行、证券、保险三大类，是城市金融产业的主体。有影响力的金融机构的集聚对于推动金融创新和城市金融业的发展能够起到支撑性作用，一个城市的金融机构实力在很大程度上反映了城市金融竞争力。此外，金融机构实力还反映了一个城市金融业务量的大小，如人民币存款、贷款等。金融市场是金融工具交易的场所，也是金融创新的重要场所，主要包括货币市场、股票市场、债券市场、黄金市场、外汇市场、衍生品市场和产权交易市场。金融市场规模和交易活跃程度是吸引和会聚金融交易者、金融机构和金融人才的重要因素，对于提升城市金融辐射力具有重要作用。

3. 具体指标选择以及指数体系的构建

城市金融业发展不仅有赖于金融产业本身，更与城市社会经济发展的各个方面息息相关。城市金融业发展的外部环境统称为金融业发展的生态环境，是城市金融竞争力的解释性因素。指数将金融生态环境分为人才环境和商业环境。人才环境又做了教育、人才、医疗等八方面的细分，对商业环境作了基础设施、专业服务、社会保障等五方面的细分。如表 3-3 所示。

表 3-3　具体指标选择

一级指标	二级指标	三级指标
金融产业绩效	金融业增加值	金融业增加值及其近三年平均增长率、金融业增加值占当地 GDP 比重
	金融业从业人员	金融业从业人员数及其近三年平均增长率、从业人数占全体劳动者比例
	金融深度	存款余额占 GDP 比重、本地证券交易量与 GDP 之比、保险深度
	金融宽度	贷款余额占 GDP 比重、境内股票市场累计融资量与 GDP 之比、保险密度
金融机构实力	银行类机构	本地法人机构（主要商业银行的本地法人银行数量、主要商业银行的本地法人银行资产总规模）、本地市场业务量（存款总额、贷款总额）、资产质量（不良贷款率）
	证券类机构	证券公司（本地法人机构数量、资产规模、承销金额、经纪规模、证券营业部家数）、基金管理公司（本地法人机构数量、资产管理规模）
	保险类机构	本地法人机构（本地法人机构数量、资产规模）、本地市场业务量（保费收入、赔付支出）
	机构国际化程度	银行业（外资银行在本地分行数、外资银行营业性机构数量）、证券业（本地法人合资证券公司数量、国外证券公司在本地的代表处数量、本地法人合资基金管理公司数量）、保险业（外资保险公司在本地的分公司数量、本地法人合资保险公司数量、外资保险公司在本地的代表处数量）
金融市场规模	货币市场	同业拆借市场（成交金额）、回购市场（交易额）、票据市场（贴现总额）
	股票市场	市场规模（上市公司家数、上市公司总市值、成交金额）、市场融资能力（股票发行额）
	债券市场	银行间债券市场（现券交易额）、交易所债券市场（现券交易额）
	黄金市场	黄金市场（黄金交易额）
	外汇市场	市场规模（日均成交额）
	产权交易市场	市场规模（年成交额）
	衍生品市场	期货市场（期货市场成交额）

续表

一级指标	二级指标	三级指标
金融生态环境	人才环境	教育环境(普通高等学校在校学生数、普通高等学校数、"211 工程"高校数、每一普通中学专任教师负担学生数、每一小学专任教师负担学生数)、文化娱乐(每百万人电影院影剧院数、每百万人群众艺术文化馆数、万人公共图书总藏量)、医疗卫生(医院数、每万人拥有医院病床数、每万人拥有的医生数)、城市绿化(城市绿化覆盖率、人均公共绿地面积)、城市交通(人均道路面积、万人城市轨道交通、日航班次数)、环境状况(城市生活污水处理率、空气质量优良率)、生活成本(在岗职工平均工资、住宅房价收入比)、旅游吸引力(接待入境旅游者人数、国内旅游者人数)
	商业环境	经济基础(地区生产总值、人均地区生产总值、第三产业增加值、本地上市公司数量)、专业服务(执业律师数、注册会计师数、专业保险中介机构数量)、社会保障(基本养老保险覆盖率、基本医疗保险覆盖率、失业保险覆盖率)、经济外向度(当年实际利用 FDI 总额、当年进出口总额、当年国际旅游收入)

4. CFDI 指数评价

中国金融中心指数在进行区域金融学研究的基础上，综合运用前人的研究成果，根据中国金融中心发展以及我国统计体系的实际情况进行指标的选择和体系的构建，注重区分正向指标和逆向指标，在赋予指标权重时采用专家讨论的方法，具有一定的专业性。

（四）其他金融中心指标体系

除了前述三种影响力广泛的典型金融中心平均指标体系外，还有不少学者从各自的研究目的出发，构建了很多其他指标体系，其中代表性成果如表 3-4 所示。这些指标体系为宜宾建设区域性金融中心和评估其水平提供了一定参考价值。根据相关文献计量分析发现，不同学者(机构)构建的金融中心指标体系尽管各有侧重，但不少指标具有很高程度的共同性。使用频度高的共性指标列于表 3-5 中，这反映了学者(机构)研究金融中心发展水平的测度偏好，也为本书考察宜宾建设区域金融中心提供了指标选取参考。

表 3-4 其他学者研究成果所建立的指标体系

作者	文献标题	体系内容(仅列出一级指标)	时间
胡坚、杨素兰	国际金融中心评估指标体系的构建——兼及上海成为国际金融中心的可能性分析	经济实力、金融发展水平、金融国际化水平、金融市场发展程度、政治指标	2003 年
殷兴山	长三角金融集聚态势与提升竞争力分析	金融聚集力、金融资源力、金融区位力	2003 年
王仁祥、孙亚超	武汉金融竞争力的实证分析与现状考察	金融控制力、金融人才规模、区位优势、法制健全程度、基础设施建设、科技竞争战略、科技产业发展	2006 年
彭丽红	金融体系国际竞争力比较研究	宏观经济环境、金融市场效率、微观经济基础	2006 年
姚洋	经济环境、金融市场、金融机构、金融制度	经济发展、金融市场、金融发展、金融人才、金融国际化、城市发展、金融市场、政治环境	2007 年
董玲	江苏区域金融发展水平测度及聚类	金融规模、金融发展深度、金融发展广度、城市综合经济实力	2008 年
陈权宝、兰爽	基于时序全局主成分的河南省各市区金融竞争力演化分析	经济实力、金融基础、金融运行潜力	2009 年
谢太峰、朱璐	中国主要城市金融竞争力的实证研究	金融组织规模、金融资产规模、金融生态竞争力	2010 年
张启富	宁波区域性金融中心建设水平实证评价	金融规模、金融交易、金融机构、金融效率、金融相关指标	2010 年
郑征、余珊萍	江苏建设金融强省的评价体系构建与战略选择	经济环境、金融实力、科技金融	2013 年
乔章凤	国际金融中心评价指数比较研究	经济环境、基础设施、金融生态环境	2016 年

表 3-5 各指标被使用频率

高频使用指标(部分)	使用率(根据所看文献粗略计算)(%)
GDP 增长率	100.00
GDP 总值	100.00
第三产业占 GDP 比重	81.18
金融产业总产值	72.73
金融机构贷款余额	100.00

续表

高频使用指标（部分）	使用率（根据所看文献粗略计算）（%）
金融从业人员受教育程度	72.73
金融机构总数	100.00
上市公司总数	55.00
上市公司市值占 GDP 比重	36.70
日均外汇交易额	72.73
固定资产投资额/基础设施投资额	36.36

三、区域金融中心竞争力指标体系的建立

（一）具体指标的选择

遵循前述相关理论，着重关注金融中心作为一个复杂系统的未来动态发展，在金融中心形成的在借鉴国内外有关金融中心指标体系研究成果的基础上，本着科学性、可操作性、易量化性、数据可获得性、与金融集聚相关程度高的原则，建立了以下金融中心评估指标体系：

首先，与 IFCD 和 GFCI 背后遵循的机理类似，金融需要良好稳定的环境作为其发展的土壤，尤其是在经济活动密集的区域，才有发展金融产业的可能性。并且已有大量理论和经验研究表明，金融发展与经济、产业发展之间存在着密切的联系，经济增长与金融发展之间是相辅相成的，因此本书将良好的经济基础作为衡量地区金融竞争力的目标层之一，在全球化视角下，可从宏观和微观角度出发设定准则层。

从宏观上看，一个地区经济基础，最直接的就是观察其综合经济实力，同时，结合现实情况和数据可获得情况，这里选择 GDP 增长率、人均 GDP、综合物价指数以及税收与社会保障金增长率作为其指标层来衡量。从微观上看，主要考虑资金使用的终端，即实体经济、各企业。因为金融的重要任务之一是降低市场上资金要素流动的壁垒，从而促进实体经济的发展，所以衡量金融竞争力（或说集聚力）必须考虑地区的实体经济实力，否则单纯考虑金融产业，有浮于空中之嫌。站在全球化视角下，以打造区域性金融中心为目标，要重视其对外开放程度——现今世界的各个经济体在全球价值链分工体系中联系愈发紧密，金融产业

对资金流动性的要求也在提高，这直接关系到金融市场规模问题，一般而言，经济对外开放程度越高，越有利于地区参与国际分工，吸引外来投资，从全球的角度出发开拓更大的市场，实现规模经济，从而进一步提升该地的集聚力，这样的集聚力又将通过循环累积效应进一步强化，实现地区经济实力及金融实力的迅速提升。而在具体的指标层，选取实际利用外资总额、贸易依存度、国际会议举办次数以及外资银行占银行总数的比例来衡量。

其次，既是衡量金融竞争力，则必然要考虑金融发展的情况，区域性金融中心必然要有较为雄厚的金融实力。依照金融中心形成理论、金融发展、金融协调和金融生态理论，并遵循 IFCD、GFCI 以及国内其他学者所构建的指标体系中对人力资本和基础设施的重视，这里将金融发展情况分为三个方面去衡量，即设置三个准则层，分别是：金融产业实力、金融机构实力及金融创新实力。需要说明的是，金融创新主要从新兴的金融业态方面来考虑，包括科技金融、绿色金融、供应链金融、普惠金融等新兴金融业态或是本地具有特色的创新型的金融产品。

最后，金融竞争力并非一成不变的，而是动态发展的，因此在评价地区金融竞争力或是金融集聚力时，不仅要考虑当前的金融实力，还要发现未来的发展潜力，而金融竞争力未来的提升除了要依靠金融产业自身不断的发展，也离不开良好发展环境的作用。出于动态性考虑，这里将金融发展环境纳入体系中，包括金融生态环境和城市基础设施。其中值得一提的是，金融生态环境主要从人才和政策方面考虑，突出金融人力资本和政府引导的影响。而基础设施中，除交通、教育等公共服务外，还体现了普惠金融基础设施的影响。另外，基础设施对城市经济、金融产业、金融人才的重要性前文已进行说明，此处不再赘述。

指标体系的构建一方面便于更直观地评判宜宾在金融方面的城市地位、在整个金融空间格局中所处的地位或所扮演的角色；另一方面有利于发现目标城市金融业现状中较为薄弱的部分和环节，并且在这个基础上，能够为未来目标城市发展为区域性金融中心设定具体的目标和要求，使目标城市区域性金融中心的建设有具体的操作方向。

发展既是一个长期过程，也是阶段性过程，对于本书的案例——宜宾市来讲，其目前仍处于起步阶段，结合构建指标体系的目的，将指标体系划分为初期、中期和远期三个层级的指标体系。三种不同层级的指标体系，随着层次从初期到远期，其指标内容是层层递进的，所涵盖的内容也愈加丰富、详细。远期指标应包含中期指标，同理，中期指标也包含了初期指标的内容。

（二）初期研判指标体系

初期研判指标体系主要用以判断目标城市——宜宾市当前在区域空间格局中

所处的地位，它突出了区域性金融中心的核心功能，强调了其研判所需的最基本的经济基础、金融实力和发展环境内容，在实际操作中同时还要兼顾数据可获得性因素，如表 3-6 所示。

表 3-6　初期研判指标体系

目标层	准则层	指标层
良好的经济基础	综合经济实力	GDP 增长率
		人均 GDP
	对外开放程度	外国直接投资(FDI)占 GDP 比重
		进出口贸易额占 GDP 比重
		中外合资及外资银行占银行总数的比例
	实体经济实力	中、小微企业的数量及其利润率
		规模以上企业的数量及其利润率
雄厚的金融实力	金融产业实力	金融业产值占 GDP 比重
		金融业机构年贷款余额
		保险业资产规模
		产业基金数量及其资产规模
	金融机构实力	地方法人银行数量
		地方融资平台数量
	金融创新实力	绿色信贷业务规模和占比
		供应链金融：应收账款金融规模
		普惠金融：农村信贷规模及其占比、第三方支付规模
稳定透明的发展环境	金融生态环境	金融业从业人员数
		金融业从业人员受教育程度或受过高等教育的金融从业人员占比
		金融案件判决率
		金融案件执行率
	城市基础设施	高铁旅客客运量
		基础设施投资占固定资产投资比重
		地区区位条件(是否河海港)(赋值计算)
		机场旅客客运量

（三）中期发展评价指标体系

中期发展评价指标体系主要用于评判发展到一定阶段后目标城市——宜宾市

区域性金融中心的建设情况。这个阶段目标城市建设区域性金融中心已经取得一定进展，各种指标的数据可获得性也得到提高，可以更全面地评价其区域性金融中心发展的水平，也可以作为目标城市对应于一定发展阶段进行目前发展的设定。如表 3-7 所示。

表 3-7　中期发展评价指标体系

目标层	准则层	指标层
良好的经济基础	综合经济实力	GDP 增长率
		人均 GDP
		综合物价指数
		税收与社会保障金增长率
	对外开放程度	外国直接投资(FDI)占 GDP 比重
		中外合资及外资银行占银行总数的比例
		日均外汇交易额
		进出口贸易额占 GDP 比重
	实体经济实力	中、小微企业的数量及其利润率
		规模以上企业的数量及其利润率
		境内外上市公司数量
		境内外上市公司市值
雄厚的金融实力	金融产业实力	金融业增加值
		金融业产值占 GDP 比重
		金融机构年贷款余额
		金融业利润
		股票交易额
		债券交易额
		期货与期权成交量
		黄金交易量
		保费收入
	金融机构实力	本地法人银行数量
		证券营业部数量
		保险业机构数量
		证券公司资产总额
		基金管理公司资产总额

续表

目标层	准则层	指标层
雄厚的 金融实力	金融创新实力	绿色证券:环保企业市值占比
		绿色信贷业务规模和占比
		科技金融:科技产业信贷业务规模和占比
		供应链金融:应收账款金融规模
		普惠金融:农村信贷规模及其占比
稳定透明的 发展环境	金融生态环境	金融业从业人员数
		金融业从业人员受教育程度或受过高等教育的金融从业人员占比
		律师事务所数量
		会计师事务所数量
		金融案件判决率
		金融案件执行率
	城市基础设施	高铁客运量
		宽带接入用户数
		ATM 密度
		基础设施投资占固定资产投资比重
		普通高等学校的数量
		地区区位条件(是否河海港)(赋值计算)
		机场旅客客运量

(四)远期发展目标指标体系

远期发展目标指标体系主要用于为目标城市——宜宾市建设区域性金融中心提供引导和长远发展目标,对目标城市建设区域性金融中心具有导向性和参照性作用,如表3-8所示。

表3-8 远期发展目标指标体系

目标层	准则层	指标层
良好的经济 基础	综合经济实力	GDP 增长率
		人均 GDP
	对外开放程度	进出口贸易额占 GDP 比重
		实际利用外商投资总额
		外国直接投资(FDI)占 GDP 比重

续表

目标层	准则层	指标层
良好的经济基础	实体经济实力	中、小微企业的规模及其利润率
		本地 A 股上市公司市值
		境内外上市公司数量
		境内外上市公司市值
		规模以上企业的数量
		规模以上企业的利润
雄厚的金融实力	金融产业实力	金融业增加值
		金融业产值占 GDP 比重
		金融机构年贷款余额
		金融业利润
		日均外汇交易额
		股票交易额
		债券交易额
		保费收入
	金融机构实力	地方法人银行数量
		证券营业部数量
		期货公司数量
		基金公司数量
		保险法人机构数量
		金融研究(学术)机构数量
		信用评级机构数量
		保险业总资产规模
		证券公司资产总额
		基金管理公司资产总额
	金融创新实力	互联网金融推动力度(北京大学互联网金融发展指数)
		碳金融：碳排放权交易量
		绿色证券：环保企业市值占比
		绿色信贷业务规模和占比
		科技金融：科技产业信贷业务规模和占比
		供应链金融：应收账款金融规模
		小微企业贷款获得率
		普惠金融：小额贷款公司贷款余额占各项贷款余额比例
		普惠金融：农村信贷规模及其占比

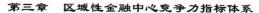

续表

目标层	准则层	指标层
稳定透明的发展环境	金融生态环境	金融业从业人员数
		金融业从业人员受教育程度或受过高等教育的金融从业人员占比
		风险防控：银行存贷比（或不良贷款率）
		政治风险等级
		律师事务所数量
		会计师事务所数量
		金融案件判决率
		金融案件执行率
	城市基础设施	地区区位条件（是否河海港）（赋值计算）
		机场旅客客运量
		高铁客运量
		宽带接入用户数
		ATM 密度
		基础设施投资占固定资产投资比重
		普通高等学校的数量

第四章　区域性金融中心竞争力评价

本章首先介绍评价方法和对数据来源进行说明，然后采用第三章建立的指标体系对全国地级以上主要城市的区域性金融中心竞争力进行综合评价和分项评价，并对宜宾建设区域性金融中心的状况从宏观和微观两个尺度进行评判。

一、评价方法与数据说明

（一）评价方法

关于区域性金融中心的评价方法有多种，如主成分分析法、数据包络分析法（DEA）、功效系数法、层次分析法（AHP）等。本书拟采用加权平均法，该方法简单易于操作，评价过程逻辑清晰且较为客观，也是竞争力评价中广泛使用的一种方法。

加权平均法，首先是对指标数据进行标准化，因为指标不同量纲不便于比较。这里的指标都是正指标，故采用极大减极小方法进行标准化，公式为：

$$y_i = \frac{x_i - \min\limits_{1 \leqslant i \leqslant n} \{x_i\}}{\max\limits_{1 \leqslant i \leqslant n} \{x_i\} - \min\limits_{1 \leqslant i \leqslant n} \{x_i\}} \tag{4-1}$$

其中，y_i 为 i 城市指标 x 的标准化值，x_i 为 i 城市指标 x 的值，$\min\{\cdot\}$ 表示取指标最小值，$\max\{\cdot\}$ 表示指标最大值，n 是城市数量。标准化后，各指标取值范围统一落在[0，1]区间。

指标标准化后，需要对指标进行赋权，以确定各指标的相对重要性。目前国内外关于多指标综合评价的权重确定方法很多，这些方法大致分为两类：第一类是主观赋权法，通过综合咨询评分的定性方法，人为来确定每个指标所占的权重。较为典型的有德尔菲法与层次分析法（AHP）。第二类是客观赋权法，即根据各指标间的相关关系或各项指标值的变异程度来确定权重，最具代表性的是主成分分析法、因子分析法。在借鉴以往关于金融中心指标体系评价方法文献以及基于可操作性原则的基础上，这里对每一个指标都赋予相同的权重。

在选择上述具体指标、选定权重确定方法后，根据分析结果进行初步测算，最后再对所构建的指标体系进行调整，如删去某些不合适的指标，加入此前未纳入考虑但存在显著影响的指标，从而得到一个较能体现现实情况且具有可操作性的指标体系，在此基础上对金融中心再进行科学合理的评价。

（二）数据说明

这里指标体系的数据主要来源于各地级市的统计年鉴及统计公报、《中国城市统计年鉴》、《中国金融统计年鉴》等，此外，还综合利用了金融监管机构、各金融机构统计数据及调研数据等。

二、大中城市金融综合竞争力评价结果

（一）指标体系与城市选择

大中城市选择样本城市 27 个，选取的原则是近几年来政府明确提出过要打造区域金融中心的城市，主要是直辖市、省会城市与计划单列市。这些城市往往有着一定的行政地位优势，经济发展也已达到较高水平，有利于金融资源的集聚，形成金融中心。在参考前文所提出的指标体系基础上，考虑到数据的可获得性问题，这里对部分指标进行了删减及替换。用表 4-1 的指标体系来对全国大中城市金融中心竞争力进行评价。

表 4-1　全国大中城市金融中心竞争力评价指标体系

目标层	准则层	指标层	资料来源
经济基础	综合经济实力	GDP 增长率	《中国城市统计年鉴》
		人均 GDP	《中国城市统计年鉴》
	对外开放程度	实际利用外商投资总额	《中国城市统计年鉴》
		进出口贸易额占 GDP 比重	《中国城市统计年鉴》
	实体经济实力	本地 A 股上市公司数量	Wind 资讯
		新三板挂牌企业数量	Wind 资讯
		规模以上企业的利润	Wind 资讯

目标层	准则层	指标层	资料来源
金融实力	金融产业实力	金融业增加值	《中国城市统计年鉴》
		金融机构年存款余额	《中国城市统计年鉴》
		金融机构年贷款余额	《中国城市统计年鉴》
		保费收入	《中国城市统计年鉴》
发展环境	金融生态环境	金融业从业人员数	《中国城市统计年鉴》
	城市基础设施	机场旅客客运量	《中国旅游统计年鉴》
		高铁客运量	《中国交通统计年鉴》
		宽带接入用户数	《中国信息统计年鉴》
		基础设施投资占固定资产投资的比重	《中国城市统计年鉴》
		普通高等学校的数量	《中国城市统计年鉴》

(二) 综合竞争力

根据表4-1所建立的评价指标体系，采用2019年的数据资料，各大中城市金融中心竞争力得分如表4-2所示。北京得分为100分，兰州得分为11.12分。

表4-2　2019年金融中心综合竞争力得分

城市	得分	城市	得分
北京	100	宁波	30.89
上海	91.05	青岛	30.37
广州	60.54	西安	30.02
深圳	59.96	济南	27.57
重庆	51.24	厦门	25.85
武汉	45.77	贵阳	21.21
天津	44.64	哈尔滨	20.97
杭州	44.24	大连	20.43
苏州	38.92	福州	19.87
南京	36.15	海口	17.37
成都	35.52	沈阳	16.24
长春	32.60	银川	15.32
长沙	31.22	兰州	11.12
郑州	31.02		

排名前十的城市呈现出了明显的地域分异，东部地区占据8个，中西部地区仅有重庆与武汉入围，而东北地区甚至没有城市入围前十（见图4-1）。北京、上海、广州、深圳的得分要明显高于其他城市。而在这之后的几个城市其得分差异不断缩小，差别不再明显。这说明中国各城市金融综合实力已经有了一定的分级。各个级别的城市金融综合实力已经有了显著的差别。北京、上海、广州、深圳已经逐渐成长为具有全国性甚至是国际性影响力和辐射力的金融中心。而如重庆、成都、武汉、杭州、郑州也已经成为各自所在区域的金融影响与辐射中心。剩下的西安、济南、厦门等城市也已经形成了一定的金融发展规模，具有较大的发展潜力，成长为未来的金融中心城市。

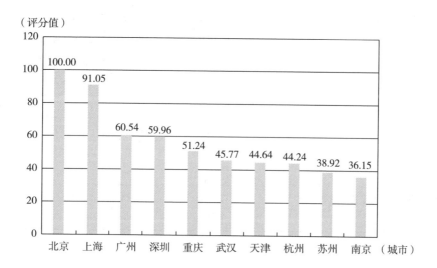

图4-1 金融中心综合竞争力排名

如表4-3所示，从具体的各项指标数值来看，金融中心发展表现出以下特征：第一，总体来看，在经济发展基础层面，经济发展状况良好，人均国内生产总值达到97245.59元，平均增长率达到8%。通过观察标准离差率可知，离散程度不高，所选取的城市综合经济实力差异并不大，但具体到实体经济层面的指标如上市公司数量等时，各城市的差距扩大。第二，各城市金融增加值平均水平不高，数据离散程度较大。在27个城市中，最高的为上海（4762.5亿元），最低的为海口（152.7亿元）。第三，在金融业发展环境方面，各项数据的离散程度较大，表明各城市发展环境方面存在较大的差异，并且较之硬件基础设施代表着金融生态环境的指标金融业从业人数差距较大。

表 4-3　各指标数据情况

项　目	最大值	最小值	平均值	均方差率
人均国内生产总值(元)	167411	53980	97245.59	0.31
GDP 增长率(%)	11.7	−5.8	8	0.38
实际利用外商投资总额(亿美元)	185.14	0.2	52.40	0.85
进出口贸易额占 GDP 比重(%)	159.26	2.2	46.91	0.91
A 股上市公司数量(家)	278	6	64.89	1.11
新三板挂牌企业数量(家)	1475	16	225.04	1.43
规模以上企业利润额(亿元)	2913.91	26.7	847.73	0.84
金融业增加值(亿元)	4762.5	152.7	1153.59	0.99
金融机构年存款余额(亿元)	138408.9	3343.4	28267.44	1.09
金融机构年贷款余额(亿元)	63739.4	4076.57	20113.58	0.73
保费收入(亿元)	1839	79.51	468.39	0.90
金融业从业人员数量(万人)	53.8	1.19	10.83	1.03
铁路客运量(万人次)	15855.3	416.16	5578.97	0.74
机场旅客客运量(万人次)	7869.2	0	2131.85	0.95
宽带接入户数(万户)	873.5	62.29	371.33	0.63
基础设施投资占固定资产投资比重(%)	36.7	11.18	22	0.38
普通高等学校在校学生数量(人)	167411	53980	97245.59	0.51

(三) 分项竞争力

如表 4-4 与图 4-2 所示, 经济发展基础较高的城市与金融中心综合竞争力较高的城市相同。尽管北京在上市公司数量等实体经济指标上表现优越, 但在外资利用、规模以上工业企业利润方面与上海形成了巨大差距。

表 4-4　2019 年各城市分项竞争力之经济实力情况

城市	得分	城市	得分
上海	100	天津	60.04
北京	96.53	广州	59.22
深圳	87.09	杭州	57.23
苏州	67.92	重庆	49.86

续表

城市	得分	城市	得分
武汉	48.18	大连	30.89
南京	47.10	济南	30.87
长沙	46.41	福州	30.80
青岛	44.18	贵阳	27.65
成都	43.53	哈尔滨	24.50
宁波	41.20	银川	21.44
郑州	40.33	海口	18.42
长春	35.43	兰州	18.12
厦门	34.45	沈阳	6.61
西安	31.75		

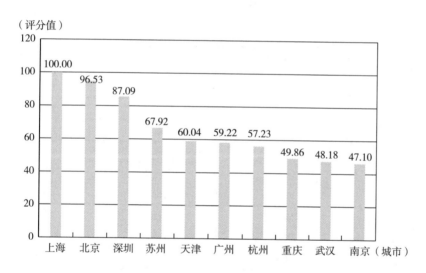

图 4-2 2019 年各城市经济实力

　　如图 4-3 与表 4-5 所示，金融产业实力较高的城市与综合竞争力较高的城市有一定的出入。成都在金融业增加值、金融业存贷款余额等方面的表现优异，而北京、上海、深圳、广州的经济实力依然较高。从具体数据来看，金融产业实力的得分差异巨大，得分最高的北京是得分较低的银川、海口等城市的近百倍，从另一个侧面也反映出了我国金融业发展的集聚现象。

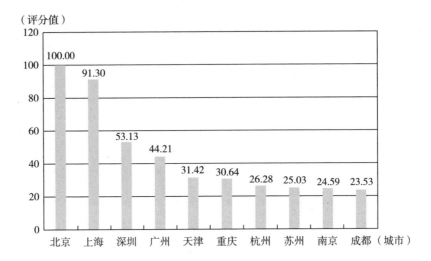

图4-3　2019年各城市金融产业实力

表4-5　2019年各城市分项竞争力之金融产业实力

城市	得分	城市	得分
北京	100.00	青岛	12.60
上海	91.30	宁波	12.43
深圳	53.13	沈阳	11.51
广州	44.21	长沙	11.42
天津	31.42	大连	10.74
重庆	30.64	福州	10.11
杭州	26.28	长春	8.96
苏州	25.03	哈尔滨	7.70
南京	24.59	厦门	5.90
成都	23.53	贵阳	5.03
武汉	20.40	兰州	3.50
郑州	17.53	银川	1.01
西安	15.17	海口	0.83
济南	13.27		

　　如图4-4与表4-6所示，得益于优越的基础设施、丰富的金融人才，北京、上海、广州金融产业综合竞争力仍然较高。中西部地区与东北地区的城市，如西安、长春的金融产业综合竞争力有所提升。这些城市正在通过大量的基础设施投

资改善当地的金融环境，预示着未来这些城市还有巨大的发展潜力。

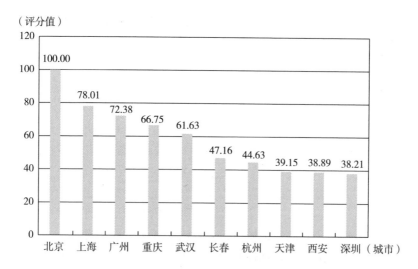

图 4-4　2019 年各城市金融环境

表 4-6　2019 年各城市分项竞争力之金融环境

城市	得分	城市	得分
北京	100.00	厦门	32.44
上海	78.01	郑州	31.81
广州	72.38	长沙	31.43
重庆	66.75	青岛	30.33
武汉	61.63	海口	28.59
长春	47.16	沈阳	28.28
杭州	44.63	哈尔滨	27.27
天津	39.15	贵阳	27.04
西安	38.89	苏州	21.55
深圳	38.21	银川	20.20
成都	36.20	大连	17.55
济南	34.65	福州	16.64
宁波	34.59	兰州	10.15
南京	33.78		

三、地级以上城市金融竞争力评价结果

（一）评价指标体系

前文构建的指标体系主要针对我国部分重要金融中心城市，其目的是了解我国已明确提出构建区域性（或国际性）金融中心城市其竞争力分异状况，并为宜宾了解自身建设金融中心提供参照和参考。考虑到宜宾市的城市规模和金融发展水平现实情况，为了解宜宾市金融中心在全国地级以上城市层面的地位，这里建立新的指标体系（见表4-7），对全国251个地级以上城市进行金融中心竞争力评价。之所以没有纳入所有的地级城市，主要出于两个方面的考虑：一是一些城市的金融功能很弱，纳入评价指标体系的意义不大；二是部分城市数据缺失不得已放弃。新指标体系主要兼顾金融中心核心指标和数据可获得性，对原指标体系进行调整得到。

表4-7 全国部分地级市竞争力评价指标体系

目标层	准则层	指标层	资料来源
经济基础	综合经济实力	GDP 增长率	《中国城市统计年鉴》
		人均 GDP	
	对外开放程度	外国直接投资额（FDI）	
	实体经济实力	规模以上企业总产值	
		规模以上企业的数量	
金融实力	金融产业实力	年末金融机构人民币各项存款余额	
		年末金融机构人民币各项贷款余额	
		金融业从业人员数	
金融环境	城市基础设施	公路旅客客运量	《中国信息统计年鉴》
		互联网宽带接入户数	

（二）综合竞争力

经过相应的指标计算和汇总，得到2019年全国地级以上城市金融中心竞争力评价，如表4-8所示。

表 4-8　2019 年全国部分地级以上城市金融中心竞争力

城市	得分	城市	得分
上海	100.00	潍坊	34.67
北京	95.63	绍兴	34.42
重庆	82.18	泰州	34.09
广州	79.27	大连	34.08
深圳	76.82	长春	33.80
天津	76.44	石家庄	33.29
苏州	75.60	金华	32.67
杭州	60.80	镇江	32.63
成都	56.48	扬州	32.63
宁波	52.59	盐城	31.69
武汉	51.91	台州	31.66
佛山	48.44	东营	31.51
青岛	48.17	淄博	31.45
南京	48.00	临沂	31.21
无锡	46.94	鄂尔多斯	31.03
郑州	45.10	唐山	30.71
长沙	44.20	哈尔滨	30.61
南通	43.58	厦门	30.38
东莞	42.07	中山	30.16
常州	39.97	南昌	29.95
西安	39.79	洛阳	28.93
温州	39.09	惠州	28.70
泉州	37.60	珠海	28.66
合肥	37.43	昆明	28.54
烟台	37.19	威海	28.41
福州	35.97	宜昌	27.74
徐州	35.38	淮安	27.42
济南	35.24	芜湖	27.21
遵义	35.05	沈阳	27.17
贵阳	34.86	湖州	26.94
嘉兴	34.72	济宁	26.83

城市	得分	城市	得分
保定	26.77	常德	21.68
德州	26.70	乌鲁木齐	21.58
襄阳	26.58	汕头	21.48
沧州	25.93	驻马店	21.40
菏泽	25.85	德阳	21.26
聊城	25.82	龙岩	21.07
漳州	25.36	滁州	21.04
江门	25.29	商丘	21.00
包头	25.18	信阳	20.83
南宁	25.09	柳州	20.81
南阳	24.76	湘潭	20.75
莆田	24.59	咸阳	20.73
太原	24.01	宜春	20.72
宿迁	23.95	周口	20.71
连云港	23.76	衡阳	20.67
泰安	23.72	郴州	20.66
廊坊	23.70	安阳	20.61
赣州	23.69	宁德	20.59
九江	23.61	上饶	20.57
许昌	23.49	三门峡	20.55
焦作	23.37	阜阳	20.50
舟山	23.24	绵阳	20.41
滨州	23.01	濮阳	20.33
呼和浩特	22.98	蚌埠	20.21
株洲	22.80	枣庄	19.97
兰州	22.77	邢台	19.93
邯郸	22.69	吉安	19.92
岳阳	22.56	秦皇岛	19.88
三明	22.11	安庆	19.85
马鞍山	21.76	荆门	19.66
新乡	21.70	荆州	19.61

续表

城市	得分	城市	得分
日照	19.60	永州	17.93
黄冈	19.58	乌海	17.92
湛江	19.49	鄂州	17.92
新余	19.28	晋中	17.91
丽水	19.17	通辽	17.87
泸州	19.15	曲靖	17.87
揭阳	19.13	渭南	17.81
宣城	19.08	乐山	17.69
开封	19.05	内江	17.68
孝感	19.04	抚州	17.65
茂名	19.03	鹰潭	17.59
衢州	18.97	咸宁	17.54
桂林	18.97	怀化	17.53
十堰	18.92	黄石	17.52
邵阳	18.81	防城港	17.49
平顶山	18.78	眉山	17.37
肇庆	18.68	赤峰	17.30
宿州	18.67	娄底	17.27
攀枝花	18.63	自贡	17.27
宜宾	18.53	呼伦贝尔	17.18
萍乡	18.51	漯河	17.16
铜陵	18.45	承德	17.11
衡水	18.43	亳州	16.98
韶关	18.40	云浮	16.93
南平	18.39	广安	16.91
海口	18.37	清远	16.88
吉林	18.37	张家口	16.86
南充	18.31	北海	16.85
益阳	18.22	玉溪	16.83
铜仁	18.22	鹤壁	16.73
安顺	17.95	六安	16.66

城市	得分	城市	得分
景德镇	16.57	张家界	14.48
达州	16.38	佳木斯	14.37
遂宁	16.35	崇左	14.36
玉林	16.29	普洱	14.24
随州	16.21	临沧	14.24
河源	16.18	运城	14.14
阳江	16.03	晋城	13.99
莱芜	16.02	朔州	13.60
白山	16.02	巴中	13.53
潮州	16.01	临汾	13.51
辽源	15.94	汕尾	13.45
百色	15.81	贺州	13.38
梧州	15.76	鸡西	13.30
池州	15.71	黑河	13.28
黄山	15.70	阳泉	12.58
齐齐哈尔	15.64	忻州	12.53
钦州	15.63	丽江	12.36
资阳	15.61	河池	11.82
巴彦淖尔	15.52	白城	11.71
淮南	15.47	四平	11.61
保山	15.26	大同	11.41
梅州	15.09	盘锦	11.23
长治	15.05	来宾	11.18
松原	14.95	葫芦岛	10.74
乌兰察布	14.92	通化	10.20
雅安	14.78	伊春	9.48
淮北	14.76	营口	8.58
广元	14.67	七台河	8.37
贵港	14.66	鞍山	8.28

续表

城市	得分	城市	得分
锦州	8.15	朝阳	6.70
鹤岗	7.50	本溪	6.08
抚顺	7.20	阜新	2.10
铁岭	7.08		

总体来看，金融中心综合竞争力地区差异明显。东部地区的城市较中西部地区以及东北地区的城市而言，经济实力更强，基础设施与人才条件也更为优越，金融业发展历史也更为悠久。因此，普遍比中西部城市更加具有竞争力。图4-5展示的是2019年金融中心综合竞争力较高的城市，其中东部地区城市有15个，遥遥领先于其他区域。并且，东部地区入围的城市中除了大众熟知的省会城市、副省级城市，还有一些地级市，这也进一步说明东部地区在金融中心建设方面已经形成了一定的"集团优势"。中西部地区的城市有重庆、成都、武汉、郑州、长沙，其中重庆是中西部城市中得分最高的。得益于长江经济带、国家中心城市建设等发展战略，这些中西部地区的城市近几年来发展迅速，其经济实力、产业实力、金融发展环境提升迅速，金融中心竞争力也随之提高。在251个城市中，宜宾得分为18.53分，在西部地区的12个省份中居中上水平。

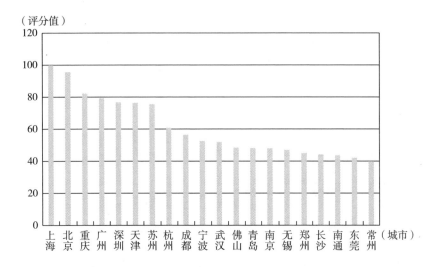

图4-5　2019年全国城市金融中心综合竞争力

为了能够更加清晰地了解金融中心发展变动的整体趋势，图4-6、图4-7列出了 2017 年、2018 年全国城市金融中心综合竞争力。整体来看，变动最大的为东北地区，综合竞争力较高的大连与沈阳从 2018 年开始，其综合竞争力下降明显，这与该地区近两年来经济发展疲软有着很大的关系。中西部地区城市综合竞争力不断地提高，例如，重庆市仍然保持着总体优势，但也存在着激烈的竞争。宜宾金融中心进步显著，表现出良好的成长性。

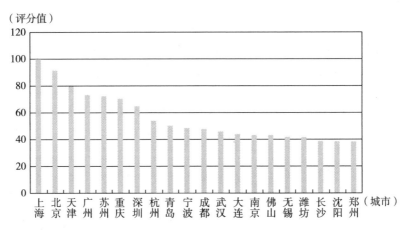

图 4-6 2017 年全国城市金融中心综合竞争力

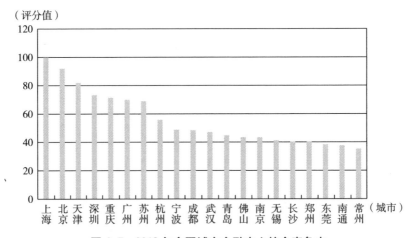

图 4-7 2018 年全国城市金融中心综合竞争力

（三）分项竞争力

对全国 251 个城市金融中心从经济实力、金融产业实力和金融发展环境三方面进行分项评价。

1. 分项评价之经济实力

表4-9列出了2019年全国部分地级以上城市经济实力竞争力，表4-10列出了2017~2019年部分地级及以上城市经济竞争力排名变动情况。经济竞争力包括经济增长率、人均GDP、外商直接投资、规模以上工业企业数量、规模以上工业企业总产值等指标，测度了各地区的综合经济实力、实体经济实力以及经济的开放程度。总体来看，东部地区仍然是我国经济竞争力最强的地区。综观近几年的经济竞争力，中西部地区也逐渐展示出了巨大的发展潜力。受经济增长放缓、企业效益降低等众多因素的影响，东北地区城市的表现不尽如人意，整体的经济竞争力下滑。2019年宜宾市的经济实力在全国居中间水平。从纵向来看，2017~2019年有了较大的提升，表现出较强劲的经济增长势头。

表4-9 2019年全国部分地级以上城市经济实力竞争力

城市	得分	城市	得分
上海	100.00	烟台	54.63
北京	97.89	成都	54.12
苏州	94.83	郑州	54.09
深圳	88.85	东营	53.53
重庆	77.77	泉州	53.36
广州	71.92	鄂尔多斯	53.35
佛山	69.15	镇江	51.94
杭州	69.15	泰州	51.86
天津	68.68	嘉兴	51.79
宁波	68.56	绍兴	50.11
无锡	65.39	扬州	50.03
青岛	65.09	淄博	49.92
东莞	61.74	潍坊	49.38
南通	60.69	合肥	49.31
常州	59.29	徐州	48.97
武汉	58.44	长春	46.69
长沙	58.25	中山	46.30
南京	56.86	威海	46.22

续表

城市	得分	城市	得分
珠海	45.70	三明	36.54
盐城	45.33	焦作	36.44
福州	45.06	滨州	36.39
温州	44.72	连云港	36.24
临沂	44.09	哈尔滨	36.24
芜湖	43.67	马鞍山	36.20
大连	42.84	九江	36.10
厦门	42.67	泰安	35.61
金华	42.40	贵阳	35.35
南昌	42.35	呼和浩特	35.26
淮安	42.26	株洲	35.03
济南	42.17	南阳	34.93
包头	42.08	江门	34.88
德州	42.02	莆田	34.54
唐山	42.00	湘潭	34.25
惠州	41.89	岳阳	34.13
石家庄	41.56	新余	34.01
宜昌	41.28	龙岩	33.92
湖州	41.18	廊坊	33.91
台州	40.89	遵义	33.82
洛阳	40.88	昆明	33.81
西安	40.49	蚌埠	32.98
漳州	39.90	德阳	32.85
襄阳	39.55	荆门	32.73
舟山	39.47	柳州	32.70
聊城	39.42	滁州	32.64
菏泽	39.31	汕头	32.60
济宁	37.95	乌海	32.49
许昌	37.86	赣州	32.46
宿迁	37.49	新乡	32.41
沧州	36.98	宜春	32.35

续表

城市	得分	城市	得分
郴州	32.34	丽水	30.24
攀枝花	32.14	十堰	29.93
常德	32.12	信阳	29.92
枣庄	32.09	衢州	29.83
宁德	31.98	南平	29.78
三门峡	31.97	漯河	29.77
铜陵	31.75	衡阳	29.47
鄂州	31.75	孝感	29.37
保定	31.74	肇庆	29.34
日照	31.69	南宁	29.33
濮阳	31.55	安顺	29.28
防城港	31.49	阜阳	29.23
宣城	31.48	绵阳	29.17
揭阳	31.38	宿州	29.17
吉安	31.22	鹤壁	29.15
安阳	31.06	黄石	29.13
开封	30.99	北海	28.92
安庆	30.85	铜仁	28.90
驻马店	30.84	泸州	28.71
周口	30.81	茂名	28.59
太原	30.70	呼伦贝尔	28.59
乌鲁木齐	30.66	平顶山	28.56
咸阳	30.63	景德镇	28.41
秦皇岛	30.62	咸宁	28.30
萍乡	30.61	抚州	28.23
鹰潭	30.54	邢台	28.22
通辽	30.50	白山	28.18
邯郸	30.46	玉溪	28.18
上饶	30.44	益阳	28.14
兰州	30.41	辽源	28.13
商丘	30.40	湛江	28.11

续表

城市	得分	城市	得分
莱芜	28.10	百色	26.16
乐山	28.08	广安	26.14
吉林	28.05	乌兰察布	26.04
衡水	27.98	内江	25.83
荆州	27.98	南充	25.66
黄冈	27.97	资阳	25.65
宜宾	27.90	玉林	25.58
自贡	27.64	六安	25.57
赤峰	27.54	怀化	25.48
眉山	27.45	韶关	25.41
娄底	27.37	渭南	25.39
桂林	27.33	崇左	25.23
随州	27.28	雅安	25.18
池州	27.22	沈阳	25.13
永州	27.08	张家口	25.13
海口	27.06	临沧	24.99
清远	27.00	松原	24.98
邵阳	26.92	普洱	24.97
遂宁	26.87	淮北	24.83
阳江	26.85	广元	24.29
钦州	26.85	达州	24.23
巴彦淖尔	26.84	张家界	24.16
亳州	26.78	贵港	23.98
梧州	26.76	淮南	23.96
云浮	26.67	梅州	23.62
曲靖	26.64	佳木斯	23.54
潮州	26.62	贺州	23.44
河源	26.58	汕尾	23.35
黄山	26.53	朔州	23.22
保山	26.46	晋中	23.03
承德	26.28	长治	22.90

续表

城市	得分	城市	得分
齐齐哈尔	22.87	大同	16.91
巴中	22.30	伊春	16.77
晋城	22.21	通化	16.29
鸡西	21.97	葫芦岛	16.15
丽江	21.52	七台河	15.05
黑河	21.31	鹤岗	13.17
阳泉	21.08	营口	11.46
运城	20.24	抚顺	9.83
忻州	20.09	铁岭	9.71
白城	19.97	锦州	9.66
临汾	19.95	朝阳	8.43
来宾	19.33	本溪	8.29
河池	19.03	鞍山	8.04
四平	18.11	阜新	1.48
盘锦	17.79		

表 4-10   2017～2019 年部分地级及以上城市经济竞争力

2017 年		2018 年		2019 年	
城市	得分	城市	得分	城市	得分
上海	100.00	上海	100.00	上海	100.00
北京	93.70	北京	95.43	北京	97.89
天津	92.68	苏州	91.89	苏州	94.83
深圳	79.54	深圳	84.21	深圳	88.85
重庆	69.24	重庆	74.73	重庆	77.77
广州	65.56	广州	68.83	广州	71.92
苏州	64.21	杭州	68.44	佛山	69.15
杭州	63.64	天津	68.30	杭州	69.15
宁波	63.12	宁波	65.76	天津	68.68
佛山	62.55	佛山	65.17	宁波	68.56
大连	62.46	青岛	64.54	无锡	65.39
青岛	61.87	无锡	61.24	青岛	65.09

2017 年		2018 年		2019 年	
城市	得分	城市	得分	城市	得分
无锡	60.95	东莞	57.89	东莞	61.74
潍坊	55.60	武汉	56.97	南通	60.69
常州	54.65	南通	56.48	常州	59.29
武汉	54.51	南京	55.32	武汉	58.44
南通	54.21	长沙	55.07	长沙	58.25
成都	54.06	常州	54.88	南京	56.86
南京	54.05	成都	53.01	烟台	54.63
东莞	53.88	郑州	52.22	成都	54.12
宜宾	23.32	宜宾	24.61	宜宾	27.90

2. 分项评价之金融产业实力

表 4-11 列出了 2019 年全国部分地级市金融产业实力，表 4-12 列出了 2017~2019 年部分地级市金融产业实力。金融产业竞争力包括金融业就业人数、年末存款余额、年末贷款余额等指标。北上广深始终占据着前四名，尽管其内部排名会有些波动，但也彰显了这四个城市强大的金融实力。西部地区的重庆紧随其后，近几年来重庆借助"一带一路"倡议和长江经济带战略的实施、渝新欧货运大通道的扩展等，积极发展金融业并取得了显著的成果。总体来看，东部地区的整体金融实力要明显高于中西部地区。但不同于综合竞争力排名与经济竞争力排名，东部地区的优势有所缩小，东北及中西部入围的城市增加，一些未能出现在前两个榜单上的城市也能够在这个榜单中出现，如西安、大连、哈尔滨等。这也从侧面反映出了全国各地区都在加快金融产业发展，竞争尤为激烈。2019 年，宜宾市金融业实力较 2018 年有所退步。

表 4-11 2019 年全国部分地级市金融产业实力

城市	得分	城市	得分
北京	100.00	天津	36.99
上海	82.85	成都	35.17
广州	40.97	杭州	32.29
深圳	39.54	苏州	25.94
重庆	39.29	武汉	23.66

续表

城市	得分	城市	得分
西安	22.78	烟台	8.76
南京	22.23	常州	8.61
郑州	22.02	泉州	8.30
宁波	20.89	潍坊	8.24
沈阳	18.19	嘉兴	8.03
长沙	17.76	呼和浩特	7.33
济南	17.54	临沂	7.31
大连	16.83	济宁	7.10
青岛	16.75	徐州	7.05
哈尔滨	15.28	邯郸	6.92
佛山	14.31	盐城	6.85
温州	14.02	乌鲁木齐	6.84
昆明	14.02	廊坊	6.82
无锡	14.00	沧州	6.41
福州	13.70	泰州	6.08
长春	13.45	惠州	5.95
南通	13.04	洛阳	5.81
合肥	12.82	扬州	5.77
石家庄	12.51	海口	5.51
太原	11.85	聊城	5.49
南宁	11.72	淄博	5.46
唐山	11.18	江门	5.34
东莞	11.00	中山	5.22
台州	10.51	镇江	5.00
金华	10.14	赣州	4.87
南昌	9.77	南阳	4.84
兰州	9.41	邢台	4.77
贵阳	9.23	泰安	4.72
厦门	8.92	珠海	4.64
保定	8.86	菏泽	4.52
绍兴	8.82	湖州	4.52

续表

城市	得分	城市	得分
阜阳	4.43	咸阳	3.35
鞍山	4.36	信阳	3.34
晋中	4.33	上饶	3.27
汕头	4.09	渭南	3.27
绵阳	4.08	平顶山	3.22
南充	4.07	荆州	3.20
张家口	4.04	长治	3.18
德州	4.04	驻马店	3.17
承德	4.04	滨州	3.12
衡阳	4.01	安庆	3.11
湛江	3.92	大同	3.08
秦皇岛	3.90	商丘	3.08
襄阳	3.84	达州	3.06
衡水	3.80	柳州	3.04
鄂尔多斯	3.79	株洲	3.04
桂林	3.75	临汾	3.02
宜昌	3.69	丽水	3.02
淮安	3.69	郴州	3.00
芜湖	3.66	锦州	2.99
包头	3.65	安阳	2.97
东营	3.63	新乡	2.97
连云港	3.61	常德	2.97
遵义	3.53	衢州	2.94
邵阳	3.52	营口	2.93
吉林	3.52	岳阳	2.86
威海	3.44	茂名	2.84
周口	3.43	龙岩	2.82
宜春	3.41	德阳	2.82
齐齐哈尔	3.38	十堰	2.80
黄冈	3.38	运城	2.77
漳州	3.37	宜宾	2.76

续表

城市	得分	城市	得分
吉安	2.75	开封	2.03
九江	2.72	佳木斯	2.02
湘潭	2.64	抚顺	2.02
朝阳	2.56	梅州	2.02
益阳	2.54	抚州	2.01
日照	2.53	枣庄	2.00
宿州	2.51	怀化	1.99
六安	2.49	广安	1.97
赤峰	2.47	葫芦岛	1.95
孝感	2.45	曲靖	1.93
泸州	2.45	盘锦	1.88
宁德	2.44	韶关	1.86
许昌	2.41	呼伦贝尔	1.86
肇庆	2.40	舟山	1.82
滁州	2.39	荆门	1.81
莆田	2.39	内江	1.80
淮南	2.39	宣城	1.74
宿迁	2.37	四平	1.71
焦作	2.35	娄底	1.69
乐山	2.34	本溪	1.62
清远	2.33	自贡	1.61
蚌埠	2.32	铁岭	1.56
晋城	2.30	三门峡	1.56
永州	2.29	河源	1.53
揭阳	2.27	眉山	1.48
马鞍山	2.23	通化	1.47
忻州	2.16	鸡西	1.47
亳州	2.16	遂宁	1.46
玉林	2.13	资阳	1.45
三明	2.13	贵港	1.40
南平	2.12	濮阳	1.40

续表

城市	得分	城市	得分
广元	1.39	景德镇	0.87
阜新	1.38	北海	0.86
玉溪	1.37	安顺	0.86
黄石	1.36	钦州	0.80
通辽	1.36	黑河	0.77
朔州	1.35	雅安	0.75
松原	1.30	莱芜	0.71
铜仁	1.27	保山	0.66
阳泉	1.25	新余	0.65
阳江	1.25	白山	0.65
铜陵	1.18	普洱	0.60
梧州	1.15	鹤壁	0.58
淮北	1.14	贺州	0.56
乌兰察布	1.11	鹤岗	0.56
巴彦淖尔	1.11	崇左	0.53
咸宁	1.11	辽源	0.47
攀枝花	1.10	张家界	0.46
黄山	1.09	来宾	0.44
萍乡	1.08	乌海	0.43
百色	1.06	汕尾	0.42
巴中	1.02	鹰潭	0.41
漯河	1.00	伊春	0.40
潮州	0.99	丽江	0.31
白城	0.97	鄂州	0.27
云浮	0.97	临沧	0.26
河池	0.96	防城港	0.26
随州	0.94	七台河	0.22
池州	0.87		

表4-12 2017~2019年部分城市金融产业实力

2017 年		2018 年		2019 年	
城市	得分	城市	得分	城市	得分
北京	100.00	北京	100.00	北京	100.00
上海	89.50	上海	87.91	上海	82.85
广州	37.41	深圳	44.07	广州	40.97
深圳	35.96	广州	35.39	深圳	39.54
重庆	35.65	重庆	33.09	重庆	39.29
天津	31.75	天津	31.95	天津	36.99
杭州	31.30	杭州	30.04	成都	35.17
成都	29.36	成都	28.60	杭州	32.29
苏州	25.46	苏州	23.21	苏州	25.94
南京	22.27	南京	21.78	武汉	23.66
武汉	21.60	武汉	21.48	西安	22.78
宁波	20.33	西安	19.22	南京	22.23
西安	19.24	宁波	19.08	郑州	22.02
郑州	16.60	长沙	16.21	宁波	20.89
长沙	16.33	郑州	16.18	沈阳	18.19
沈阳	15.97	济南	15.32	长沙	17.76
济南	15.94	沈阳	15.08	济南	17.54
大连	15.92	大连	15.00	大连	16.83
青岛	15.05	青岛	14.39	青岛	16.75
昆明	13.81	昆明	13.28	哈尔滨	15.28
宜宾	1.98	宜宾	2.08	宜宾	2.76

3. 分项评价之金融发展环境排名

金融发展环境竞争力包括公路客运量以及互联网宽带接入用户两个指标。表4-13、表4-14展示了2019年全国部分地级市金融发展环境竞争力状况以及2017~2019年金融发展环境竞争力较高的城市。金融发展环境竞争力与先前的几项指标总体很不相同。观察2017~2019年竞争力较高的城市可知，东部地区的一些大城市变动不大，取而代之的是一些地级市。与之相对的是，中西部地区城市的竞争力不断提高，这与近年来中西部地区为了改善投资环境，加大了基础设施投资力度，地区基础设施也得到了较大的改善有关。2019 年，宜宾市金融发展环境竞争力居中偏上水平，但较 2018 年有所下降。

表 4-13　2019 年全国部分地级市金融发展环境竞争力

城市	得分	城市	得分
重庆	100.00	台州	21.12
广州	98.07	长沙	20.95
北京	67.07	济南	20.58
遵义	65.76	莆田	20.57
苏州	55.56	佛山	19.96
成都	51.92	哈尔滨	18.70
贵阳	50.64	潍坊	18.29
深圳	49.75	洛阳	18.01
上海	48.56	昆明	17.83
武汉	43.12	南宁	17.75
杭州	40.32	临沂	17.52
温州	37.87	盐城	17.49
西安	34.65	江门	17.31
南京	32.52	常州	17.10
天津	29.40	赣州	16.94
宁波	27.18	韶关	16.33
郑州	26.86	东莞	15.98
沈阳	24.76	宜昌	15.84
保定	24.68	南阳	15.80
徐州	24.57	烟台	15.78
福州	24.05	大连	15.26
青岛	23.86	晋中	15.26
无锡	22.93	襄阳	14.63
石家庄	22.93	绍兴	14.38
金华	22.64	惠州	14.35
合肥	21.94	厦门	14.29
泉州	21.46	驻马店	13.98
南通	21.23	泰州	13.91

续表

城市	得分	城市	得分
邯郸	13.55	邢台	10.86
商丘	13.50	湛江	10.81
济宁	13.41	宿迁	10.80
信阳	13.40	焦作	10.80
嘉兴	13.14	桂林	10.76
沧州	13.10	菏泽	10.69
唐山	13.10	连云港	10.62
荆州	13.00	三门峡	10.60
黄冈	12.59	泸州	10.60
常德	12.55	周口	10.56
衡阳	12.49	安阳	10.41
扬州	12.45	株洲	10.38
内江	12.34	廊坊	9.91
怀化	12.15	泰安	9.88
淮安	12.07	茂名	9.61
绵阳	11.99	滁州	9.58
九江	11.97	太原	9.53
新乡	11.91	永州	9.51
岳阳	11.81	镇江	9.36
南昌	11.58	兰州	9.35
中山	11.57	漳州	9.31
阜阳	11.57	宜宾	9.29
邵阳	11.43	德阳	9.26
咸阳	11.26	宁德	9.12
南充	11.24	德州	8.88
渭南	11.19	鞍山	8.85
长春	11.18	云浮	8.59
上饶	11.14	聊城	8.53
湖州	11.03	孝感	8.53
曲靖	10.98	汕头	8.43
濮阳	10.92	运城	8.39

续表

城市	得分	城市	得分
乌鲁木齐	8.38	亳州	6.34
铜仁	8.29	衢州	6.25
淄博	8.14	张家口	6.24
达州	8.10	玉林	6.23
滨州	7.92	十堰	6.06
广安	7.92	淮南	6.03
平顶山	7.91	抚州	6.02
芜湖	7.88	丽水	6.01
许昌	7.83	乐山	5.95
益阳	7.75	萍乡	5.87
眉山	7.71	梅州	5.86
珠海	7.57	龙岩	5.85
齐齐哈尔	7.52	临汾	5.84
郴州	7.51	黑河	5.79
威海	7.48	开封	5.53
吉安	7.40	海口	5.50
安庆	7.29	三明	5.47
宿州	7.29	赤峰	5.33
柳州	7.21	南平	5.33
六安	7.21	蚌埠	5.31
肇庆	7.13	日照	5.29
娄底	7.08	长治	5.22
咸宁	7.04	宣城	5.05
宜春	7.01	清远	5.04
锦州	6.99	铁岭	4.88
枣庄	6.99	张家界	4.82
安顺	6.96	百色	4.78
吉林	6.79	葫芦岛	4.77
衡水	6.68	营口	4.71
自贡	6.58	遂宁	4.67
秦皇岛	6.55	潮州	4.65

续表

城市	得分	城市	得分
承德	4.60	鸡西	3.05
黄石	4.54	北海	3.03
马鞍山	4.54	景德镇	3.02
河池	4.51	通化	2.97
河源	4.50	梧州	2.94
揭阳	4.50	佳木斯	2.92
荆门	4.44	忻州	2.85
朝阳	4.38	包头	2.83
四平	4.35	通辽	2.82
资阳	4.35	钦州	2.80
贵港	4.31	攀枝花	2.66
抚顺	4.27	铜陵	2.65
巴中	4.10	呼和浩特	2.62
随州	4.05	鹤壁	2.49
湘潭	4.02	保山	2.40
舟山	3.99	阳泉	2.39
晋城	3.87	汕尾	2.38
玉溪	3.78	临沧	2.17
本溪	3.78	池州	2.14
大同	3.77	丽江	2.13
阳江	3.71	漯河	2.11
广元	3.61	鄂州	2.05
呼伦贝尔	3.38	来宾	1.96
松原	3.35	新余	1.89
黄山	3.34	白城	1.76
鹰潭	3.27	巴彦淖尔	1.75
东营	3.24	辽源	1.68
淮北	3.19	莱芜	1.66
盘锦	3.15	崇左	1.63
雅安	3.14	普洱	1.63
阜新	3.09	朔州	1.57

续表

城市	得分	城市	得分
白山	1.57	伊春	0.73
贺州	1.56	鹤岗	0.34
鄂尔多斯	1.26	七台河	0.33
乌兰察布	1.05	乌海	0.00
防城港	0.81		

表4-14 2017~2019年部分地级市金融发展环境竞争力变动情况

2017年		2018年		2019年	
城市	得分	城市	得分	城市	得分
广州	100.00	广州	100.00	重庆	100.00
重庆	81.84	重庆	95.09	广州	98.07
北京	73.83	天津	92.80	北京	67.07
天津	72.49	遵义	84.42	遵义	65.76
贵阳	59.97	北京	74.78	苏州	55.56
苏州	48.05	贵阳	60.89	成都	51.92
青岛	46.14	深圳	50.21	贵阳	50.64
上海	43.19	苏州	49.76	深圳	49.75
遵义	41.63	上海	49.46	上海	48.56
潍坊	37.94	成都	43.27	武汉	43.12
武汉	32.98	武汉	40.21	杭州	40.32
西安	31.23	西安	35.48	温州	37.87
深圳	31.18	温州	34.98	西安	34.65
温州	31.05	杭州	33.25	南京	32.52
杭州	29.85	宁波	27.67	天津	29.40
成都	28.64	郑州	27.26	宁波	27.18
宁波	25.85	沈阳	24.46	郑州	26.86
沈阳	25.27	福州	24.03	沈阳	24.76
郑州	22.71	金华	23.44	保定	24.68
福州	21.82	南京	23.38	徐州	24.57
宜宾	7.19	宜宾	9.29	宜宾	9.29

四、宜宾建设区域性金融中心评判

——基于金融竞争力

（一）宏观尺度下的评判

1. 省级层面

银行业金融机构的存贷款余额量在一定程度上能够反映出本地区金融发展状况。通过统计数据资料对比 2009~2019 年各省存贷款余额占全国比重的分布可知，总体而言，无论是从存款余额量还是从贷款余额量来看，东西部地区存在着较大的差异。普遍的情况是：在不同时期东部沿海经济发达地区各省市存款余额与贷款余额占全国比重要高于中西部地区，占比较高的北京、江苏、浙江、广东都位于东部地区，西部地区只有四川占比较高。存贷款余额量的占比也直接反映出了东中西部存贷款余额量的差异。而随着时间的推移，观察不同时期各个地区存贷款余额具体占比情况可以发现，东部地区与广大的中西部地区差距存在着一定的缩小趋势，但这个趋势实际上是极其微弱的。东部地区存贷款余额高于中西部地区的总体状况并没有改变。存贷款余额的分布也在一定程度上从侧面表明了东西部金融业发展的差异：东部地区金融业发展程度高于中西部地区，且这样的态势在短时期内难以扭转。各个地区内部也存在着一定的发展差异，例如，东部地区中广东省、浙江省、江苏省、上海市、北京市的存贷款余额要高于该地区的其他省份。而在中西部地区中，四川省存贷款余额占比又要高于其他省份。但值得一提的是，每个区域内部的存贷款余额差异随着时间推移变化在缩小，这一点在中部省份表现得尤其明显，由此，也可猜测中部地区各省份近年来金融业发展的内部差异在缩小。从上面形势来看，近十年来，宜宾所在的四川省在中西部地区的省份中一直位居前列，表明宜宾从宏观尺度来看，其直接载体——四川省对其建设区域金融中心具有很好的实力支撑和环境条件。

2. 地级市层面

为了能够对全国金融发展趋势有更详细的了解，本书选取了全国 251 个地级以上城市近年来的存贷款余额及 GDP 数据进行了深入分析。通过对 2009~2019 年全国 251 个城市存贷款余额占总量比重的分布情况分析可以发现，总体来看，地级市层面的分布与省级层面的分布所反映的事实具有相似性：存贷款余额占比直接反映了东部沿海地区与中西部地区的存贷款数额的差距。此外，存贷款余额的分布也与各地区经济发展水平具有高度的一致性。所以长期以来，我国的存贷款余额一直主要集中于东部沿海地区，尽管随着时间的推移差距有所缩小，但这个趋势并不明显。存贷款余额的分布及变动情况也在一定程度上反映了东西部地区金融发展状况：东部地区金融规模要明显优于中西部地区，且由于地区差距缩小的趋势并不明显，这样的分布格局将在相当长一段时间内继续存在。与此同时，从城市层面的分布可以观察到，存贷款余额主要集中在省会城市，这一点在中西部地区体现得尤为明显，这也进一步说明了中西部地区的内部差距更大，省会城市往往一家独大，聚集了区域内更多的金融资源，而区域内的其他城市与其差距较大。宜宾在 251 个城市层面上居中等水平，但在 2009～2019 年表现出了较快的增长态势，如果能持续这种向好趋势，则可以为其建设区域性金融中心创造有利条件。

通过前文建立的金融中心竞争力评价指标体系的具体分析结果来看，我国区域金融发展具有不平衡性，金融发展格局相对失衡。从发展水平来看，东部省份的各城市以深厚的经济基础为依托，金融行业发展迅速。相比之下，中西部地区以及东北地区的金融业发展稍显不足，与东部地区存在较大的差距，尽管近年来随着西部大开发、中部崛起发展战略的实施，中西部地区金融行业的发展速度有了显著提升，涌现了成都、重庆这样的具有全国影响力的地区性金融中心城市，但这仅仅是少数的城市，中西部地区整体的金融实力仍然与东部地区有不小的差距。东北地区则由于近年来经济发展缓慢，其整体的金融竞争力逐渐下降，比较明显的一个表现是：2017 年以来，大连、沈阳等原本具有较强影响力的地区金融中心城市在全国的竞争力有所下降。具体而言，金融发展水平的差距又可以体现在质和量上：量上的差距表现在金融资源及资源交易量上的差别。质上的差距则表现在金融组织机构、金融行为、金融深度等方面。东部地区的存贷款余额、金融业产值、保费收入、金融机构数量要远远高于其他地区，但从金融深度等指标的表现来看，差距要更小一些。这说明我国的金融发展差距主要体现在量上而非质上。

进一步地，可以将我国各地区金融竞争力划分为四个梯度类型：第一，稳居前列型，以北京、上海等经济高度发达地区为代表。这些地区依托良好的区位优势和深厚的经济基础，以及优越的金融环境，金融发展水平一直居全国前列。第二，直线上升型，以重庆、四川等西部地区城市为代表。近年来，这些地区金融发展水平的综合得分直线上升，一方面得益于国家政策的倾斜，另一方面则与本地区经济实力的提升、基础设施的改善有关。第三，直线下降型，以辽宁、吉林等东北地区省份为代表。这些省份大多是中国老工业基地，由于体制机制、市场化转轨等问题，近年来经济发展逐步放缓，与之相对的是，信贷支持逐渐弱化，金融发展原有优势不复存在，因而金融发展面临困境，其金融地位逐年下降。第四，徘徊停滞型，以中西部省份的大部分地区为代表。这些省份在经济上不具有优势，虽然"西部大开发""中部崛起"等国家发展战略为其金融业发展提供了难得的机遇，但由于金融生态环境欠佳、地方金融体制不健全等历史原因，导致金融发展水平难以在短期内得到显著提升，因而出现徘徊停滞状态。

各地区金融发展水平差距形成的原因是多方面的。东部地区具有坚实的经济基础、良好的基础设施，作为率先实行改革开放的地区，其经济的市场化程度、开放程度较其他区域更高，因此东部地区为金融业提供了更好的发展条件，使资本能够获得更高的投资收益率，而这又会吸引更多的资本流向东部地区，形成循环效应，促进了金融业的发展壮大。相比之下，中西部地区对资本的吸引力则较小，金融业发展缓慢。

3. 宏观尺度的发展机遇

当前西部金融机构覆盖面较低，金融机构总体数量大大低于沿海省份，外资占比较低，但从需求来看，西部却是未来中国金融需求增长最快的地区。随着西部地区省市 GDP 增速加快，金融业的影响将逐渐上升；国内劳动密集型产业转移承接到西部和一些国际大型企业进驻西部，生产和运营将创造大量的金融服务需求，资金的国际国内结算也将创新金融服务；中央和地方政府为推动内陆金融高地建设，将会出台更多的优惠政策，在土地、税收、人才方面进一步增加吸引力。当前西部金融供给少而需求大，未来金融业的利润空间巨大。宜宾市应当抓住机遇，加快金融业发展。

（1）发展金融外包服务。随着东部地区劳动力工资、租金等的上升，许多企业为了节省生产成本会选择将金融服务外包给其他地区。外包是一种有效的价值链管理方法。在专业化分工的前提下，企业采取非一体化发展的战略选择，可以使企业在非核心业务方面，即一些传统上由公司内部人员负责的业务，外包给专业且高效的服务提供商，而将主要的资源与精力集中于能够为公司创造绝大部分利润的核心业务。金融服务外包指的是金融机构将业务外包的现象，为了节约运营成本，证券行业的金融机构将一些准事务性的业务，如打印及存储记录等进行外包。金融机构将不再是外包的供给者，而是成为外包的需求者。

从国际上来看，当前金融服务外包主要呈以下趋势：一是"在岸到离岸"，即本土金融机构将业务交由其海外附属机构或者外包到境外来完成。据报道，全球有超过 67% 的金融机构向海外外包金融服务，约 76% 的金融服务公司拥有离岸机构。我国的金融服务外包在近几年才逐渐发展起来，但其有着广阔的发展前景，如中国工商银行、中国建设银行、广发银行、上海浦东发展银行等国内金融机构的外包需求呈现出迅猛增长的势头。二是"后台到外包"，以往大型银行机构通常会建立属于自己的"后援中心"对数据、文档管理会计、支付、单证等流程集中处理，我国许多金融机构主要采取这样的运作模式。但国际的大型金融机构已经逐步将后台业务通过外包完成，考虑到成本效益等问题，金融服务外包取代后援中心也会逐渐成为我国金融业的发展趋势。总体来看，随着我国金融市场的逐步发展，国内金融机构也将会效仿国外金融机构的做法，实行前后台业务分离，东部向中西部转移的模式。比较典型的例子是成都，成都是国内率先提出发展金融服务外包的城市之一，近年来成都市大力引进国内外金融机构的资金清算中心、研发中心、银行卡中心、呼叫中心、灾备中心等数据中心和后台服务机构，并提出了把成都"建设成为全国主要的金融服务外包中心"的目标。宜宾也可从中得到启示，抓住机遇，承接东部甚至是在未来承接成都的一些金融外包服务，促进本地区金融业的发展。

（2）对接长江经济带发展战略。在传统的梯度理论中，金融要素及各种产业往往先在东部发展，然后逐渐转移到西部。梯度发展模式下，西部永远是跟着东部走。但随着"一带一路"和长江经济带建设的深入推进，全面创新改革试验、自贸试验区开放等新发展战略、发展政策纷至沓来，为西部地区深化金融对外开放合作、推动金融与技术融合、发展新型金融业态等方面带来重大历史机遇。

长江经济带的繁荣发展，将带动资本、技术、劳务、信息等生产要素的快速流动和耦合发展，为宜宾市等西部地区金融发展带来难得的机遇。依据规划来看，长江经济带将在综合交通运输体系建设、新型城镇化和绿色生态走廊建设等领域重点发力，这些领域投入资金量大、建设周期长、辐射面广，这就需要金融市场提供更加多形式、多层次、差别化、立体式的综合金融服务体系，也意味着奠定了当前稳定投资、扩大内需的重要基础，从而有助于金融资源寻找长期、优质、稳定的效益增长点。

另外，长江经济带内产业的转移、转型升级和融合互补也为金融业的体制机制创新发展和转型升级创造了空间。总体而言，现阶段中西部地区金融基础薄弱、金融规模小、普惠程度低，金融业的发展还远不能满足经济发展的需要。同样地，在目前长江经济带建设的大背景下，宜宾市也可以通过创新金融机制在短期内补齐金融短板。例如，通过推广"科技金融""绿色金融"等服务新模式满足中小企业的融资需求；积极借助并结合互联网等现代信息技术手段，促进商业银行等传统金融机构转型升级。加快 P2P 等新型互联网金融业态发展，将信息系统建设、网络技术运用与深化金融服务融合，形成"互联网+金融"的模式等。除了这些方式，还可借助东部地区产业转移发展新的金融模式，比较典型的一个例子是近年来重庆抓住承接东部地区电子制造业转移的机遇，成功实现了由传统的信贷金融向结算型金融的转型。

长江经济带的建设也会推动长江上、中、下游地区要素的市场化流动，突破行政区划界线和行业管理框架。这将有助于包括宜宾市在内的广大中西部地区的资源实现与东部地区资金、人才资源的互补，从而促进地区金融合作和业务深度融合，提升金融资源的配置效率。

（3）对接"一带一路"建设。"一带一路"倡议是中国在新的历史时期构建全方位新开放格局的发展战略和重大的国际合作设想，体现中国对外开放，经济结构调整，促进全球经济增长等各方面的良性互动关系。随着海陆空立体丝绸之路的建设，西部地区的区位优势逐渐显现，成为对外开放的"桥头堡"。在这样的时代背景下，西部地区的许多省份都提出了借助"一带一路"倡议发展本地金融业。例如，青海省提出发展"丝路金融"战略，通过加强与共建"一带一路"国家、地区和对口帮扶省（市）联系，推动区域金融合作；加强与世界银行、亚洲开发银行、亚洲基础设施银行等金融机构合作，以争取资金。宁夏则将引进境内外战略投资者参股（合作）地方银行、证券、保险等机构，并在推进中阿、中沙等产业园区建设中探索与亚洲基础设施投资银行和丝路基金的对接机制。广西更是提出了要将南宁打造成服务中国—东盟自贸区及"一带一路"互联互通的区域性国际金融中心。宜宾市也可抓住发展机遇，加大金融业对外开放力度，促进本地区金融业发展，打造具有国际特征的区域性金融中心。一方面，宜宾市可以加大外资金融机构的引进力度，吸引银行类的金融机构、证券公司、证券投资基金、期货公司、保险机构、保险中介等外资机构进入成都，并加大会计审计、信息咨询、评级服务等领域的引入力度；另一方面，要拓展跨境金融服务，推动境内外交易所在宜宾市设立西部服务中心，推动外资金融机构与投资机构开展面向东南亚的投融资活动，同时支持当地企业和金融机构在境外交易所发行债券、资产证券化产品，扩大直接融资规模。

总体而言，长江经济带海陆双向开放的区位资源以及与"一带一路"倡议衔接互动，将会为包括宜宾市在内的各城市金融业提供更广阔的海外市场和更宽泛的客户群体，这将有助于激发涉外金融业务的新活力，促进金融业对内对外开放。

（二）中观尺度下宜宾市建设区域性金融中心的评判

1. 总体评判

这里沿用上文中所建立的指标体系以及得到的结果，来对川滇黔渝接合部的各城市进行金融竞争力的排名。如表4-15所示，总体来看，遵义在川滇黔渝接合部的金融竞争力排名居首位，而泸州市是整个川南城市群中排名最高的，宜宾市则位于该地区的中游水平。但实际上，观察具体的数据可知，泸州市排名较宜宾市更靠前，主要是因为在一些基础设施、经济综合实力等方面的指标上具有优势，但具体到能够反映如金融机构存贷款余额、金融业增加值等，金融业发展指标宜宾市实际上是这几个城市中表现最好的。

表4-15　2019年川滇黔渝接合部各城市金融竞争力

城市	得分
遵义市	27.95
泸州市	17.49
乐山市	16.16
宜宾市	15.92
自贡市	15.46
内江市	14.86
昭通市	11.21

　　根据金融地理学理论，金融中心的形成与发展离不开优势区位条件的作用，具体来说，主要包括交通优势、时区优势、地点优势、政策优势。第一，交通优势。交通优势强调便利的交通对金融企业降低成本、吸引投资者以及金融人才的重要作用，因此金融中心便利的交通条件有利于降低金融企业的"落脚成本"，吸引投资者、金融机构在此聚集。第二，时区优势。时区优势则是从国际方面来说的，实际上随着金融交易全球化的进展，跨境、跨时区的金融交易大量增加。因此，金融中心的营业时间与其他地区的国际金融中心衔接，成为国际金融市场连续运转的一个环节。第三，地点优势。地点优势事实上更注重的是经济优势，金融最终还是要为产业服务，为经济活动的良好运行提供助力，因此在经济增长迅速、经济活动频繁、产业密集的地区更易发生金融业态、人才、机构的集聚，从而形成金融中心。第四，政策优势。政策优势即考虑来自政府的政策倾斜和政策优惠——这一点在金融监管较强、政府干预程度较高的中国来说，对某地区的金融中心的形成与发展尤为重要。优势的区位条件有利于区域提高自身成为金融中心的竞争力，其中以劳动力、人力资源、通信技术、法制与税收为重。

　　2. SWOT分析

　　在上述分析的基础上，根据此前建立的金融竞争实力指标体系计算出的川滇黔渝接合部区域各城市的得分，从现实情况出发，在川滇黔渝接合部区域的尺度上分析宜宾要建设区域性金融中心所具备的优势和机遇，及其存在的劣势和面临的挑战与威胁，即SWOT分析。

　　（1）优势。在优势方面，主要从经济优势、交通优势、政策优势来进行说明。

　　1）经济优势：总量占优，新兴产业实力强劲。

　　第一，总量占优。截至2019年，宜宾市的国内生产总值达2602亿元，居四川省第三位，而在川滇黔渝接合部区域各城市中，经济总量位居第二，这为宜宾发展金融提供了经济基础。同时，其金融机构的年存贷款余额在川南地区名列前茅，说明其金融业态上也有较大的体量支持。

第二，产业实力强劲。从其未来发展来看，宜宾市未来将要打造富有竞争力的智能终端产业、新能源汽车产业、轨道交通、新材料以及现代物流产业等新兴业态，其中新能源汽车产业方面已与奇瑞公司的新能源汽车确定，将引进整车生产线，这为宜宾未来经济发展提供了极大的驱动力，不难想象宜宾经济未来将出现进一步增长，而以上新兴产业的发展必将对生产性服务业，尤其是金融业提出更多的需求和更高的要求，而金融业的发展又有利于推进新兴产业项目的落地、成长与发展成熟，呈现一种互为支撑、双轮驱动的趋势。

2）交通优势：完备的公、铁、水、空立体交通网络。

第一，水运——宜宾港战略地位提升。宜宾港位于长江上游，是岷江与金沙江汇流成为长江的"三江口岸"，有得天独厚的地理优势，水系较多，内河航运较为发达，宜宾港已逐渐成为四川长江港口群的重要组成部分，其货源腹地辐射滇黔、融入成渝，是四川水运主通道的重要节点，同时也为四川构建西部地区综合性交通枢纽提供重要助力。

第二，铁路——国家高铁网重要枢纽。宜宾也是国家铁路布局的重要节点城市，成贵高铁、渝昆高铁两条重要的西部高铁线路在宜宾交会，加上蓉昆高铁，宜宾毋庸置疑是川滇黔渝接合部重要的铁路枢纽城市，考虑到铁路枢纽对各类资源的吸引力，以及众多铁路枢纽发展的案例，可以确定，这将极大地提升宜宾的交通优势——不仅是在川南城市群中的优势，也提升其在川滇黔渝接合部区域的交通优势，这将使宜宾在全省尺度上获得明显的交通优势。

第三，公路——公路网连接枢纽。宜宾市是众多省内省际公路的节点，尤其是在川滇黔渝接合部区域下，宜宾的优势反而更胜泸州一筹，与各地区的连接性更强。

第四，航空运输。宜宾市的航空优势值得一提，未来宜宾市将投资建设新的国际机场，提升自身的空运能力，使其立体交通网络更加全面。而交通基础设施的优化、交通枢纽地位的强化使金融企业有降低其"落脚成本"的可能，这就为吸引投资者、金融机构在宜宾聚集创造了重要的条件。

3）政策优势：优惠政策密集出台，落地执行效率高。宜宾市提出打造区域性金融中心的建设，政策上予以优惠，并且各级机构致力于建立健全金融服务体系、金融监管体系，建立有效运行的金融交易市场，并且出台吸引金融人才的政策，积极引进外来金融机构、设立金融法人机构等，由此可见，宜宾市对金融业的重视程度。并且打造区域性金融中心是宜宾打造西部中心大城的重要内容，可以预见，在此背景下，2015 年宜宾市的金融业发展获得了政府更多的政策支持，为其打造金融中心助力。表 4-16 为 2015 年宜宾市出台的与金融业发展相关的规划与政策，内容丰富细致，具备可操作性。

表 4-16 2015 年宜宾市出台的与金融业发展相关的规划与政策

政策	具体内容
构建多样化金融机构体系，丰富金融业态	积极设立和发展村镇银行、本土商业银行，并加快吸引银行、证券、信托、基金、金融租赁的金融机构来宜设立分支机构，鼓励新型金融机构及小额贷款公司、融资性担保公司等金融服务机构到产业园区设立分支机构或营业网点，对运营一年以上、业绩明显的给予一次性以奖代补
丰富完善金融市场体系	金融市场体系以信贷、债券、股票为主体，引导银行信贷投入酒类、能源、战略性新兴产业、化工轻纺、机械制造等优势产业与重点项目、基础设施建设、名声工程建设以及小微企业
借力金融精准扶贫	引导资金投入"三农"等社会经济发展薄弱环节
融资兴产，以产引资	发挥宜宾市六大产业基地优势，鼓励企业发行债券融资，鼓励并支持企业上市，通过配股、增发、发行可转换债券等方式直接融资，促进创业投资和股权投资机构健康发展，引导中小企业利用股权投资机构融资；鼓励金融机构对涉农企业、高科技企业、新兴企业贷款，采取续贷提前审批设立循环贷款方式，缩短民营企业融资链条
深化金融改革创新	扩大银行信贷抵押担保物范围，创新直接融资方式和外汇业务
加强区域金融合作，建立引进外来金融人才的激励机制	发挥政府的主导作用，优化金融发展环境，与周围其他城市建立良性互动的金融合作机制，促进城市间金融要素的自由流动与合理配置
扩大投资领域	凡法律没有明令禁止的行业和领域，一律对民间投资开放采取产权转让、增资扩股、合资合作方式，积极发展混合所有制经济，引入非公有资本
加大对小微企业的贷款支持	实施小微企业金融服务提升工程，做好"万家千亿"诚信小微企业的筛选和融资培育与对接
完善金融体制机制	严格落实商业银行服务价格管理办法，以及"七不准""四分开"的规定，清理不必要的资金通道或过桥环节，严禁以贷转存、存贷挂钩等行为
开拓国际市场	积极开拓国际市场，完善境外投资鼓励政策，加快培育跨国民营企业和国际知名品牌合作，支持企业参加国内外知名展会，构建营销网络给予政策支持，提供高新技术企业所得税优惠税率；为民营企业产品出口提供便利、个性化服务，实施"一企一策"；强化对外来投资项目的跟踪服务，促进签约项目早落地、早投产、早见效，搭建产业配套合作平台

续表

政策	具体内容
发展绿色产业，绿色金融	积极建设宜宾绿色食品精深加工基地，到2020年争取建设成为生产技术先进、经营规模适度、市场竞争力强、生态环境可持续的绿色食品加工业引领者，打造西部绿色生态食品谷
全方位多层次扩大对外开放	积极探索借鉴上海自贸区改革试点，以宜宾港经济技术开发区为依托，构建两大经济带重要战略枢纽；以宜宾港为中心，拓展资源腹地范围，支持本地企业借助长江经济带、丝绸之路经济带走出去，融入亚太经济圈；提升开放合作平台，积极申报内河港口一类开放口岸，加快保税物流中心申报建设
加快发展现代保险服务业	发展多样化的保险业务（涉农、商业养老、医疗健康等），探索建立科技保险奖补机制，设立科技保险专营机构；通过PPP合作引导保险机构资金参与宜宾基础设施与重大项目建设等

资料来源：根据宜宾市政府文件整理。

　　第四与环境相匹配的潜力。就宜宾市而言，宜宾市已建立了港口、海关、出入境检验检疫等机构，并且成为西部地区的国家临时进口粮食指定口岸。此外，宜宾市加速宜宾港建设，申报"全域宜宾港"，保税物流中心（B型），着力打造临港产业区，让"宜宾速度"成为宜宾市响亮的名片，以上这些都体现了宜宾市在把握机遇上的敏锐和果敢。

　　（2）机遇。在所面临的机遇方面，宜宾市发展金融业，在川滇黔渝接合部以及川南城市组群尺度下打造金融中心具有优良的外部机遇。

　　1）外部环境："一带一路"倡议，开放的大环境背景。从整个大环境来看，国家正积极推进"一带一路"的发展，宜宾作为川南重镇、中国万里长江第一城、连通西部各城市的重要节点，也在借助"一带一路"形成的开放大环境积极地融入国际经济体系中，为中国的"走出去"再添助力。事实上，在川滇黔渝接合部区域内，每个城市都面临着这样的机遇，但关键在于谁能更好地抓住机遇、利用机遇促进自身的发展，提高自身在区域格局中的地位。

　　2）四川省政府打造西部金融中心，构建自贸区助力金融竞争力提升。从省级层面来看，在"一带一路"的大环境以及四川打造中国西部自由贸易试验区的背景下，四川省致力于将本省打造为中国西部的金融中心，大力发展省内的金融产业，尤其是绿色金融、科技金融，并依托金融对接精准扶贫，最终提升四川省的金融集聚力。在这样的趋势下，宜宾作为川南的重要节点城市，可以在金融业的发展上获得更多上级政府的政策优惠、资金补助和扶持。

　　3）"成渝城市群"网络空间格局初步成形，集聚效应溢出潜能巨大。从城市群层面看，在"成渝城市群"空间网络体系中，宜宾是重要的节点城市，为"成渝城市群"体系的形成发挥着功能分化、支撑发展的作用。在四川省致力于打造"中国西部金融中心"的同时，成都作为四川省省会城市和西部地区重要的中心城市，主要承担了四川省金融竞争力的重任，也在致力于提升自身的金融实力，宜宾可以借助成都发展金融的契机，将自身纳入四川省打造西部金融中心的过程，实现自我发展。

（3）劣势。

1）金融业态单一，金融体系不健全。

第一，业态单一。从金融业态来看，宜宾的金融业态不够完善，金融产品较为单一，新兴业态发展尚处于成长阶段，实力有限。例如，从构建的指标体系评分中可以看出，宜宾的保险业在整个川南地区处于落后地位，而根据现实调研所得情况也是如此。

第二，金融体系仍待健全和完善。各类金融机构的数量、规模皆有限，仍需长足的发展才能形成集聚之势。

2）经济增速放缓，国际吸引力不强。

第一，经济增速放缓。从其经济基础来看，虽然宜宾市的总体经济体量在川南城市组群中占比最大，但是其经济增速却与其经济体量相悖，也就是说，宜宾市经济增长后劲不足，有被后发城市超越的风险。

第二，国际性不足。在对外开放层面，宜宾市在实际利用外资方面也较为落后，这为其实现自身的国际性造成了较大的困难。

（4）威胁。

1）高等级区域金融中心的"虹吸"威胁。从当前面临的挑战和威胁来看，宜宾市在推进区域性金融中心的建设过程中，在省际层面，成都、重庆是两个极其重要的西部增长极，尤其是在当前发展阶段，对其他地区的资源有强大的吸引力，并且成都与重庆都力图打造中国西部的区域金融中心，对宜宾市的金融集聚力产生了负面影响。

2）来自其他城市的竞争威胁。除了受到高一级的中心城市的吸引，宜宾市也面临着与区域内各城市的激烈竞争。

第一，与贵州省的城市竞争。在贵州强势崛起的势头下，除了在地理位置优势上稍逊，位于接合部区域的遵义市在金融竞争力得分上显著高于川南其他城市组群。并且依托大数据产业，贵阳市大力发展绿色金融等新兴金融业态。

第二，与成都的周边城市竞争。在争取与成都的合作中，在承接成都功能分化时，宜宾市就面临着与绵阳市、德阳市的竞争。

第三，川南城市组群竞争。在川南城市组群层面，面临着与相似城市的竞争。其最大的竞争对手是邻近城市——泸州，二者你追我赶、互相竞争的局面十分明显。体现在以下几个方面：

总体金融竞争力评价方面：在此前所构筑的金融竞争力评价体系中，总体上，宜宾的得分逊于泸州。

经济基础方面：在经济增速上，泸州居于全省前列；在经济体量上，泸州稍逊于宜宾。

地理位置方面：宜宾和泸州都位于川南的川滇黔渝接合部区域，都能受到成都与重庆的辐射，二者借力成渝城市群发展的优势相似；泸州在地理区位上更接近川滇黔渝接合部的中心位置，位置优势比宜宾更明显。

特色文化与特色产业方面：宜宾与泸州、遵义同为著名的白酒之乡，具有相似的文化背景；在酒文化以及相对应的酒产业上存在同质竞争。

基础设施建设方面：泸州虽在交通优势方面逊于宜宾，但是随着交通基础设施的逐渐完善、交通网络日益通达、交通技术不断提高，交通区位上的劣势能够产生的影响也在不断减弱。

金融产业方面：泸州在新兴金融业态上的发展之势更加迅猛，在对各类金融机构的资金利用以及利用外资的情况上，泸州更是优于宜宾。换言之，在对国际性的体现上，目前泸州与宜宾难分伯仲，并且在指标体系中，泸州更胜一筹。

政策举措方面：泸州一直在积极地寻求机会，着力将自身打造成川滇黔渝接合部区域性中心城市。泸州已经采取了一系列的举措，如完善交通基础设施、积极依托长江建设河港，甚至在《成渝城市群发展规划》中确定要将泸州打造成为沿长江城市带的区域中心城市以及川南的区域中心城市，可以预见，泸州未来将获得大量的政策优惠和发展福利。

因此，宜宾市在打造区域性金融中心的过程中，必须重视来自泸州的竞争。

（5）SWOT剖析图以及战略分析。

1）宜宾面临的内外环境分析。

第一，内部环境分析（优势劣势分析）：扬长避短策略。宜宾市应充分发挥自身的经济优势，在体量占优的基础上，加大对新兴产业的扶持，积极推动完善新兴产业投资发展公司的建设，充分利用好页岩气资源，发展新能源汽车、智能终端、新材料、绿色环保等新兴产业，转换增长动能，实现投资创新双轮驱动，提升经济发展速度，发挥增长潜能。

借助完善的立体交通运输网络，增强宜宾作为节点城市与其他地区的联系能力，重点建设宜宾港和宜宾国际机场及相应临港产业，借此扩大对外开放程度，如建设保税物流园区等，与昆明、成都连接，凭借相应产业吸引外资，可发展成为功能性的区域性金融中心。

发挥政策优势，最大限度地利用好优惠政策，加大对新兴金融业态的补贴与扶持力度，发展绿色金融、科技金融、供应链金融、普惠金融，丰富金融行业的产品，借制度改革的趋势，完善金融行业的准入体系、监管体系，从而提升各类金融机构的质量，增强其发展潜能，构建良好健康的金融生态环境。

表 4-17　宜宾打造川南区域性金融中心 SWOT 分析

	机遇(O)	威胁(T)
内部环境分析(SW)/ 外部环境分析(OT)	(1) 国家层面："一带一路"建设背景，环境开放 (2) 省级层面：四川省打造"中国西部金融中心"，可获得省级政府的补贴和支持 (3) 城市群效应：宜宾市构建成渝城市群的支撑城市、节点城市	(1) 高等级中心城市的"虹吸"威胁：成都、重庆在西部城市的强聚集力吸引周边区域的资源 (2) 相似等级的城市的竞争威胁 (3) 与成都合作中：与绵阳、德阳竞争；川南城市群层面：与泸州在经济、产业、文化、交通、区位等多方面竞争，难分伯仲
优势(S)	优势机会策略(SO)	优势威胁策略(ST)
(1) 经济优势：经济体量在四川与川南区域都名列前茅，新兴产业蓬勃发展 (2) 交通优势：完整的公铁水空立体交通网络 (3) 政策优势：政策优惠、制度改革、执行果决	(1) 深化对外开放深度与广度，发挥自身大经济体量的优势，以新兴产业和高开放度吸引外资 (2) 完善立体交通网，最大限度发挥立体交通枢纽城市的节点效应，成为成渝城市群网络体系中不可缺少的重要支撑 (3) 借助四川省打造西部金融中心之势，争取省级的支持与补贴，释放政策红利	(1) 大力发展新兴产业，以特色产业提升经济实力，打造反磁力支撑节点，防止"集聚阴影" (2) 发挥四川重要交通节点的优势，借助交通优势加强同周边各城市的联系度，形成良性竞合机制，促进协同发展 (3) 建立与邻边各城市政府的洽谈与合作机制，形成政策上的优惠互利，破除边界壁垒与恶性竞争
劣势(W)	劣势机会策略(WO)	劣势威胁策略(WT)
• 经济增速较低 • 增长潜力不足 • 金融行业劣势：业态单一，体系尚待健全 • 国际性劣势：对外开放程度不足，利用外资情况不容乐观	(1) 主动融入"一带一路"建设，扩大对外开放程度，促进新旧动能转换，扶持壮大新兴产业，实现经济调速换挡，提高增长潜力 (2) 积极争取省政府的支持补贴，发展丰富金融业态，从而建立健全的金融行业体系 (3) 积极融入"成渝城市群"网络格局和体系中，吸收"成渝城市群"的外溢效应，从省域开始逐步加大开放力度，最终提高自身的国际性	(1) 积极融入"成渝城市群"的发展框架，通过聚集区的共享、匹配与学习机制，提高自身的实力 (2) 加强同周围相似等级城市的联系与合作，吸取其他城市有益的金融发展经验，取长补短，丰富自身的金融业态，引入优良的金融体系

第二，外部环境分析(机遇威胁分析)：抓住机遇，发挥优势化解威胁。宜宾市需要抓住国家建设"一带一路"的机遇，提升自身作为"万里长江首城"在构建长江经济带过程中的战略地位。并借助宽松的对外开放环境，积极"引进来"、大胆"走出去"；搭乘四川省大力发展省内金融产业的列车，争取相关政策的优惠与补贴，不断提升自身的实力，增强自身对资源的吸引力，避免一味地被高等级中心城市"抽血"。

挖掘自身特色优势，接入成都发展金融产业、打造西部金融中心的框架和路径，通过加强与高等级中心城市的合作获得更多的溢出效应，发挥节点城市的作用，分散成都在金融方面的部分功能，使金融中心的扩散效应的影响大于极化效应。

建立合理完善的区域竞合机制，与周边城市求同存异，打破行政边界壁垒，建立合作基础。具体来说，包括当面临接入成都金融发展路径时与绵阳、德阳的竞争，宜宾应当与绵阳、德阳分划功能，彼此协作；与泸州共同发挥节点城市的作用，吸收成都与重庆的外溢效应，提升成渝城市群的联结度；吸收泸州在发展金融业态尤其是具有优势的金融业态方面的成功经验；在白酒文化和产业上，应相互学习，实行产品差异化策略，共同发展白酒金融。

2）内外联动的战略分析。

第一，基于 SO 分析(优势机遇分析)：紧抓机遇发挥优势，最大限度地释放红利。深化对外开放深度与广度，发挥自身大经济体量优势，以新兴产业和高开放度吸引外资。

完善立体交通网，最大限度地发挥立体交通枢纽城市的节点效应，成为成渝城市群网络体系中不可缺少的重要支撑。

借助四川省打造西部金融中心之势，争取省级的支持与补贴，释放政策红利。

第二，基于 ST 分析(优势威胁分析)：增强优势，弱化威胁。大力发展新兴产业，以特色产业提升经济实力，打造反磁力支撑节点，防止"集聚阴影"。

发挥四川重要交通节点的优势，借助交通优势加强同周边各城市的联系度，形成良性竞合机制，促进协同发展。

建立与邻边各城市政府的洽谈与合作机制，形成政策上的优惠互利，破除边界壁垒与恶性竞争。

第三，基于 WO 分析(劣势机遇分析)：抓住机遇，取长补短，转劣为优。主动融入"一带一路"建设，扩大对外开放程度，促进新旧动能转换，扶持壮大新兴产业，实现经济调速换挡，提高增长潜力。

积极争取省级政府的支持和补贴，发展丰富金融业态，从而建立健全的金融行业体系。

积极融入"成渝城市群"网络格局和体系中，吸收"成渝城市群"的外溢效应，从省域开始逐步加大开放力度，最终提高自身的国际性。

第四，基于 WT 分析(劣势威胁分析)。积极融入"成渝城市群"的发展框架，通过聚集区的共享、匹配与学习机制，提高自身的实力。

加强同周围相似等级城市的联系与合作，吸取其他城市有益的金融发展经验，取长补短，丰富自身的金融业态，引入优良的金融体系。

综上所述，基于川滇黔渝接合部处、川南城市群的金融竞争力得分以及现实情况的对比，在区域层面从优势、劣势、机遇、挑战四个方面对宜宾建设区域性金融中心进行了分析并从不同情况给出了具体的战略建议。简言之，即为抓住机遇最大化优势，建立竞合机制取长补短，转劣为优化解威胁。

(1)在优势方面，宜宾市具有经济体量较大、交通区位优势明显、政策优惠力度大的优势，应当立足自身优势基础，继续积极发展新兴产业，开发特色文化优势，打造独特的宜宾市形象，吸引各类资源的聚集，从而推动区域金融中心的建设。

(2)在劣势方面，主要集中在经济增速较慢，有被后发城市超越的风险，同时金融业态单一、体系尚不健全；但是，宜宾市在新兴产业上的发力、在金融产业方面的扶持以及在机制体制方面的创新，使宜宾市具备转化劣势的潜力。

(3)在机遇方面，宜宾市当前面临着国家层面全方位对外开放、省际层面打造西部金融中心、"城市群"层面以"成渝城市群"为中心打造西部增长极的多重发展机遇，应当及时抓住机遇，积极地将自身层层接入各级发展的网络中，成为不可或缺的重要节点城市和支撑，将机遇转化为优势，释放发展潜能和红利。

(4)在威胁方面，宜宾市虽然面临着来自高等级区域性中心的"虹吸"威胁和相似城市的竞争威胁，但宜宾市仍然具备化解威胁的能力；宜宾市可以通过对自身优势的挖掘和发挥、对机遇的把握与转化，积极主动地应对挑战与威胁：加强与成都、重庆的联系，承接其分散的金融功能，发挥节点效应和支撑作用；主动与泸州、绵阳、德阳等城市在金融行业、新兴产业、特色文化、交通基建等方面协调沟通，构建良性循环的竞合机制，共同发展，甚至可以形成共同的、更大的区域性优势，从而更好地利用机遇转化劣势，实现长足、稳定、健康地发展。

总之，宜宾市建设区域性金融中心的过程中，有其独特的优势，但也存在劣势，是否能够扬长避短、准确把握大开放环境的机遇以及正确应对外来的竞争和挑战，将会对宜宾市能否成功成为川滇黔渝接合部区域以及川南城市群中的国际性金融中心产生举足轻重的影响。

第五章　宜宾金融产业集聚与金融中心：现状与问题

本章通过回顾宜宾金融产业发展历程，分析了宜宾金融产业的内部结构、空间布局和金融产业集聚情况，比较分析了影响金融竞争力的直接因素和潜力因素，对宜宾金融中心发展所处阶段进行了判断，并剖析了其中的关键性问题，最后对宜宾进一步发展和集聚金融产业进行了 SWOT 分析，并给出不同组合下的战略对策。

一、宜宾金融业发展历程

（一）宜宾市概况

宜宾市位于四川盆地南缘，地处川、滇、黔三省接合部，因金沙江、岷江在此汇合成长江，素有"长江第一城"之美称，自古以来就是南丝绸之路的重要驿站，是沟通东西、连接南北的物流、人流、资金流、信息流的战略转换要地，被誉为"西南半壁古戎州"。由于特殊的地理区位，宜宾成为国家"五纵七横"交通规划中南北干线与长江东西轴线的交会点，是川滇黔接合部和攀西六盘水地区出入长江黄金水道、成渝经济区，连接南贵昆经济区走向东南亚的重要门户，是国家规划的长江六大重要枢纽港之一和金沙江水电滚动开发的依托城市。

宜宾市辖 2 区 1 市 7 县，辖区面积 1.3 万平方千米，有 2190 多年的建城史、4000 多年的酿酒史，是国家历史文化名城、中国酒都，世界名酒五粮液的故乡。下辖翠屏区、南溪区、叙州区、兴文县、江安县、长宁县、高县、筠连县、珙县和平山县，2019 年总人口 552 万，地区生产总值 2602 亿元，三次产业比重分别为 4.2%、57.0% 和 38.8%。

（二）宜宾市金融业发展状况

在改革开放之前，宜宾市没有多少金融机构，金融业基础薄弱。改革开放后，宜宾市各类银行主体才得以发展，近年来宜宾市的金融业发展快速。早在2011年宜宾就被评为"中国金融生态城市"和"中国最具发展潜力金融生态示范城市"。招商引资取得实际成效，2019年实际使用外商直接投资金额0.66亿美元，比2018年增长65.0%。国内市外招商引资履约项目551个，实际利用国内外投资765.15亿元。截至2019年底，宜宾市全部金融机构本外币各项存款余额3376.98亿元，其中人民币各项存款余额3366.8亿元，比2018年增加了390.08亿元。全部金融机构本外币各项贷款余额1976.5亿元，比2018年增加了325.58亿元；其中人民币各项贷款余额1971.69亿元，比2018年增加了326.27亿元。宜宾市主要农村金融机构（农村商业银行、村镇银行）人民币贷款余额554.51亿元，全部金融机构人民币消费贷款余额667.49亿元。宜宾市有保险公司37家。全年保险公司原保险保费收入55.16亿元，比2018年增长了8.6%。全年金融业增加值100.12亿元，比2018年增长了10.8%，快于GDP增速。

2018年以来，政府工作重点之一是推进区域性金融中心建设，提升金融服务能力和金融业发展水平，促进金融更好服务实体经济。推进市商业银行第三轮增资扩股工作。推进三江口CBD项目建设，打造集商贸、金融、旅游、文化于一体的现代"城市会客厅"。①

截至2019年末，宜宾市拥有上市企业4家，新三板挂牌企业4家，天府（四川）联合股权交易中心挂牌企业63家，拟上市企业3家，全省"新三板"后备企业34家，"四川省上市和挂牌企业后备资源库"入库企业115家，市民营办推动81家规模以上企业建立现代企业制度。宜宾市在主板、新三板、四板上市挂牌企业已经形成梯队。

二、宜宾金融业内部结构

本节分析宜宾市金融业内部结构，分析银行业、保险业和证券业的发展情况。

---

① 根据历年《宜宾市政府工作报告》整理。

（一）宜宾金融业发展趋势

宜宾市金融业增加值占 GDP 的比重由 2015 年的 2.82% 提高到 2019 年的 5.46%，金融业发展速度较快，金融业具体发展情况如图 5-1 所示。

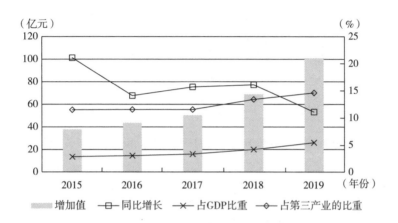

图 5-1　2015~2019 年宜宾市金融业发展趋势

从图 5-1 中可以看出，宜宾市金融业增加值在 2019 年首次突破 100 亿元，占 GDP 比重达到 5% 以上，占第三产业比重接近 15%，反映了宜宾市金融业的良好发展态势。金融业增加值增速在 2016~2018 年处于上升趋势，而 2015~2016 年和 2018~2019 年则处于下降状态，但是金融业增加值占 GDP 比重以及占第三产业比重都呈上升趋势，说明金融业在宜宾经济中的作用持续提升。

（二）银行业、保险业、证券业

1. 银行业

宜宾市现有银行机构共 27 家，包括国有银行、政策性银行、地区城市银行以及村镇银行等。近五年银行业存贷款余额如图 5-2 所示。

从图 5-2 可以看出，宜宾市银行业存贷款余额增长较快，2017 年存款余额达到 2659.45 亿元，而贷款余额达到 1394.49 亿元，存贷款余额为 4053.94 亿元。从增速上看，存贷款余额增速有所起伏，2016 年增速达到 19.90%，到 2017 年降为 14.00%；贷款余额增速则一直处于下降态势，从 2013 年的 21.26% 下降为 2017 年的 13.85%。

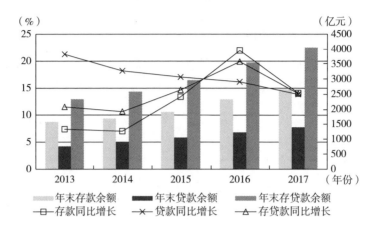

图 5-2 2013~2017 年宜宾市银行业存贷款余额以及增长情况

2. 保险业

宜宾市现有保险公司 37 家，其中产险公司 17 家，寿险公司 20 家。2013~2017 年保险业保费收入和保险赔付状况如图 5-3 所示。

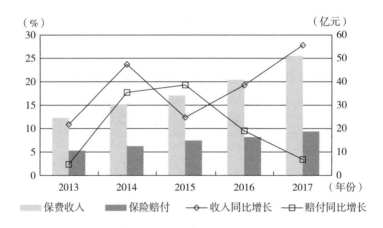

图 5-3 2013~2017 年宜宾市保费收入和保险赔付情况

从图 5-3 可以看出，2013~2017 年宜宾市保费收入和保险赔付一直处于增长态势，其中保费收入增长速度较快，虽然 2015 年增速有所下降，但是 2016 年增速达到 19.27%，2017 年增速达到 27.83%；2015~2017 年保险赔付增速处于下降态势，2017 年增速下降至 3.43%。虽然保费收入总体上增速较快，但是在 2017 年也仅达到了 51.04 亿元，规模还较小。

3. 证券业

宜宾市证券业务发展较为缓慢，现有证券营业部8家，分别为安信证券、广州证券、国盛证券、宏信证券、华西证券、天风证券、国泰君安证券、国信证券；并且宜宾市证券营业部非法人机构，主要经营经济类业务，且没有监管部门，所以相关数据较难取得，这也反映了宜宾市在证券业方面的发展水平较低；2019年全年实现证券交易额1505.27亿元，比2018年下降了0.3%。

总体上，宜宾虽然金融业增加值增速较快，并且占GDP比重也超过了5%，但是从金融业整个内部结构来说，还是银行业占大部分比重，保险业规模较小，同时证券业务发展缓慢，证券业方面发展水平较低。

三、宜宾金融业空间布局与金融产业集聚

本节将宜宾市的各类金融机构、上市企业、新三板挂牌企业、在天府(四川)联合股权交易中心挂牌企业以及拟上市企业地址等信息进行汇总，来分析这些企业的地域分布。

(一)银行机构分布

宜宾市现有银行机构共27家，分别为中国农业发展银行、中国工商银行、中国农业银行、中国银行、中国建设银行、交通银行、中国邮政储蓄银行、中心银行、兴业银行、民生银行、成都银行、乐山银行、成都农商行、宜宾市商业银行、宜宾农商行(宜宾市农商行、宜宾金江农商行、宜宾江安农商行、长宁竹海农商行、高县农商行、珙县农商行、筠连县农商行、兴文农商行、屏山县农商行)、村镇银行(筠连中成村镇银行、长宁中成村镇银行、宜宾县兴宜村镇银行)、五粮液财务公司。主要集中于城区是银行分布的特点，如表5-1所示。

表5-1 宜宾市银行机构分布

银行名称	详细地址	所属区县
中国农业发展银行	宜宾市大南街82号	翠屏区
中国工商银行	宜宾中山街21号	翠屏区
中国农业银行	宜宾市翠屏区西街176号	翠屏区
中国银行	宜宾南街65号	翠屏区

续表

银行名称	详细地址	所属区县
中国建设银行	宜宾市翠屏区蜀南大道西段 34 号	翠屏区
交通银行	宜宾市翠屏区南岸莱茵河畔阳光半岛独幢商业 5 号	翠屏区
中国邮政储蓄银行	宜宾市翠屏区叙府路东段 13 号	翠屏区
中心银行	宜宾市翠屏区南岸广场西路 4 号	翠屏区
兴业银行	宜宾市翠屏区正义街 7 号正和滨江国际 B 区 3 幢	翠屏区
民生银行	宜宾市翠屏区莱茵河畔月光半岛独幢商业 3 幢 1-3 层	翠屏区
成都银行	宜宾市翠屏区长江南路西段阳光半岛商业 7 号楼	翠屏区
乐山银行	宜宾市南岸航天路中段 4 号莱茵时代影院	翠屏区
成都农商行	宜宾市翠屏区翠柏大道 170 号江语城小区	翠屏区
宜宾市商业银行	宜宾市女学街一号	翠屏区
村镇银行	筠连、长宁、宜宾	筠连、长宁、宜宾
五粮液财务公司	宜宾市翠屏区古塔路 33 号	翠屏区

资料来源：根据宜宾市相关部门资料整理。

（二）保险公司机构分布

宜宾市现有保险公司 37 家，其中产险公司 17 家，分别为人保财险、太平洋产险、平安产险、永安产险、中华联合、天安产险、太平产险、大地保险、华安产险、中航安盟、安邦产险、阳关产险、渤海产险、中银保险、国寿财险、锦泰财产、安诚保险。保险公司也主要集中于城区，如表 5-2 所示。

表 5-2 宜宾市产险公司分布

保险公司名称	详细地址	所属区县
人保财险	宜宾市南岸长江大道中段 11 号	翠屏区
太平洋产险	宜宾市翠屏区蜀南大道	翠屏区
平安产险	宜宾市翠屏区	翠屏区
永安产险	宜宾市翠屏区沿江路金江大厦 B 幢七楼	翠屏区
中华联合	宜宾市翠屏区戎州路东段 2-4 号 2 层 A 区	翠屏区

续表

保险公司名称	详细地址	所属区县
天安产险	宜宾市翠屏区南岸蜀南大道西段 25 号	翠屏区
太平产险	宜宾市翠屏区西郊前进路 127 号附 17 号	翠屏区
大地保险	宜宾市高县光明街与宋家巷交会处东北	高县
华安产险	宜宾市翠屏区蜀南大道西段 15	翠屏区
中航安盟	宜宾市南溪区文化路西段"印象南溪"5-2-1-33 号	南溪区
安邦产险	宜宾市翠屏区蜀南大道东段 29 号	翠屏区
阳关产险	宜宾市翠屏区南岸商贸路紫荆花园五楼	翠屏区
渤海产险	宜宾市翠屏区复兴街 1 号一层、三层	翠屏区
中银保险	宜宾市翠屏区南街 45 号	翠屏区
国寿财险	宜宾市翠屏区金沙江大道鑫悦湾二期 13 期 29 号	翠屏区
锦泰财产	宜宾市翠屏区夔侯路二段 142 号、144 号	翠屏区
安诚保险	宜宾市翠屏区滨江路金帝庄园 A 区 3 幢-1-1 层 1-3 号	翠屏区

资料来源：根据宜宾市相关部门资料整理。

　　寿险公司 19 家，分别为国寿股份、国寿存续、太平洋人寿、平安人寿、新华人寿、泰康人寿、太平人寿、生命人寿、人民人寿、人保健康、合众人寿、华夏人寿、平安养老、幸福人寿、建信人寿、和谐健康、利安人寿、光大永明、恒大人寿。宜宾市寿险公司地址如表 5-3 所示。

表 5-3　宜宾市寿险公司分布

寿险公司	详细地址	所属区县
国寿股份	宜宾市南岸下渡口长江大道中段 11 号	翠屏区
太平洋人寿	宜宾市翠屏区南街 47 号邮政大楼 7 楼	翠屏区
平安人寿	宜宾市翠屏区抗建路 15 号	翠屏区
新华人寿	宜宾市翠屏区滨江路南段 27	翠屏区
泰康人寿	宜宾市翠屏区人民路 96 号	翠屏区
太平人寿	宜宾市翠屏区南岸酒都路中段金发市场 2 号楼 1~3 楼	翠屏区
生命人寿	宜宾市翠屏区蜀南大道中段南街与青年街交会处南	翠屏区

寿险公司	详细地址	所属区县
人民人寿	宜宾市翠屏区滨江路南段怡安大厦 3 层	翠屏区
人保健康	宜宾市翠屏区长江大道中段 22 号 1~2 层	翠屏区
合众人寿	宜宾市翠屏区南岸戎州路中段 6 附 8 号紫荆花园 4-2 栋 1 层 1 号	翠屏区
华夏人寿	宜宾市翠屏区北大街 165 号 4 层、7 层	翠屏区
平安养老	宜宾市翠屏区抗建路 55 号	翠屏区
幸福人寿	宜宾市翠屏区中山街 13 号附 1 号附近	翠屏区
建信人寿	宜宾市翠屏区南岸蜀南大道西段 34 号建行大厦 6 层	翠屏区
和谐健康	宜宾市翠屏区南岸酒都路	翠屏区
利安人寿	宜宾市翠屏区中坝片区 A1-4-05 地块浩誉江语城 13 幢 2 层 1 号	翠屏区
光大永明	宜宾市翠屏区南街 8 号	翠屏区
恒大人寿	宜宾市翠屏区翠柏大道东段 170 号 8 栋 14 楼	翠屏区

资料来源：根据宜宾相关部门资料整理。

（三）证券营业部分布

宜宾市现有证券营业部 8 家，数量少且规模小，主要分布于城区，郊区县没有。宜宾市证券营业部地址如表 5-4 所示。

表 5-4　宜宾市证券营业部详细地址

证券单位	详细地址	所属区县
安信证券	宜宾市翠屏区南岸西区金沙江大道鑫悦湾二期 12 幢 3 层 25 号	翠屏区
广州证券	宜宾市翠屏区金沙江南路 3 号东方时代广场 8 楼 802 室	翠屏区
国盛证券	宜宾市翠屏区南岸蜀南大道西段 25 号 1 层 5 号	翠屏区
宏信证券	宜宾市翠屏区西城街道西街 174 附 3 号 4 楼	翠屏区
华西证券	宜宾市翠屏区抗建路 55 号	翠屏区
天风证券	宜宾市翠屏区南岸航天路中段宜都莱茵河畔丽江湾戎州路东段 39-40 幢 1-2 层 14 号附 3 号	翠屏区
国泰君安证券	宜宾市金沙江大道鑫杰座 A 幢二层八号宜宾国税对面	翠屏区
国信证券	宜宾市南岸航天路中段莱茵河畔雪 1 栋 83-1	翠屏区

资料来源：根据宜宾市相关部门资料整理。

（四）宜宾金融业发展特征

通过以上两节简单介绍了宜宾近几年金融业发展情况以及宜宾金融机构的分布情况，宜宾金融发展特征主要表现在以下几个方面：

1. 相关金融业机构数目偏少

宜宾市现有银行机构 27 家，保险机构 36 家，其中产险公司 17 家，寿险公司 19 家，证券营业部 8 家，总体上讲，金融机构较少，还没有形成集聚规模，同北京、上海、深圳这些全国性的金融中心相比，金融机构数目相去甚远，同重庆、武汉、成都这些区域性的金融中心相比也有一定的差距。

2. 金融机构分布分散，没有形成金融集聚

从空间分布上看，宜宾市银行、保险公司和证券营业部大多分布在宜宾市翠屏区，这有利于今后的金融集聚产生，但是在翠屏区内部并没有形成集聚状态。从宜宾市资本市场发展情况上讲，上市企业 4 家、新三板挂牌企业 4 家分布在 4 个不同的区县，其中有 5 家在翠屏区。在股权交易中心挂牌的企业中大部分企业分布在翠屏区、南溪区、宜宾县和筠连县，并没有形成良好的金融集聚态势。

3. 宜宾金融人才相对缺乏

众所周知，金融业相对来说需要高素质的金融专业人才来支撑，从表 5-5 可以看出，宜宾在上述城市中的金融业从业人数最少，同成都、重庆的差距较大，同邻近的几个城市相比，宜宾金融业从业人数较少，凸显了宜宾金融人才的匮乏。

表 5-5　各城市金融业从业人数相关指标　　　　　单位：万人

指标	重庆	成都	自贡	泸州	内江	乐山	宜宾	贵阳	遵义	毕节	昆明	昭通
金融从业人数	13.98	12.23	0.97	1.02	1.02	0.87	1.85	2.60	1.07	0.96	3.54	0.40

资料来源：EPS 数据库（2018 年）。

四、宜宾金融竞争力因素比较分析

本节简要介绍金融中心形成路径和影响因素，通过对比宜宾同邻近城市在金融方面的竞争力从而发现宜宾发展金融业方面存在的问题。

（一）金融中心形成因素

金融中心是金融资源在空间配置而形成的一种集聚状态。从功能上理解，金

融中心充当了交易中介和在层际空间储存价值的功能。金融中心综合反映了一国（地区或者城市）在经济、制度、区位、人才、技术等方面的竞争优势，在一定程度上，金融中心的竞争是国家（地区）间金融（经济）领域竞争的集中体现，其形成过程是经济金融长期发展的过程，受到包括地理区位、金融集聚和制度创新等因素的综合影响，同时也是一个包含了诸多历史偶然性因素的演变结果。

即使当今信息技术高度发达，地理区位因素在金融中心的形成和建设中仍然具有实际意义。例如，同东京、上海和新加坡相比，悉尼距离亚洲其他城市要远得多，这一地理区位上的劣势可能是制约悉尼竞争成为亚太地区乃至全球性金融中心的重要因素。

经济是金融的基础，集聚经济视角揭示了金融中心形成和发展演替中最基础性的因素。依托一国（区域）强大的实体经济发展，基于强劲的金融资本需求，才能形成相应规模的金融集聚，这是经济运行中自身所蕴含的经济机理，也是金融中心形成和发展的原动力。建设金融中心关键是要把握好金融积聚的原因和规律，创造有利于金融积聚的条件和基础，从而不断提高金融市场运行和金融资源配置的效率。

从制度分析视角来看，制度因素在现代金融中心形成和发展中的重要性日益凸显。不同制度环境和制度安排在金融资源流动中所产生的制度成本是不同的。纽约、伦敦到中国香港、新加坡等全球性金融中心不断发展的实践表明，低成本的制度系统在金融资源国际流动竞争中处于有利态势，进而在竞争中可获取更大利益，从而促进金融集聚，有利于金融中心的形成和发展。降低制度成本关键在于制度创新，金融中心间的竞争就是制度的竞争①。

所以促成一个地区形成金融中心的主要是地理区位、金融集聚和制度创新三个影响因素，在这一方面宜宾市同四川南部几个城市相比，在地理区位上有优势，但是在金融集聚和制度创新上并没有突出的优势，所以宜宾市在促进形成区域性金融中心上还有很长的一段路要走。接下来分析在建设金融中心方面宜宾同相邻的城市相比有哪些优势、存在哪些问题。

（二）金融竞争力因素比较

区域金融竞争力反映了其所在区域金融系统的整体优势，对经济发展至关重要。为了进一步考察宜宾金融竞争力水平，将首先对宜宾邻近的地区（川渝滇黔接合部城市群）的金融竞争力因素进行比较分析，分析对象分别是四川的自贡、乐山、泸州、内江、宜宾，贵州的毕节、遵义和云南的昭通，为了同邻近成熟度

---

① 陈祖华. 金融中心形成的区位、集聚与制度探析[J]. 学术交流，2010（5）：76-79.

较高的金融中心相比，将成都也纳入分析范围。具体而言，区域金融竞争力因素可以表现为该地区所拥有的金融资源总量、金融资源的构成、金融资源相对于经济发展水平的重要性、外部金融环境以及对外开放水平等方面，而区域金融竞争力也会对区域金融竞争力产生影响。因此，本节主要从金融竞争力直接因素及潜力因素两个方面考察宜宾市与邻近城市金融竞争力因素。

1. 金融竞争力直接因素比较

主要从金融市场绝对规模、金融深化程度和金融结构三个方面来考察金融竞争力的直接因素，从而将金融体系的各种功能纳入金融竞争力的范畴中。

（1）金融市场绝对规模。为了度量以银行为主的间接融资市场和股票等直接融资市场发展的规模，采用金融机构存贷款总额、股票市场总值以及保费收入等指标分别对直接融资市场和简介融资市场进行衡量。

1）以银行为主的金融中介市场发展规模比较。金融机构存贷款总额度量金融中介的总体规模，为了对比宜宾市近些年的发展情况，以及在川渝滇黔接合部城市群中的发展情况，将 2013~2019 年的城市存贷款总额进行了总结和对比，如表 5-6 所示。

表 5-6　各城市金融机构存贷款余额　　　　单位：亿元

城市\年份	成都	重庆	贵阳	昆明	泸州	自贡	乐山	内江	昭通	毕节	遵义	宜宾
2013	30864.9	28834.2	6616.5	14842.9	1508.3	980.1	1728.2	1040.8	975.3	976.0	2114.7	1722.9
2014	35984.6	34066.1	7873.8	17005.0	1842.2	1192.7	2072.0	1294.7	1189.1	1169.5	2639.8	2089.8
2015	41279.7	39583.7	9920.0	19234.0	2176.2	1424.3	2456.3	1591.7	1321.3	1386.6	3426.2	2334.3
2016	46576.4	44513.0	13552.7	20783.5	2533.8	1596.0	2802.1	1742.4	1577.1	1606.3	4095.3	2586.0
2017	51445.6	50488.3	16647.8	23856.2	2927.7	1937.2	2965.9	1890.3	1825.8	2139.1	5231.9	2965.7
2018	56443.0	56001.6	19081.5	26229.6	3460.9	2232.4	3176.0	2098.6	2044.2	2815.6	6570.7	3546.3
2019	62782.6	63271.0	21414.4	28255.9	3930.8	2549.7	3520.7	2299.4	2211.7	3311.7	7453.6	4053.9

资料来源：各城市历年国民经济和社会发展统计公报。

从表 5-6 可以看出，存贷款余额总量基本上分为两个层级，分别是省会城市和非省会城市，省会城市经济体量较大，所以存贷款余额较多，川渝滇黔接合部城市的存贷款余额同这些省会城市相比有较大的差距。川渝滇黔接合部城市近年来存贷款余额变化如图 5-4 所示。

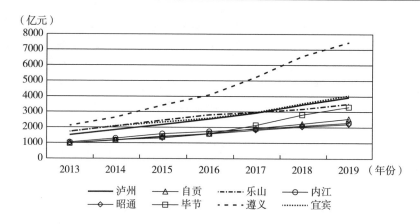

图5-4 2013~2019年川滇黔渝接合部城市存贷款余额

2）股票市场发展规模比较。股票市场主要用来度量直接融资市场的发展，表5-7是2013~2019年各城市上市公司的市值情况。

表5-7 2013~2019年各城市上市公司的市值 单位：亿元

年份＼城市	成都	重庆	贵阳	昆明	泸州	自贡	乐山	内江	昭通	毕节	遵义	宜宾
2013	2208.6	2165.2	194.1	526.4	572.1	54.7	92.5	11.7	—	—	2064.1	1315.5
2014	2361.3	2557.4	229.1	525.6	540.1	65.8	191.6	11.7	—	—	2234.7	1120.9
2015	2804.3	3502.1	328.8	567.6	332.5	76.2	187.4	18.1	—	—	1414.8	649.7
2016	4644.9	5412.7	593.0	1246.8	366.2	148.6	263.6	32.3	—	—	2248.1	889.1
2017	7739.5	7434.5	641.9	1505.3	481.5	209.9	496.7	57.6	—	—	2865.7	1147.0
2018	7454.1	7490.0	1133.0	1392.6	589.5	187.1	424.1	49.1	—	—	4295.1	1449.0
2019	7151.8	6876.5	1117.3	2166.8	1064.2	158.7	388.7	31.7	—	—	8813.8	3138.2

资料来源：各城市股票市值数据全部来源于Wind资讯，以当年最后一个交易日的各上市公司的股票市值进行加总而得（其中毕节、昭通没有相关数据）。

从表5-7可以看出，上市公司市值总和增速较快，其中四个省会城市（直辖市）中成都、重庆上市公司市值总和远高于贵阳和昆明，并且贵阳、昆明一直低于遵义，昆明除在2016年、2017年高于宜宾外，其余年份均低于宜宾。在非省会城市中，遵义、宜宾、泸州上市公司总市值位居前三，这三个城市共同的特点是都有酿酒行业的上市公司，并且在这三个城市中，上市公司市值还比较大，2018~2019年贵州茅台市值上升很大，因此2019年遵义在表5-7中上市公司总市值排名第一。

　　3）保险市场发展规模比较。保险市场的良好发展更加有利于经济的良好增长，各城市保费收入情况如表5-8所示。

表5-8　2013~2019年各城市保费收入情况　　　　　单位：亿元

城市 年份	成都	重庆	贵阳	昆明	泸州	自贡	乐山	内江	昭通	毕节	遵义	宜宾
2013	306.8	311.81	50.12	—	33.24	19.95	28.37	23.98	6.87	—	26.31	24.20
2014	369.0	331.03	56.93	111.1	31.71	18.58	29.29	22.96	7.41	—	28.72	23.87
2015	400.1	359.23	69.55	127.83	35.64	20.98	32.29	24.69	8.59	—	33.24	24.95
2016	474.4	407.26	80.00	154.46	38.04	21.63	38.86	30.69	12.73	—	43.71	29.53
2017	574.6	514.58	95.61	171.51	41.69	26.22	46.02	36.05	14.88	—	53.54	34.19
2018	864.3	601.61	114.35	213.48	53.17	34.38	57.67	40.35	16.73	—	67.25	40.79
2019	952.2	744.75	140.99	248.83	69.55	38.85	64.48	47.8	—	—	75.32	52.35

资料来源：各城市历年国民经济和社会发展统计公报。

　　从表5-8可以看出，在保费收入方面，省会城市（直辖市）中成都和重庆远高于贵阳和昆明，但是贵阳和昆明保费收入也都高于100亿元，在川渝滇黔城市接合部城市群中，保费收入一直高于宜宾的城市有遵义、泸州、乐山，其中2016年、2017年内江高于宜宾，而宜宾在这几个城市中经济体量仅次于遵义，但是保费收入却低于泸州、乐山，并且差距在10亿元以上，说明宜宾在保险市场的发展方面同其经济体量有些不符，保险市场发展较为缓慢。

　　（2）金融深化程度。由于宜宾市金融发展较晚，缺乏宜宾以及邻近地区金融资产和M2的统计数据，所以选用存款和贷款的总数来反映，利用存贷款数据基本上可以揭示宜宾以及邻近地区金融发展的状况。金融相关比率（FIR）是由美国经济学家雷蒙德·W.戈德史密斯提出的，其值为存款余额加上贷款余额除以GDP的比率，宜宾地区金融机构主要以银行业为主，限于部分数据的可获得性，选用存贷款之和代替金融资产总量。金融相关比率越高说明金融对于经济发展的支撑作用越大，存贷比越高说明存款利用效率越高[①]。现选用金融机构存贷款总额与国内生产总值之间的比值作为度量银行等金融中介相对于经济的发展程度；用股票总市值与国内生产总值的比值指标度量股票等直接融资市场的深化程度，

―――――――――

　　① 李颜.“一带一路”倡议下国内区域金融产业发展现状研究[J].行政事业资产与财务，2018（9）：42-43.

即在股票交易所上市的股票总价值与 GDP 的比值，反映了股票市场相对于经济的发展程度。用保费收入与国内生产总值之间的比值作为度量保险市场相对经济的发展程度。

1）以银行为主的金融中介市场深化程度比较。从图 5-5 可以看出，成都的金融中介深化程度远高于其他城市，在川渝滇黔接合部城市群中，宜宾经济体量虽然位居第二，但是近些年金融中介深化程度并不占优势，金融相关比率高于宜宾的有昭通、遵义、乐山、泸州，低于宜宾的有自贡、内江和毕节。通过以上对比发现，在金融中介市场化方面，宜宾在川南城市接合部城市群中优势并不突出。

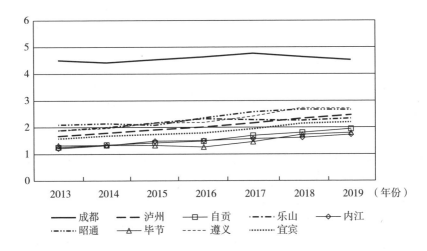

图 5-5　2013~2019 年成都同川渝滇黔城市接合部金融中介市场深化程度

2）股票市场深化程度比较。从图 5-6 可以看出，遵义、宜宾的股票总值与GDP 之比高于成都，昭通、毕节则没有相应的上市公司，从 2013 年起，遵义、宜宾比值增速较大，泸州该值在 2019 年也高于成都，而遵义、宜宾上市公司市值之所以增速较大，完全得益于遵义有贵州茅台，而宜宾有五粮液，因此遵义、宜宾的股票深化指数大于成都这样的省会城市。

鉴于遵义、宜宾、泸州酒业上市公司市值较高，剔除白酒行业上市公司市值后的股票市场深化对比如图 5-7 所示。

从图 5-7 可以看出，在剔除掉遵义、宜宾、泸州的白酒行业的上市公司市值后，遵义、宜宾、泸州的股票市场化指数较低，在川渝滇黔城市接合部城市群中排名较为靠后，所以三地的股票市场化在川渝滇黔城市群中并不占优势。

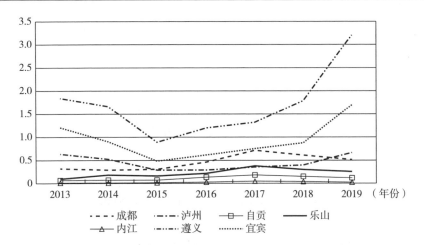

图 5-6　2013~2019 年成都同川渝滇黔城市接合部股票市场深化程度对比

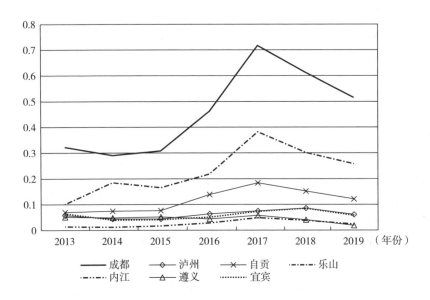

图 5-7　2013~2019 年成都同川渝滇黔城市接合部股票市场
深化程度对比(去除白酒上市公司)

3）保险市场深化程度比较。从图 5-8 可以看出，成都保险市场深化程度较高，宜宾保险业发展得并不是很好，虽然经济体量较大，但是保险市场深化程度却较低，可以看出宜宾市保险业发展确实较为缓慢。

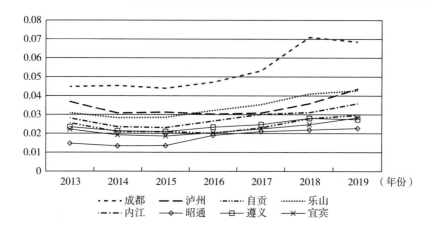

图 5-8   2013~2019 年成都同川渝滇黔城市接合部保险市场深化程度对比

（3）金融结构。金融结构及金融体系内部各种不同金融安排的比例，可以从不同的角度考察，根据金融活动是否需要通过金融中介，可以考察直接融资与间接融资及其比例构成；根据金融交易的期限长短，可以将金融体系分为货币市场与资本市场。

1）融资结构比较。直接融资与间接融资的比例构成主要反映直接融资的资本市场相对于间接融资的中介市场之间的发展程度。这里用股票市场总市值/金融机构存贷款总额来度量直接融资与间接融资的结构。

从图 5-9 中可以看出，各城市中只有遵义 2017 年股票总市值与金融机构存贷款总额的比值超过 1，表明各城市的间接融资市场比直接融资市场发达，市场化程度有待进一步提高。其中，排名前三位的是遵义、宜宾、泸州，得益于这三个地区都有白酒类行业的上市公司，而这几家白酒公司市值均很大，为三地股票总市值的提高贡献最大，所以这三个地区虽然上市公司家数不多，但是股票总市值与金融机构存贷款总额的比值却高于成都。成都该值在 2013~2019 年都低于 0.2，说明成都间接融资市场较为发达，市场化程度还有很大的提升空间。

因为遵义、宜宾、泸州的白酒上市公司的市值比较高，所以从图 5-9 中可以看出，这三个地方直接融资较为发达的假象，图 5-10 是去除白酒上市公司后各城市股票总市值与金融机构存贷款总额的比值的对比。

从图 5-10 可以看出，遵义、宜宾、泸州三地在去除白酒上市公司后，股票总市值与金融机构存贷款总额的比值下降很多，说明这三地间接融资依然占据主要地位，宜宾在直接融资市场发展方面同其他城市相比并没有优势，市场化程度还有很大的提升空间。

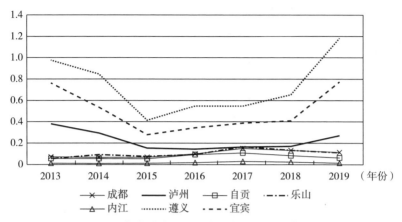

图 5-9　2013~2019 年各城市股票总市值与金融机构存款总额的比值

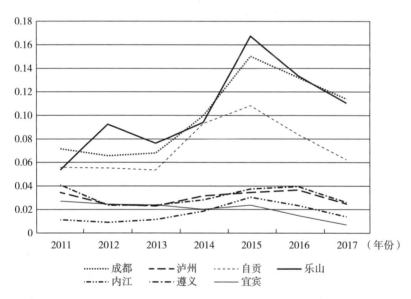

图 5-10　2011~2019 年各城市股票总市值与金融机构
存贷款总额的比值（去除白酒上市公司）

2）金融资源利用结构比较。衡量一个城市的金融集聚能力，一方面从金融市场的绝对规模来看，主要指标是存贷款总额；另一方面从集聚的效率来看，集中体现在金融中介集聚的存贷资源为本地所用的比例上，用存贷比（金融机构各项贷款总额/金融机构各项存款总额）来衡量，该比率高说明金融资源的本地利用效率高。

从图 5-11 可以看出，2013~2019 年、2013~2015 年，宜宾、内江存贷比小于 0.5，而自贡在 2013~2019 年该值都小于 0.5，而昭通则一直处于下降趋势，2018~2019 年该值也小于 0.5，说明这几个城市在这几个时间段内金融机构资源有一半以上是被外地企业所利用的，而除了这几个城市外，其余城市 2013~2019 年该值都介于 0.5~0.9，而成都该值最高，说明成都金融资源的本地利用率高，而在上述整个时间段，该值高于宜宾的有遵义、乐山、泸州，这说明宜宾金融资源利用效率的能力有待提升。

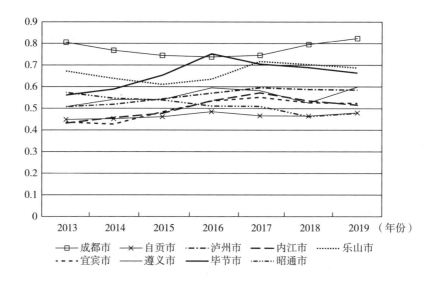

图 5-11　2013~2019 年各城市金融机构贷款余额与存款余额的比值

2. 金融竞争力潜力因素对比

金融中心的形成不仅仅靠区位更靠经济实力，从长远来讲，雄厚的经济实力才是金融长期良好发展的基础，下面就经济基础方面进行对比，以发现宜宾的长处与不足。

从表 5-9 可以看出，从 GDP 层面上讲，成都和重庆都超过了 1 万亿元，而其余城市全部在 5000 亿元以下，并且除遵义外与宜宾邻近的几个城市都没有超过 2000 亿元，所以同省会城市相比，宜宾并没有什么优势，但是同邻近的几个城市相比宜宾的 GDP 总量仅次于遵义。从三产占比方面来讲，宜宾高于泸州、内江和昭通，三产比重并不是很占优势；在保险保费收入方面，宜宾仅高于自贡和内江；在进出口总值方面，与邻近非省会城市相比仅次于乐山和遵义。

总体上讲，同邻近的省会城市相比，宜宾市的经济实力不强；同邻近的城市相比，经济实力则相对靠前，仅次于贵州的遵义市，但是在三产比重、保费收入等方面，宜宾也没有显著的优势，整体来说，在邻近的几个城市中，宜宾整体

表 5—9 宜宾与其他城市经济基础对比（2019 年数据）

指标	成都	重庆	贵阳	昆明	泸州	自贡	乐山	内江	昭通	毕节	遵义	宜宾
GDP（亿元）	13889.39	19500.27	3537.96	4857.64	1596.21	1312.07	1507.79	1332.09	832.45	1841.61	2748.59	1847.23
三产增加值（亿元）	7390.33	9564.04	2015.45	2781.54	562.46	530.88	657.58	461.82	318.13	770.8	1105.2	689.65
三产占比（%）	53.20	49.05	56.97	56.70	35.30	40.50	41.10	34.70	38.22	41.80	40.20	38.80
金融机构贷款余额（亿元）	28359.30	28417.46	10506.14	14789.35	1451.54	825.98	1434.39	782.87	714.72	1321.29	2792.34	1394.49
金融机构存款余额（亿元）	34423.30	34853.53	10908.27	13466.56	2479.29	1723.67	2086.33	1516.49	1496.97	1990.38	4661.22	2659.45
保险保费收入（亿元）	952.20	744.75	140.99	248.83	69.55	38.85	64.48	47.80	—	—	75.32	52.35
进出口总值（亿元）	3936.299	4508.25	202.0139	527.8557	138.8845	30.65317	69.54354	9.587556	0.33894	13.84119	78.25336	57.60
客运总量（万人）	—	63300	73361.48	7956.78	7408.67	4042	4100	12700	—	—	—	5120
货运总量（万吨）	—	115300	47789.24	28260.94	10706.61	5476	14045	3600	—	—	—	7546

资料来源：根据 EPS 数据库及各城市国民经济和社会发展统计公报等资料整理。

的经济基础优势不是特别突出。

五、宜宾金融中心发展所处阶段与关键性问题

金融中心所处阶段不同其面临的主要问题也各异。

(一) 金融中心的发展路径

金德尔伯格等的经典理论和金融中心发展的历史经验都表明，金融中心的本质就是金融资源的聚集，金融中心的形成是一个演化过程。在金融发展和经济增长的关系上存在两种模式：一种是"需求反应"模式（即自然形成模式），这种模式强调随着经济的增长自然产生对金融服务的需求，从而金融不断发展；另一种是"供给引导"模式（即政府引导模式），这种模式强调金融服务供给先于需求。有的学者认为金融发展的路径依赖效应在金融中心的产生过程同样有效，把金融中心形成也分为两种不同的模式，即自然形成模式和政府引导模式。

1. 自然形成模式

金融中心的自然形成模式是指随着经济的增长，经济总量、国际贸易、区际贸易及投资也不断扩大，实体经济对金融的需求必然增加，进而产生新的金融需求。因此，金融市场规模会不断扩张，国家的金融制度和金融法规也随之发生变化。通过金融机构的空间聚集，在金融机构聚集状态下各市场主体相互作用产生明显的"技术溢出效应"和"稠密市场效应"，伴随着规模经济效应，在一个区域内逐步产生与之相适应的金融体系，而金融体系不断发展，又使金融机构在空间上进一步聚集，最终形成金融中心。

从图 5-12 可以看出，自然形成模式的明显特征就是金融中心适应经济发展水平，并随经济的增长而发展，金融中心的形成过程反映了金融发展的内在规律，而外部因素（如政府推动）不起主要作用。观察世界主要金融中心形成的历史，绝大多数金融中心的形成过程都是一个自然过程。

2. 政府引导模式

政府引导模式是指在实体经济和金融市场的规模都相对弱小且经济发展规律不发生作用的情况下，政府通过制定政策和使用政策工具刺激金融市场的发展，从而提高社会资源的配置效率，增加储蓄，刺激投资，推动经济发展。在这种模式中，金融体系的扩张通常是在政府的扶持下，通过政府部门的设计、强力支持而产生，金融体系的产生和发展有一定超前性。政府通过制定经济和金融政策，

吸引金融机构聚集。通过金融机构空间聚集，以及金融机构聚集状态中各市场主体相互作用产生"技术溢出效应"和"稠密市场效应"，伴随着规模经济效益发生变化，产生与之相适应的金融体系；金融体系的不断发展使金融机构进一步在空间上聚集，最终形成金融中心。

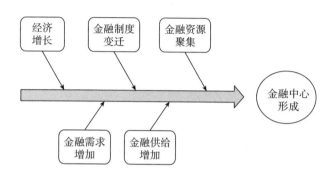

图 5-12　单一金融中心自然形成过程

从图 5-13 可以看出，这种金融中心形成模式在本质上是通过金融体系的超前产生和发展刺激经济增长，发挥金融发展对经济增长的先导作用。与金融中心自然形成模式相比，这种模式不能反映经济和金融发展的规律，金融体系的扩张是在政府的有意扶持下，通过行政部门人为设计、强力支持而产生的，金融体系的产生和发展带有明显的主观性和超前性。

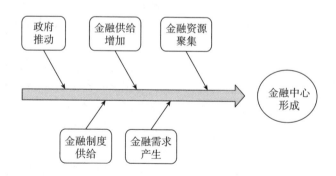

图 5-13　单一金融中心自然形成过程

无论是金融中心形成的自然形成模式还是政府引导模式，金融需求的产生和金融供给的增加都是金融中心形成的必备条件，在这一点上，宜宾市在金融需求和金融供给方面业务量上还不具规模，金融业也并没有形成良好的集聚，所以今后在金融业的发展上宜宾可以采取政府主导模式，制定相关金融政策，吸引金融机构入驻，增加金融需求与供给，从而形成金融业的集聚，带动宜宾市金融业的发展，进而使宜宾逐渐形成川南城市群金融中心，经过今后长时间的努力逐步形成区域性金融中心。

（二）宜宾金融竞争力评价

本书第四章已经对宜宾金融中心及其在全国的地位进行了深入分析，为了更清楚地认识宜宾金融业发展的竞争力，这里选取 15 个城市作为对比，其中既包括北京、上海、深圳等重要的国际性金融中心，也包括重庆、成都、昆明、贵阳等邻近宜宾的省会城市，还包括自贡、内江、乐山、泸州、遵义、毕节、昭通等周边潜在竞争对手的城市，不同层次的城市混合比较，可以更清楚地对比分析宜宾建设金融中心的竞争力，通过相关指标对比各个城市的金融竞争力。如表 5-10 所示。

（三）宜宾金融业发展方面存在的关键问题

根据第四章不同尺度中宜宾金融中心在全国的地位和发展动态情况，以及上述 15 个城市中对比宜宾金融发展的情况，可以归纳宜宾金融业发展存在的关键问题。

第一，在金融市场绝对规模方面，宜宾银行金融中介与股票市值具有优势，在保险方面发展相对缓慢。在存贷款余额方面，宜宾在川渝滇黔接合部城市群中 2013~2017 年位居第三，2018~2019 年位居第二，总体同宜宾经济体量相符。在各城市上市公司股票总市值方面，在川渝滇黔接合部城市群中宜宾仅次于遵义，但是同遵义相比也有较大差距，虽然宜宾在上市公司股票市值方面与泸州、乐山、自贡、内江相比有很大优势。因此可以说，并不是宜宾股票市场发展得很好，而是因为五粮液市值比较大，同其他城市相比宜宾才会显得更有优势。在保费收入方面，宜宾地域内泸州、乐山的保险市场发展较为缓慢。

第二，在金融深化程度方面，宜宾金融中介市场化和保险市场化方面没有优势，在股票市场深化方面仅次于遵义。在川渝滇黔接合部城市群中，金融相关比率高于宜宾的城市有昭通、遵义、乐山、泸州，即宜宾在川渝滇黔接合部城市群中金融中介市场化方面优势并不突出。在股票市场深化程度方面，遵义、宜宾的股票总市值与 GDP 之比高于成都，但是并不能说明遵义、宜宾的股票深化程度较高，由于近些年得益于白酒行业市值快速上涨，才会使遵义、宜宾上市公司股票市值较高，并且遵义的股票市值远远大于其 GDP。在剔除遵义、宜宾、泸州的白酒行业上市公司的市值后发现，三地股票深化指数并不高，宜宾在川渝滇黔

表5-10　2019年各城市金融竞争力评价

指标	北京	上海	深圳	重庆	成都	自贡	泸州	内江	乐山	宜宾	贵阳	遵义	毕节	昆明	昭通
GDP（亿元）	25669.10	28178.70	19492.60	17740.60	12170.20	1234.56	1481.91	1297.67	1406.58	1653.05	3157.70	2403.94	1625.79	4300.08	765.53
固定资产投资总额（亿元）	7888.70	6751.68	4078.16	17245.80	8352.50	555.97	1705.38	878.52	1064.32	1436.52	3380.73	2068.88	1601.82	3920.07	739.30
社会消费品零售总额（亿元）	11005.10	10946.60	5512.76	7271.35	5742.37	555.81	637.15	460.54	624.26	763.40	1195.34	723.44	340.15	2310.09	238.00
进出口总额（亿元）	18625.20	28664.40	26307.00	4140.39	2724.01	26.13	20.81	8.77	58.92	61.84	260.84	79.84	6.18	443.77	0.42
三产占比	80.23	69.78	60.05	48.13	53.11	31.43	28.89	27.09	35.00	31.09	57.06	40.37	40.81	56.73	38.41
一般预算支出（亿元）	130.29	185.14	67.32	113.42	60.05	0.10	0.82	0.47	0.50	0.41	11.20	3.66	2.19	7.40	0.01
年末金融机构各项存款余额（亿元）	132792	103164	59562.30	31216.50	31434.00	1524.05	2179.23	1366.90	1864.82	2322.47	9928.30	4305.82	1667.31	12676.20	1398.36
年末金融机构各项贷款余额（亿元）	56618.90	53985.10	35165.50	24785.20	25009.00	708.35	1281.64	731.65	1311.18	1223.82	9153.20	2264.92	1148.31	13553.30	645.82
上市公司数（家）	311.00	278.00	276.00	49.00	74.00	3.00	3.00	1.00	5.00	4.00	20.00	3.00	0.00	24.00	0.00
金融业增加值（亿元）	4257.80	4762.50	2876.00	1642.60	1386.00	38.85	45.80	22.06	56.11	68.95	284.10	80.20	60.00	388.50	2.61
城市金融业所占GDP比重	16.59	16.90	14.75	9.26	11.39	3.15	3.09	1.70	3.99	4.17	9.00	3.34	3.69	9.03	0.34
邮电业务总量（万件）	1468.59	637.12	1715.02	321.99	283.47	7.74	32.93	17.05	28.60	31.01	67.64	51.96	35.17	129.04	25.50
当年实用外资（亿元）	865.40	1229.74	447.18	753.36	398.84	0.68	5.45	3.14	3.33	2.75	74.39	24.32	14.56	49.15	0.06
金融业从业人数（万人）	51.42	35.51	10.51	13.98	12.23	0.97	1.02	1.02	0.87	1.85	2.60	1.07	0.96	3.54	0.40
普通高校数（所）	91.00	64.00	12.00	65.00	56.00	2.00	5.00	3.00	3.00	2.00	32.00	6.00	6.00	45.00	2.00

资料来源：根据EPS数据库和各城市2019年国民经济和社会发展统计公报等资料整理。

城市接合部并不占优势。在保险市场深化方面，宜宾保险市场深化程度处于川渝滇黔接合部城市群倒数第二位，仅仅高于云南省的昭通市，可以看出宜宾保险业发展确实较为缓慢。

第三，宜宾直接融资比重较高，但是金融资源利用效率不高。在融资结构方面，除遵义 2019 年股票总市值与金融机构存贷款总额的比值超过 1 外，其余城市该值并没有超过 1，表明在川渝滇黔接合部城市群中间接融资市场比直接融资市场发达，其中宜宾处于这些城市中的第二位，说明宜宾直接融资比重较高（基于五粮液市值较高的原因）。在金融资源利用结构方面，2013~2015 年宜宾贷款余额与存款余额比值小于 0.5，说明 2013~2014 年宜宾金融机构资源有一半以上是被外地企业所利用，2013~2019 年该值高于宜宾的有遵义、乐山、泸州，这说明宜宾金融资源利用效率在川渝滇黔接合部城市群中并不是很高，金融资源利用效率的能力有待提升。

第四，宜宾整体的经济基础优势并不突出。从三产占比方面来讲，宜宾高于泸州、内江和昭通，三产比重并不是很占优势；在保险保费收入方面，宜宾仅高于自贡和内江；进出口总值方面，与邻近非省会城市相比仅次于乐山和遵义。总体上讲，宜宾同邻近的省会城市相比，经济实力不强；同邻近的非省会城市相比，经济实力则相对靠前，仅次于贵州的遵义，但是在三产比重、保费收入等方面，宜宾也并没有很大的优势，整体来讲，在邻近的几个城市中，宜宾的经济基础优势并不突出。

第五，宜宾金融中心建设还处于初期阶段，金融竞争力不突出。在选取的 15 个城市中，宜宾与北京、上海、深圳相比差距较大；同时，与邻近省份省会城市相比也有差距。同邻近的非省会城市对比，也没有很大的优势，宜宾金融竞争力并不是很突出，从得分情况来看，宜宾同邻近的城市相比，差距不是很大，排名位于宜宾前面的有遵义、毕节、乐山，排名在宜宾后面的是泸州、自贡、昭通、内江。总体来讲，川渝滇黔接合部城市群中，没有金融竞争力很大的城市，宜宾既没有很大的优势也没有很大的劣势，金融竞争力并不突出。

六、宜宾金融业发展 SWOT 分析

以上简要介绍了宜宾金融业的发展情况以及现状，并通过对比分析发现宜宾在金融中心的建设上还处于初期阶段，因此未来宜宾要想成为区域性金融中心，一定要利用好自身优势，抓好机遇，找准突破口，首先实现金融业的优先发展，下面基于SWOT方法来分析宜宾金融发展情况。

（一）金融业发展优势

1. 地理区位优势

宜宾作为长江首城，地处川滇黔三省接合部，是国家"五纵七横"交通规划中南北干线与长江东西轴线的交会点，是成都—贵阳、重庆—昆明"X"形交通交会点，是川滇黔地区出入长江黄金水道、成渝经济区连接南贵昆经济区走向东南亚的重要门户，是西部地区天府、两江、滇中、贵安四个国家级新区交会点，且宜宾临港新区有望争取成为四川第二个国家级新区。

宜宾向北可通过"蓉欧+宜宾"通道连接"丝绸之路经济带"，向东可连接长江经济带和21世纪海上丝绸之路，向南可通过宜宾—六盘水—红果—威舍—南宁—钦州港、宜宾—西昌—大理—瑞丽—缅甸皎漂港连接21世纪海上丝绸之路，是"一带一路"倡议，长江经济带发展、新一轮西部大开发等国家战略的叠加区。以宜宾为通道枢纽和四川经济副中心，可有效辐射川南泸州、自贡、内江、乐山、川西攀枝花、西昌，云南昭通、曲靖，贵州六盘水、毕节等市，人口4500余万，区位优势十分突出。

2. 综合交通优势

宜宾是国家"十三五"时期现代综合交通运输体系规划确定的全国性综合交通枢纽及在川滇黔渝四省（市）规划的唯一地级市铁路枢纽城市；宜宾港是国务院《关于依托黄金水道，推动长江经济带发展的指导意见》中确定的十大加快建设港口之一，已具备构建公铁水空立体交通枢纽优势。

从公路来看，全市国（省）干线公路630多千米，建成和在建高速公路有内宜、乐宜、宜泸、宜叙、宜昭、宜攀、成宜等"一绕九射"12条，实现与成都和周边省市快速连接；从铁路来看，有成贵、蓉昆、渝昆、兰广、内昆、宜珙等"四高、七普"铁路交会，向南通过内昆铁路连接南昆铁路和成渝铁路，构建四川成都经宜宾至广西钦州港路径最短的南向出海通道，未来向西可连接宜西铁路，进而构建成都经宜宾、西昌、瑞丽至缅甸皎漂港南向通道。宜宾港进港铁路已与中国铁路总公司达成共识，路地共建西部首条进港国铁，年内将启动建设，建成后可实现南向通道与长江黄金水道无缝对接。从水路来看，宜宾至重庆385千米川江航道为三级航道，最低维护水深2.9米，常年可开行328吨集装箱船舶（5000吨级）；宜宾港作为长江首港，已建成多用途泊位4个、重大件泊位1个、滚装泊位3个，在建散货泊位3个，集装箱年通过能力可达110万标准箱，散货588万吨。从航空来看，开通了宜宾至北上广深等国内主要机场的航班，4D 级新机场正加快建设，建成后将开通国际航线，构建通往全球的空中走廊。

3. 经济体量优势

宜宾市经济总量和经济运行质量连续多年位居四川前茅，是川南地区乃至川滇黔接合部经济实力最强的城市。2019 年，宜宾地区生产总值（GDP）突破2600 亿元，同比增长 8.8%，总量居全省第三位；一般公共预算收入 175.5 亿元，增长 9.1%，居全省第二位；实现外贸进出口总值 141.1 亿元，居全省第四位。

（二）金融业发展劣势

1. 金融基础薄弱

宜宾市的金融业发展较为缓慢，体系较小。完备的金融市场体系应当包括货币市场、资本市场、外汇市场、黄金市场、票据市场、产权市场、衍生品市场，并且具有丰富的交易品种和快捷的交易手段以形成各要素间的有效整合和互动。然而，整体上，宜宾距离区域金融中心的差距较大。

2. 金融机构发展不平衡

宜宾市的金融机构数量众多，但是结构并不平衡，银行类机构占据绝对优势。宜宾要想更好地发展金融业，需要加强对非银行金融机构的培养，例如，金融租赁、金融担保、典当行等，形成金融体系，发展多层次资本市场。

3. 保险市场发育不足，规模较小

宜宾经济总量在川南五个城市中居于首位，但是在保费收入方面却低于乐山和泸州，同时宜宾的保险业务存在着保险市场发育不足、规模较小、保险衍生工具较少、保险业务品种单一等问题。保险业务需要进行结构调整和产业升级，并加强保险人才培养，为开发保险衍生品、丰富保险业务品种打下基础。

4. 金融人才匮乏

虽然宜宾在川南城市群中经济体量较为靠前，并且金融从业人数在川渝滇黔接合部城市群居于首位，但是同成都、重庆这些区域性的金融中心相比，在经济实力和金融人才的数量上还有很大的差距，宜宾的金融从业人员主要是银行机构人员，专业的金融人才相对较少，要想成为区域性的金融中心必须要有相对较为专业的金融从业人员，所以宜宾要注重培养与引进专业的金融从业人员。

（三）金融业发展机遇

1. 南向通道带来的发展机遇

根据对四川南向通道现有铁路网络分析，具备运行条件的铁路线路如下：东线通道全程约 2026 千米（"蓉桂马"通道）。中线通道全程约 1642 千米。西线通道全程约 2102 千米。三条铁路线路中，当数中线最优，除运距最短外，该路径还可以宜宾港为节点，将"丝绸之路经济带"和"21 世纪海上丝绸之路"与长江经济带连接起来，使宜宾成为国家"一带一路"和长江经济带在四川省的接合部，使通过陆上和海上丝绸之路进口的货物，可在宜宾下水至重庆、武汉及长江中下游地区，长江中下游出口货物也可上水至宜宾通过陆上和海上丝绸之路出口至欧洲、中南半岛、东南亚、南亚、西亚、地中海、波斯湾沿线及非洲广大地区。

此外，成都—宜宾—西昌—大理—瑞丽—缅甸皎漂港作为一条规划的南向通道，全程约 2459 千米，是未来我国及四川省进入印度洋的最佳出海通道，它比成都经喀什至巴基斯坦瓜达尔港进入印度洋的距离（约 6500 千米）近约 4000 千米，虽比通过钦州港出海距离多了 800 多千米，但避开了马六甲海峡，建成后将成为保障我国能源安全的重要通道。因此，如果未来南向通道打通，宜宾的区位优势将进一步提升，为以后宜宾经济的发展以及相关金融业的发展提供了契机。

2. "一带一路"和长江经济带带来的发展机遇

宜宾同"一带一路"的重要节点城市成都、重庆相距较近，可以凭借自身良好的区位条件和交通优势融入"一带一路"的发展之中，"引进来"与"走出去"并重，积极融入国际经济体系中。同时，宜宾市作为长江首城，可以借助长江经济带的发展东风，展开同长江流域城市的合作，提升自身经济实力。

3. 邻近省份省会发展金融带来的合作机遇

宜宾处于成都、重庆、贵阳、昆明四个省会城市之间，但无论是经济实力还是金融竞争力水平都不及这四个城市，这四个省会城市无论是在行政级别上还是在政策支持上都比宜宾有优势，所以宜宾可以主动同这些城市展开合作，搭上这些城市经济发展以及金融业发展的"顺风车"，利用自身资源有效提升同这些城市的合作力度，提升自己的金融实力，发展相关金融业务。

（四）金融发展挑战

1. 邻近省会的挑战

从省域层面来讲，邻近省会城市经济体量要大于宜宾，并且作为各自省份政治经济中心，其在金融方面的发展，自然会吸纳一个省份的金融资源；并且成都、重庆金融集聚已具有一定规模，在整个西南地区经济事务中发挥着重要作用。所以，在金融发展方面，宜宾同这些城市不是竞争的关系，而是合作的关系，要找到契合点，壮大自己的金融产业。

2. 邻近城市带来的挑战

从川渝滇黔接合部来讲，宜宾市的金融业发展优势并不突出，并且邻近的几个城市都强调要发展金融业，泸州还规划了金融街项目，专门用于金融机构的集聚，而宜宾市还没有具体的金融街规划项目，所以邻近城市也给宜宾金融业的发展带来了不小的压力。

3. 上级相关政策的制约

要想使宜宾市的金融业做大做强，首先要充分利用自身资源，同时也需要创新型的政策支持，以支持金融相关产业的发展，但是在指定相关政策的同时，宜宾往往不具备优势地位，因为从四川省的角度来看，成都要发展金融业往往就不会给其他城市太大的政策支持，所以在相关政策的制定上宜宾并没有很大的自主权。

（五）金融业发展的相关策略

通过分析宜宾在发展金融业中所具有的优势和劣势，以及所面临的机遇和挑战，运用 SWOT 分析方法，基于不同的形式组合宜宾金融业发展的相关策略建议，如表 5-11 所示。

表 5-11　宜宾金融业发展 SWOT 分析

	优势（S）	劣势（W）
	（1）作为长江首城，宜宾地处川滇黔三省接合部，地理区位优势明显 （2）具备构建公铁水空立体交通枢纽优势 （3）经济基础优势	（1）金融基础薄弱 （2）金融机构发展不平衡 （3）保险市场发育不足，规模较小 （4）金融人才匮乏
机遇（O）	SO	WO
（1）南向通道带来的发展机遇 （2）"一带一路"和长江经济带发展机遇 （3）邻近周边大城市发展金融带来的合作机遇	（1）打造综合的交通体系，发展相关金融服务业 （2）同邻近大城市在金融方面互利合作，发展本地新兴产业和金融业务 （3）借助发展机遇，提高自身经济水平，为建设区域金融中心打下坚实基础	（1）引进相关金融机构，健全金融体系 （2）发展保险、证券业务、培育上市公司，优化金融结构 （3）培育引进金融人才，提升金融服务水平

续表

挑战（T）	ST	WT
（1）邻近省会金融的发展造成的虹吸效应 （2）邻近城市的竞争 （3）上级相关政策的制约	（1）借助自身区位交通优势，打造区域金融高地，形成金融业的集聚发展 （2）发挥产业优势，提高经济实力，提高自身金融竞争力 （3）在制定符合自身金融发展的基础上，争取绿色金融等方面的政策支持	（1）主动同金融业较为发达的城市展开合作，完善金融体系 （2）整合区域内金融资源，设立一家地方性银行，增强其辐射能力 （3）引进并支持相关金融机构的发展，提升宜宾的金融竞争力

1. 基于优势—机遇（SO）的发展策略

根据宜宾拥有的优势和面临的机遇形势，可采取以下策略来发挥优势和抓住机遇。

（1）打造综合的交通体系，发展相关金融服务业。宜宾区位优势突出，可以打造公、铁、空、水四位一体的综合交通体系，以实现多式联运，这样更可凸显宜宾的区位优势和综合交通优势，如果在交通领域有突破性发展，那么随之而来的便是交通货运的大发展，在实现多式联运的基础上，宜宾可以发展运输业相关的金融服务业，既可促进运输业的发展又可丰富宜宾的金融服务业，提高宜宾金融竞争能力。

（2）同邻近大城市在金融方面互利合作，发展本地新兴产业和金融业务。成都、重庆、贵阳、昆明都是省会城市（直辖市），也强调要发展自身的金融业，这几个城市作为省会城市（直辖市），在金融集聚方面具有先天的优势，所以宜宾同这些城市在金融发展的关系应该是合作关系而非竞争关系，找到自身可以同邻近大城市金融发展契合的地方，主动开展合作发展本地金融业务；同时，依托相关金融服务推动宜宾本地新兴产业的升级。

（3）借助发展机遇，提高自身经济水平，为建设区域金融中心打下坚实基础。金融业的发展离不开经济基础的支持，宜宾应借助"一带一路"倡议的东风，借助渝新欧和蓉欧发展契机，主动融入成都和重庆的对外发展中，提高自身的经济实力也借此同成都、重庆建立良好的合作关系；同时，宜宾市作为长江首城，也应该借助长江经济带的发展机遇，同长江经济带各个城市展开合作，融入长江经济带的大发展之中。提高自身经济水平，为建设区域金融中心打下坚实基础。

2. 基于劣势—机遇（WO）的发展策略

（1）引进相关金融机构，健全金融体系。金融业的发展以及金融中心的建立，都需要较高等级的金融机构入驻，然而宜宾整体的金融机构则是以银行机构为主，并且银行等级并不是很高，所以需要引进较高等级的银行机构以及其他金融相关机构入驻，这样才能吸引其他金融服务机构的集聚，健全宜宾的金融体系。

（2）发展保险、证券业务，优化金融结构。宜宾的经济体量在川渝滇黔接合部城市群中仅次于遵义，然而保险业的发展以及证券业的发展相对缓慢，所以要大力发展保险业以及推动证券业务的发展，优化金融结构，健全宜宾金融体系，增强宜宾金融竞争力。

（3）培育引进金融人才，提升金融服务水平

金融业的发展以及金融中心的建设不仅需要经济发展的支撑还需要金融人才的支持，所以在金融业的发展以及金融中心的建设上，要注重金融人才的培育和引进。应制定相关政策来引进金融专业人才，使其在住房、医疗、交通等方面享受政策的补助，以提升宜宾金融业的服务水平。

3. 基于优势—挑战（ST）的发展策略

（1）借助自身区位交通优势，打造区域金融高地，形成金融业的集聚发展。宜宾在川渝滇黔接合部城市群中区位优势突出，并且随着交通体系的建立，宜宾综合交通优势更加突出，所以要发挥优势，加大周边城市金融资源在宜宾的集聚，使宜宾成为川渝滇黔接合部城市群的金融高地，增强对宜宾以及周边城市实体经济发展的支持力度，从而使邻近地区的金融资源进一步在宜宾集聚，形成金融业的集聚发展。

（2）发挥产业优势，提高经济实力，提高自身金融竞争力。宜宾市成立的新兴产业发展投资有限责任公司，充分利用投资公司资本优势，通过资本投资及资本孵化形式，大力扶持宜宾新兴产业发展，成立此类公司的目的就是撬动社会资本以扶持本地新兴产业的发展，所以应该使新兴产业和金融业融合发展，促进产业升级的同时也使科技金融这样的公司在宜宾得到较大发展，健全宜宾金融体系，提高自身金融竞争力。

（3）在制定符合自身金融发展的基础上，争取上级的政策支持。宜宾的金融业发展还没有形成规模，并且宜宾在金融中心的建设上还处于初级阶段，所以在金融业的发展以及金融中心的建设上宜采用政府主导模式。当政府在推动本地金融业发展的时候，就需要出台相关政策以支持相关金融机构的入驻以及金融人才的集聚，但是一些政策的制定需要上级的批准，所以从整个四川省角度来讲，四川省可能会从促进成都金融业的发展角度而不会批准宜宾市的相关金融发展政策，所以宜宾应该在同成都合作的基础上制定合适自己的金融政策，以得到上级政府的批准与支持。

4. 基于劣势—挑战（WT）的发展策略

（1）同金融业较发达的城市展开合作，完善金融体系。同成都、重庆相比，

宜宾无论在金融体系还是在金融结构方面都存在很大的劣势，因此应该加强同这些金融业较为发达的城市的合作，以完善自身金融体系，提高金融服务水平。

（2）整合金融资源设立一家地方性银行，增强其辐射能力。要想加大宜宾金融业的竞争力，就要有效利用自身的金融资源，整合区域内金融资源组建一个大的地方性银行，使其在川渝滇黔接合部城市群中具有影响力，并且该地方性银行要"走出去"，做大做强该地方性银行，加大辐射范围，使其在川渝滇黔接合部城市群中辐射力突出。

（3）引进并支持相关金融机构的发展，提升宜宾的金融竞争力。宜宾要引进相关金融机构并且加大培育本地保险、证券相关业务，加大引进相关金融机构，健全金融体系，优化金融结构，提升在川渝滇黔接合部城市群的金融竞争力，以此吸引更多的金融资源，从而使宜宾金融业得到快速发展，为成为区域金融中心打下坚实基础。

5. 宜宾发展金融业的路径选择

通过以上分析发现，宜宾的金融业在川渝滇黔接合部城市群中并不居于优势地位，而宜宾在建设区域性金融中心上还处于初级阶段，所以在金融业的发展上要实行政府推动的模式，宜宾市金融业发展的路径如图5-14所示。

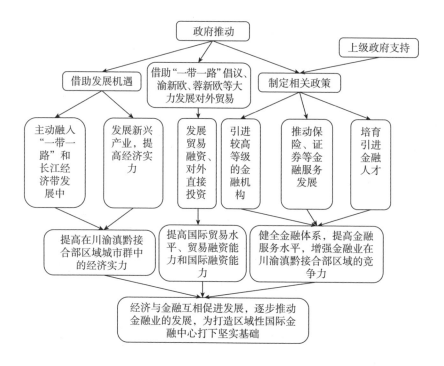

图 5-14 宜宾市金融业发展路径

鉴于宜宾市目前市场本身集聚能力较弱，纯粹依靠市场发展金融业速度缓慢，短期内难以见到效果，故金融业的发展要采用政府推动模式，主动推动金融业的发展并健全金融体系，提高金融服务水平，提高宜宾在川渝滇黔接合部城市圈中的金融竞争力。同时借助自身区位优势和综合交通优势，借助外部发展机遇，主动融入"一带一路"和长江经济带发展中，努力增强自身的经济实力，提高在区域内的经济和金融辐射能力。更为重要的是，要在政府推动下，借助"一带一路"、渝新欧、蓉新欧等渠道大力发展对外贸易，大力发展贸易融资和吸引国外直接投资，并创造条件加大对外直接投资力度，提高国际贸易水平，提升贸易融资能力和国际融资能力，进而为建设区域性金融中心打下坚实的基础。

第六章　宜宾与周边地区金融中心对比分析

本章将宜宾分别置于 800 千米半径的区域性金融中心城市和地级市、长江经济带重要港口城市以及川滇黔渝接合部等地域范围内进行对比分析，以期进一步判断宜宾建设区域性金融中心的目标定位和竞争优劣势。

一、对比城市选取

按照我国高铁的设计时速，在两小时的通勤时间里，最远能到达 600 ~ 800千米，宜宾是成贵高铁、渝昆高铁的重要站点，本章选取以宜宾为中心，半径为800 千米范围内覆盖的地级以上城市为对比分析对象，通过对这些地区的对比分析，加深对宜宾在经济以及金融方面发展潜力的认识。

二、宜宾方圆 800 千米内的区域性金融中心

宜宾地处川东南，地理上处于川滇黔渝接合部，与已经具备一定规模的区域性金融中心——成都、重庆、西安、昆明、贵阳在地理上比较邻近，尤其是国家重大区域战略长江经济带发展的推动实施和成贵、渝昆高铁开通以后，宜宾与重庆和昆明的经济往来更加密切，所以本章选取上述五个城市作为对比对象，通过在经济和金融方面的数据对比分析，发现宜宾与这些金融中心的差距，明确自身努力方向并学习和借鉴这些重要金融中心城市的发展经验。

（一）五个区域性金融中心的发展概况

五个区域性金融中心金融发展对比情况如表6-1所示。

表6-1　五省会城市金融业对比

城市	金融业规划文件	金融业发展目标	金融业发展特色
重庆	《重庆市建设国内重要功能性金融中心"十三五"规划》	功能性金融中心：到2020年，金融业增加值占地区生产总值比重达到11%以上，金融业资产规模达到7万亿元左右	战略性新兴产业股权投资基金 中新（重庆）跨境金融
成都	《关于进一步加快建设国家西部金融中心的若干意见》《建设西部金融中心行动计划》	西部金融中心：到2022年，成都金融业增加值达2500亿元，占成都全市地区生产总值比重达13%	中小企业股权交易基金 金融外包业务
西安	《西安市"十三五"金融业发展规划》	丝绸之路经济带的金融支点：到2020年，西安金融业增加值力争超过1000亿元，年均增长率达到10%左右，占GDP比重稳定在10%左右，金融业发展成为战略性支柱产业。金融业资产规模达到4万亿元，金融从业人员达到10万人	服务于"一带一路"倡议 金融聚集区 专业性金融
昆明	《昆明市"十三五"金融业发展规划》	区域性国际金融中心：到2020年，实现金融业增加值比2015年翻一番，达到2000亿元	面向南亚、东南亚开放的金融中心 跨境金融
贵阳	《关于印发贵州省金融业发展六项行动实施方案的通知》《贵阳国际金融中心建设（2015—2017年）三年行动实施方案》	到2018年贵阳市金融业增加值占全市地区生产总值的比例达到10%	互联网金融 设立国际金融中心开发区 绿色金融港

资料来源：根据相关规划文件整理。

1. 重庆金融中心

重庆作为国家级的中心城市，在《重庆市建设国内重要功能性金融中心"十三五"规划》提出建设国内重要功能性金融中心，到2020年，金融业增加值占地区生产总值比重达到11%以上，金融业资产规模达到7万亿元左右。截至2018年末，重庆市金融业增加值超过1410亿元，是2010年的2.6倍，年均增长13.8%，占GDP比重达到9%，金融机构达到1500家，是2010年底的2.9倍。银行法人机构及市级分行达到101家，各级支行近2600家，证券营业部172家。重庆获批自由贸易试验区建设，实施中新（重庆）战略性互联互通示范项目，推进实施中国(重庆)自由贸易试验区金融项目,推动中新(重庆)战略性互联互通示范项目金融合作创新试点在两江新区加快落地,探索建设内陆金融综合改革试验区,为全市内陆金融开放高地建设提供有力支撑,这些战略极大地促进了重庆金融业的发展,在金融开放和金融监管方面走在了西部地区前面,形成了一定规模的全国性金融交易市场集群。

2. 成都金融中心

成都市作为中国西部的重要经济中心、金融中心,四川省的省会,在金融建设与发展方面,在《四川省金融业"十三五"发展规划》中明确提出了建设西部金融中心的目标,截至2018年末,成都有银行、保险、证券等金融机构223家,小额贷款公司、融资担保公司、投资基金等新兴金融机构510家。大型金融后台服务机构16家,在成都注册设立的各类会计师事务所50余家。为了落实这个规划,在2018年4月19日出台的《关于进一步加快建设国家西部金融中心的若干意见》和《建设西部金融中心行动计划》,提出了"到2022年,成都金融业增加值达2500亿元,占成都全市地区生产总值比重达13%"的目标。从《四川省金融业"十三五"发展规划》来看,四川省政府支持成都建设金融服务中心,以成都为中心的金融服务外包产业初步呈集群发展态势,成都的金融外包业务已经初具竞争优势。

3. 西安金融中心

作为丝绸之路经济带新起点城市,西安市在国家"一带一路"倡议的指引下,在《西安市"十三五"金融业发展规划》中提出了建设丝绸之路经济带的金融支点的总体目标,具体目标是"到2020年,西安金融业增加值力争超过1000亿元,年均增长率达到10%左右,占GDP比重稳定在10%左右,金融业发展成为战略性支柱产业。金融业资产规模达到4万亿元,金融从业人员达到10万人"。西安市的金融业发展目标是建成中国丝路金融中心、以科技金融为重点的全国性专业金融中心和以金融科技为先导的金融创新试验区。

4. 昆明金融中心

作为云南省的政治、经济和文化中心,昆明市在《云南省人民政府关于建设面向南亚东南亚金融服务中心的实施意见》中提出建设区域性国际金融中心的目标,把昆明建成面向东南亚、南亚的区域性金融中心,昆明为此编制了《昆明市"十三五"金融业发展规划》,昆明的区域性金融主动服务和融入"一带一路"、西部大开发、长江经济带、孟中印缅经济走廊等,具备国际性的竞争优势,昆明跨境金融相对于其他几个省会城市优势明显。昆明主动融入国家战略,建设区域性国际金融服务中心,服务和支持双边和区域经贸投资和人文交流,构建昆明金融对内对外开放合作新格局,充分发挥货币金融的双向服务和辐射影响作用。具体措施有："一是建立健全昆明金融机构组织体系，银行业和非银金融机构并重，传统金融和新兴金融业态共存；二是推动多层次资本市场建设，鼓励和支持科技型、成长型中小企业发展，扩大直接融资比重；三是逐步建成区域性国际跨境人民币金融服务中心、区域性国际跨境人民币投融资结算中心、区域性国际货币交易中心、区域性国际票据交易服务中心；四是努力构建符合昆明经济金融实践的地方金融监管服务体系和风险防控体系，引导金融机构开展金融产品和服务创新，鼓励民间资本发起设立民营银行、保险等金融机构。以上昆明金融'十三五'发展的具体目标，将充分支撑和保障昆明金融生态体系和区域性国际金融服务中心总体建设目标的实现。"

5. 贵阳金融中心

贵阳作为贵州的省会城市，在贵州省政府发布的《关于印发贵州省金融业发展六项行动实施方案的通知》明确了贵阳建设国际金融和互联网金融中心的目标。贵州的金融业发展规划详细而具体，分别从金融机构发展、互联网金融发展、贵阳国际金融中心、贵安绿色金融港开发建设、金融支持重大项目和重点领域建设、金融生态环境建设六个方面把贵州未来三年的发展规划清楚，目标明确、路径清晰、可操作性和现实性极强。例如，规划中有这样的表述："加快贵安银行筹备准备工作，力争 2015 年底前获得银监会准入许可。力争 2016 年设立金融租赁公司，2017 年设立消费金融公司。用好供销合作社发起设立中小型银行试点政策，力争 2017 年底实现突破。"这样具体而明确的表述，充分说明了贵州在发展金融业方面清晰而明确的认识。贵阳充分利用自身大数据的优势，在这次的规划中提出了："支持贵阳大数据交易所、贵阳众筹金融交易所创新交易服务，到2017 年实现交易规模均破 10000 亿元。"贵阳大力推动互联网和金融产业双向融合发展，培育新型金融业态和新的经济增长点，贵阳在众筹金融生态体系建设方面已经取得了良好成效。

（二）与邻近省会城市对比分析

1. 经济总量

为了体现宜宾与这五个区域性金融中心城市的经济差距，首先从 2020 年各城市 GDP 出发来衡量各城市的总体经济实力，从图 6-2 可以看到，2020 年经济体量最大的是重庆市，地区生产总值已经超过 25000 亿元大关，而宜宾市的地区生产总值仅 2803 亿元，但是宜宾的地区生产总值与贵阳市相比，其差距并不是很大，2020 年贵阳市的地区生产总值为 4300 亿元。从图 6-1 和图 6-2 的对比来看，2016~2020 年，贵阳经济发展速度较快，经济总量增加明显，2016 年贵阳的地区生产总值为 3157 亿元，2020 年贵阳的地区生产总值已达到 4300 亿元。一般的金融理论认为，发达的实体经济是金融繁荣的必要条件之一，宜宾市应该进一步加大自身的经济实力建设。

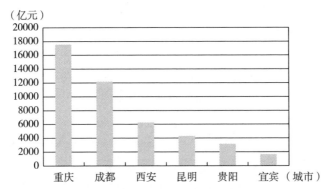

图 6-1　2016 年宜宾与邻近的五省会城市地区生产总值对比

资料来源：数据均来自《中国城市统计年鉴》及各地统计公报，下同。

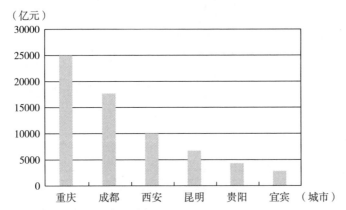

图 6-2　2020 年宜宾与邻近的五省会城市地区生产总值对比

资料来源：根据各城市统计公报及统计信息官网资料等整理。

2. 第三产业发展水平

现代市场经济各个产业关联性极强，与金融业同属于第三产业的其他服务业对金融业的发展壮大密切相关，著名战略学家迈克尔·波特就曾经在其钻石模型中指出，一个产业想要获得成功，一个必要的条件便是与这个产业相关的其他支持性产业足够的发达[①]。例如，金融是一个高端产业，金融业的从业人员数量和素质，就与教育体系密切相关。因此，比较第三产业的大小，判断金融业发展的环境有利于金融业发展的程度。从图 6-4 中可以看到，2020 年重庆市的第三产

① 迈克尔·波特. 国家竞争优势[M]. 北京：中信出版社，2002.

业增加值最大，约为 8500 亿元，而宜宾市的第三产业增加值不足 500 亿元，两者差距巨大。在第三产业方面，宜宾市与贵阳市的差距也不小，贵阳市 2020 年第三产业增加值超过 1800 亿元，约为宜宾市的 4 倍，对比图 6-3 和图 6-4，2016~2020 年宜宾第三产业的增速较这些省会城市都慢，还有很大发展空间。因此，就目前支持宜宾金融业发展的其他服务业相对于其他省会城市而言比较薄弱，金融业发展所需要的支持性产业的发展还有待进一步加强。无论是在金融监管方面还是在金融创新方面，宜宾市的金融业都没有获得充分的发展，仍有较大的上升空间。

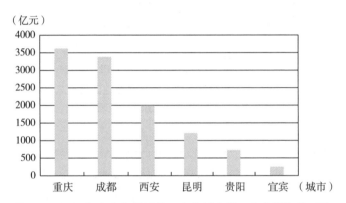

图 6-3　2016 年宜宾与邻近的五省会城市第三产业增加值对比

资料来源：根据 EPS 数据库整理。

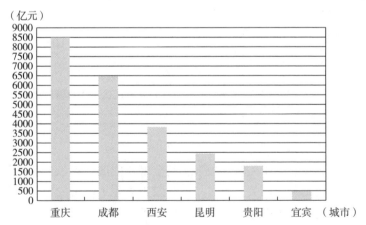

图 6-4　2020 年宜宾与邻近的五省会城市第三产业增加值对比

资料来源：根据各城市统计公报及统计信息官网资料等整理。

3. 金融结构

目前，在国家的金融结构中银行业的占比较大，证券业和保险业的占比较小。因此，分析每个地区金融业的发展情况，衡量一个地区金融业务在整个经济活动中的结构时，金融机构本外币存款占 GDP 的比重是一个重要的指标，从图6-5 和图 6-6 中可以看到，2016~2020 年五个省会城市的金融机构本外币存款占GDP 比重均高于宜宾，表明在经济结构中，五个省会城市的金融业务量在整个经济业务量的比重都是大于宜宾的，宜宾市的金融业务量在结构方面低于五个省会城市的结构比。与金融机构本外币存款占 GDP 的比重相似，金融机构本外币贷款占 GDP 的比重同样也反映了金融业务量在整个经济活动中所占的比重，图6-7、图 6-8 所示的结构与图 6-5、图 6-6 所示的结构相似，宜宾均低于五个省会城市。上述两个角度都反映了宜宾金融业在整个经济结构中占比不高的问题。

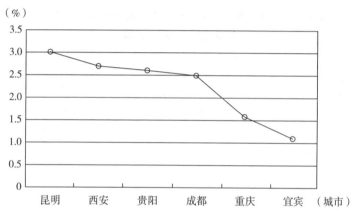

图 6-5　2016 年宜宾市与邻近的五省会城市金融机构本外币
存款余额占 GDP 比重对比

资料来源：根据 EPS 数据库整理。

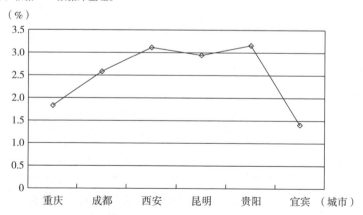

图 6-6　2020 年宜宾市与邻近的五省会城市金融机构本外币
存款余额占 GDP 比重对比

资料来源：根据 EPS 数据库整理。

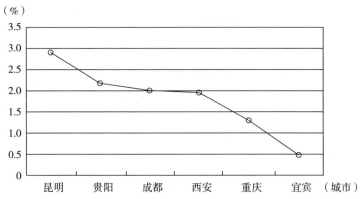

图6-7　2016年宜宾与邻近的五省会城市金融机构本外币
贷款余额占 GDP 比重

资料来源：根据 EPS 数据库整理。

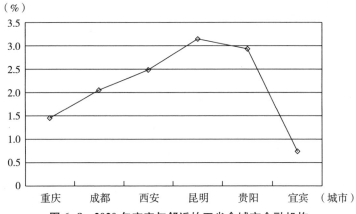

图6-8　2020年宜宾与邻近的五省会城市金融机构
本外币贷款余额占 GDP 比重

资料来源：根据各市统计公报及统计信息官网资料整理。

4. 保险业发展水平

从图6-9中可以看出，2020年保费收入最高的是成都市，超过了850亿元，而宜宾市的保费收入还未达到50亿元，说明宜宾市的保险业规模过小，与其他省会城市保险业的差距很明显，但是与贵阳市相比，保费收入的差距并不是很大，贵阳市的保费收入2020年刚超过100亿元，但由于贵阳是省会城市，行政级别高于宜宾市，而且近几年贵阳市的经济发展速度较快，大数据产业发展效果显著，因此，宜宾保险业要追赶贵阳的任务仍然很艰巨。

5. 人均产值水平

从人均地区生产总值角度来看(见图6-10)，2019年宜宾市人均地区生产总

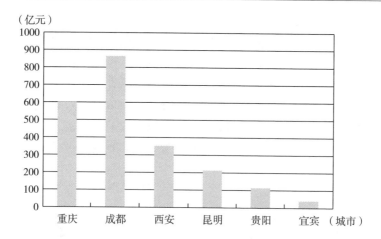

图 6-9 2020 年宜宾与邻近的五省会城市保费收入对比
资料来源：根据各市统计公报及统计信息官网资料整理。

值还未到 60000 元，在五个省会城市中，人均地区生产总值最高的成都市，2019 年超过了 100000 元。由此可见，宜宾市在金融业发展的经济基础环境方面与邻近的五个省会城市的差距较大，需要大力发展经济为推进金融发展提供支撑。

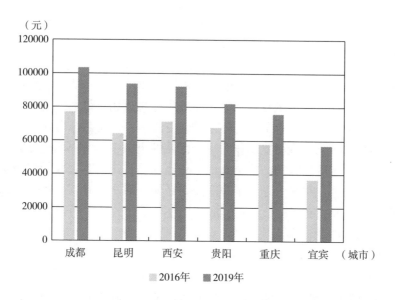

图 6-10 2016~2019 年宜宾与邻近的五省会城市人均地区生产总值对比
资料来源：根据 EPS 数据库整理。

6. 金融业增加值与金融深化水平

在金融业增加值方面，2019 年重庆市的金融业增加值超过了 2000 亿元，成都市的金融业增加值也接近 1900 亿元，经济体量最小的贵阳市 2019 年金融业增加值已达到 1060 亿元，相比较而言，宜宾市的金融业增加值不到 100 亿元，在金融业增加值方面差距是明显的(见图 6-11)。这与宜宾市长期以来其金融业没有充分发展有关，宜宾市一方面与大部分西部地区一样，存在严重的金融抑制现象；另一方面其金融深化不够，金融与经济发展不匹配和不平衡，金融业相对经济发展而言不够充分。

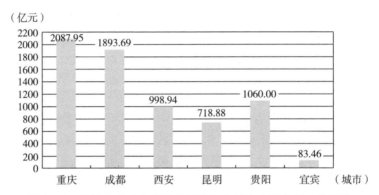

图 6-11　2019 年宜宾与邻近的五个省会城市金融业增加值对比

资料来源：根据 EPS 数据库、各市统计公报及统计信息官网资料整理。

根据图 6-12 可知，在金融业占地区生产总值方面，2019 年宜宾市与五个省会城市相比差距很大，金融业增加值占地区生产总值比重最大的是贵阳，达到近 12%，贵阳的经济体量虽然在五个省会城市中最小，但是其金融业增加值占地区生产总值的比重较高，说明贵阳作为一个区域性金融中心的作用明显，对周边地区具有较好的金融辐射作用。比重最低的是重庆，占比为 8.85%，但是重庆的金融业增加值绝对体量最大，达到了 2087.95 亿元，加之其直辖市和中西部地区城市中 GDP 最高的地位，使其已成为事实上的西部地区最大的金融中心。金融业规模与重庆接近的是成都，其金融业占其 GDP 的比重为 11.63%，在成渝地区双城经济圈这一国家重大区域战略加持下，其金融中心的发展潜力巨大。昆明的金融业占其 GDP 的比重为 11.10%，规模接近 720 亿元，昆明由于其面向南亚和东南亚开放的独特地理位置，加之是云南省内的政治、经济和文化中心，拥有大量的对外经贸业务，便于对外经济发展，因此，昆明具有较好的建设区域性金融中心的基础条件。西安金融业规模近 1000 亿元，占其 GDP 的比重达 10.72%，作为西北地区最大的城市，发展区域金融中心具有广阔的腹地条件。相比之下，宜宾金融业占其 GDP 的比重不足 4%，与周边五个省会城市相比，无论是体量规模还是经济比重都低一个层次，因此其区域性金融中心的金融业基础尚较薄弱。

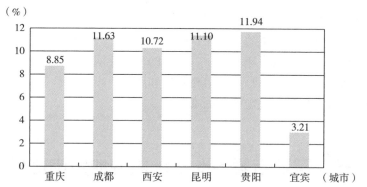

图 6-12 2019 年宜宾与邻近的五个省会城市金融业生产总值占 GDP 比重

资料来源：根据 EPS 数据库、各市统计公报及统计信息官网资料整理。

7. 金融从业人员

根据图 6-13 可知，2016 年，在所选择对比的城市中，重庆市的金融业从业人员最多，其金融业从业人数近 14 万，宜宾市的金融业从业人数不到 2 万。从

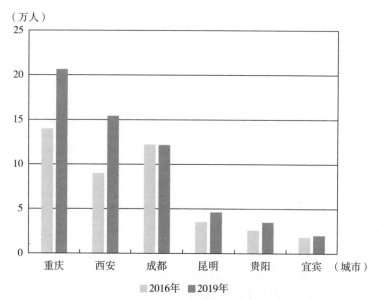

图 6-13 2016～2019 年宜宾与邻近的五个省会城市的
金融业从业人数对比

资料来源：根据 EPS 数据库、各市统计公报及统计信息官网资料整理。

2019 年的金融业从业人数上可以大体看到，各个城市的金融业规模。由于重庆是直辖市，在整个西南地区具有重要的政治和经济地位，其本身行政级别高于其他省会城市，经济体量也最大，2019 年重庆的金融业从业人数超过了 20 万，其次是成都的金融业从业人员，超过了 15 万，昆明和贵阳的金融业从业人数分别为 4.6 万和 3.5 万，而宜宾的金融业从业人数约 2 万。2016~2019 年，各省会城市的金融业从业人数都有快速增长，宜宾市的金融业从业人数增长相对较慢。这些数据显示出金融业发展与经济总量相对应和匹配，经济的总量规模是影响金融业规模的一个很重要甚至决定性的因素。

三、宜宾方圆 800 千米内的地级市比较

距宜宾市 800 千米以内的地级市包括四川、云南和贵州三省，除省会外的所有地级城市，如甘肃省的天水和陇南，陕西省的宝鸡、咸阳、渭南、汉中、安康和商洛，湖南省的湘潭、邵阳、常德、张家界、益阳、永州、怀化和娄底，湖北省的十堰、宜昌、襄阳、孝感、荆门和荆州，广西壮族自治区的柳州、桂林、钦州、贵港、白色、河池和来宾。共计 58 个城市。

（一）经济发展水平

如图 6-14 所示，2016 年宜宾市的地区生产总值为 1653 亿元，在所选对比的 58 个地级市中，地区生产总值最高的是宜昌市，达到了 3709 亿元；最低的是丽江市，仅为 309 亿元。

2019 年宜宾市的地区生产总值为 2602 亿元。2019 年地区生产总值最高的是襄阳市(4813 亿元)，是宜宾市的近 2 倍；最低的是赣南市，为 445 亿元。由此可以看出，宜宾市的经济总量在所选择对比的 58 个地级市中增速较快，发展势头良好。

2016 年宜宾市的人均地区生产总值为 36735 元，其中，人均地区生产总值最高的是宜昌市，达到了 89978 元，是宜宾的 2 倍多；最低的是昭通市，仅为 13805 元。从整体上看，宜宾市的人均地区生产总值在所选对比的地级市中处于中上水平。2019 年，宜宾市的人均地区生产总值为 57003 元，在所选对比分析的 58 个地级市中最高的是宜昌市，达到了 107830 元；最低的是陇南市，仅为 16868 元，从 2016 年和 2019 年的对比中可以发现，宜宾市的人均地区生产总值有所提升，说明宜宾市在这五年间经济发展水平和地位在以其为中心的方圆 800 千米的范围内相对提高了。如图 6-15 所示。

（城市）

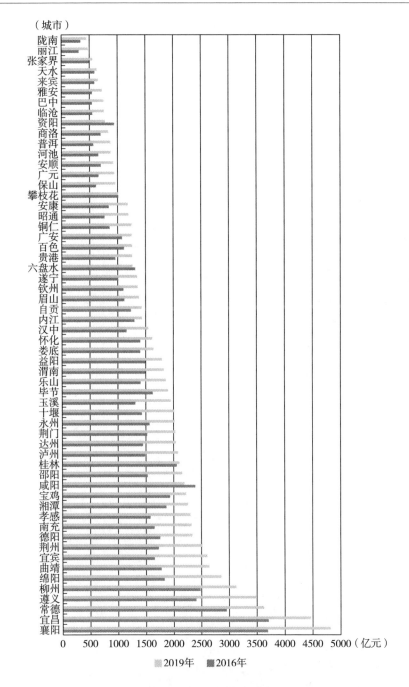

图 6-14 2016～2019 年 58 个地级市地区生产总值对比

资料来源：根据 EPS 数据库、各市统计公报及统计信息官网资料整理。

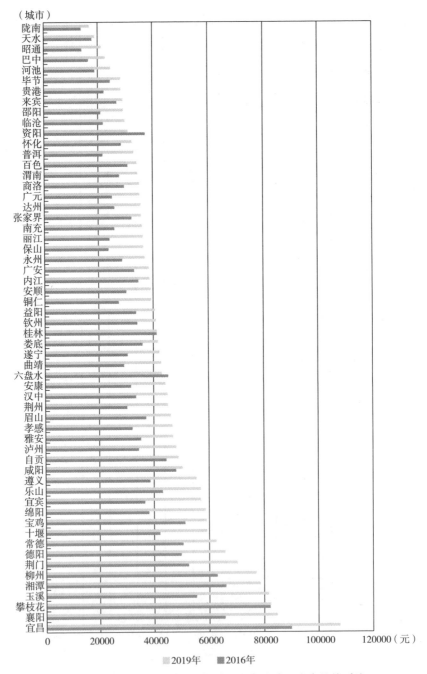

（城市）

2019年　2016年

图 6-15　2016~2019 年 58 个地级市人均地区生产总值对比

资料来源：根据 EPS 数据库、各市统计公报及统计信息官网资料整理。

（二）金融发展水平

2016 年，宜宾市的年末金融机构存款余额为 2322 亿元，在所选对比分析的 58 个地级市中最高的为遵义市，仅为 4305 亿元；最低的为临沧市，为 576 亿元。年末金融机构存款余额反映出一个地区的金融规模，宜宾市的年末金融机构存款余额在对比地级市中处于中上水平，反映出宜宾市的金融业规模在 58 个地级市中居中上，宜宾市在建设区域性金融中心方面虽然相对其他地级市有一定的基础优势，但是这个优势是相对的，宜宾市的金融业仍面临着发展不充分的问题。2019 年宜宾市的年末金融机构存款余额为 3366 亿元，相对 2016 年有所提升，其中最高的仍是遵义市，为 5015 亿元，宜宾与金融机构存款余额最高城市的差距较 2016 年有所缩小；最低的是临沧市，仅为 691 亿元。2016~2019 年，随着经济的快速增长，金融机构年末机构的存款业务快速增加，但是由于宜宾市在这期间经济增速加快，年末金融机构存款余额也得到了提高。如图 6-16 所示。

2016 年宜宾市的年末金融机构各项贷款余额为 1223 亿元，在所选对比的 58 个地级市中最高的宜昌市为 2353 亿元，接近宜宾的 2 倍；最低的为商洛市，仅为 391 亿元。2019 年宜宾市的年末金融各项贷款余额为 1971 亿元，较 2016 年有所提高，最高的遵义市为 3904 亿元，是宜宾的近 2 倍；最低的为丽江市，仅为 565 亿元。从金融机构各项贷款余额的情况来看，宜宾的金融规模处于 58 个地级市的中上水平，金融机构各项贷款余额规模的排名与经济规模的排名大体一致，表明宜宾金融业并未表现出比其他地区集聚度更高的特征，金融业在整个宜宾经济结构中占比也不突出。如图 6-17 所示。

2016 年宜宾市金融业从业人数为 1.85 万，金融业从业人数最多的为邵阳市，为 2.23 万；最少的为临沧市，仅有 0.27 万人。宜宾市在第三产业不发达的情况下，仍有较多的金融业就业人口，这说明宜宾的金融业在第三产业中比重较高。2019 年，宜宾市金融业从业人数为 2.01 万，较 2016 年有所下降。金融业从业人数最多的常德市达到 3.91 万，几乎是宜宾的 2 倍；最少的为遂宁市，为 0.24 万。从 2016~2019 年的对比中可以发现，宜宾市的金融业从业人数在 58 个地级市中较高，且具有一定稳定性，其发展区域性金融中心具备一定的基础优势。如图 6-18 所示。

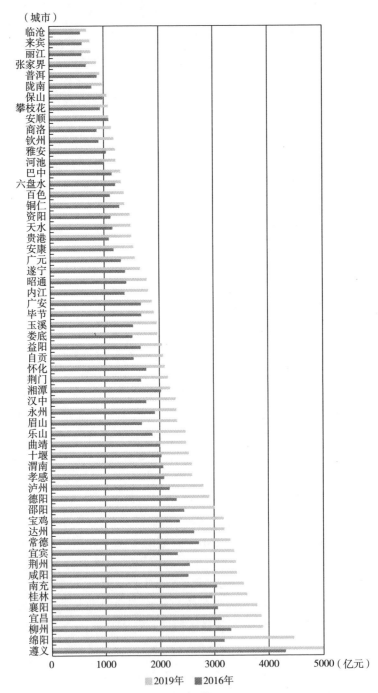

图 6-16 2016~2019 年 58 个地级市年末金融机构存款余额对比

资料来源：根据 EPS 数据库、各市统计公报及统计信息官网资料整理。

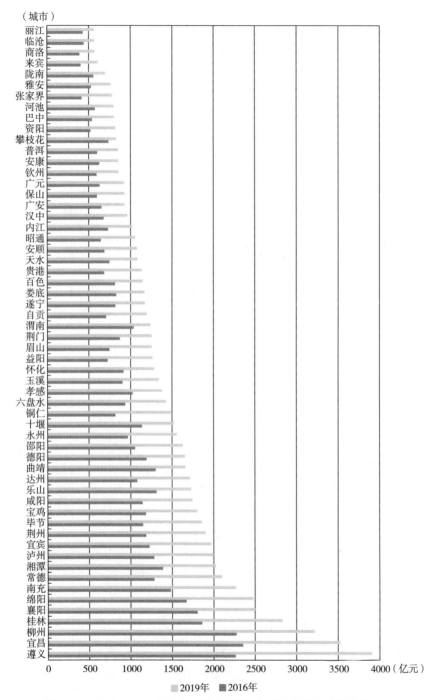

图6-17 2011~2016年58个地级市年末金融机构各项贷款余额对比

资料来源：根据 EPS 数据库、各市统计公报及统计信息官网资料整理。

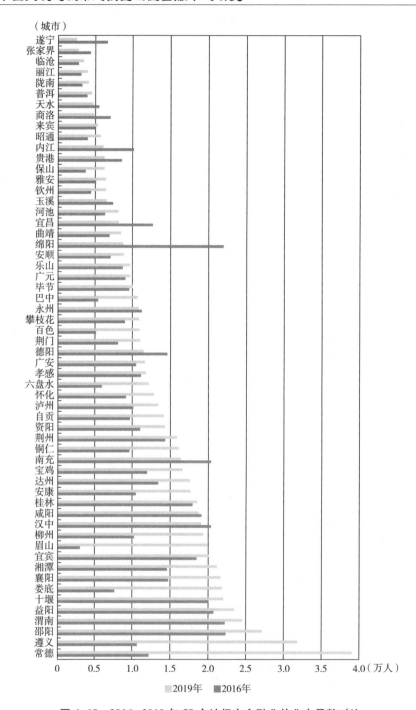

图 6-18 2016~2019 年 58 个地级市金融业从业人员数对比

资料来源：根据 EPS 数据库、各市统计公报及统计信息官网资料整理。

四、与长江经济带重要港口城市对比

伴随着长江经济带战略的实施，长江流域的经济联系日益密切，宜宾市是长江首城，战略意义和经济意义明显，宜宾抓住国家长江经济带建设的战略机遇，积极发展港口经济，与长江流域的各个城市交流将日益密切，因此，有必要对比分析长江流域的港口城市经济和金融发展状况，以便宜宾能够明确自己在长江经济带中的定位和金融发展优势。长江经济带重要港口城市包括重庆、宜昌、荆州、武汉、鄂州、黄石、九江、安庆、铜陵、芜湖、马鞍山、南京、镇江、扬州、南通、上海。

（一）经济发展水平

根据图 6-19 可知，2016 年宜宾市的地区生产总值仅为 1653 亿元，而上海市的地区生产总值达到了 28178 亿元，上海的经济总量在所有长江流域的城市中都具有绝对的优势。2019 年宜宾市的地区生产总值为 2602 亿元，上海市的地区生产总值为 38156 亿元。2016~2019 年，长江流域的城市都获得了快速发展，但是城市的发展格局没有太大的变化，上海的经济和金融中心地位稳固并强化，同时重庆市和武汉市发展迅速，与上海市的差距正在变小。在沿江港口城市中，宜宾市在经济总量上与多数城市差距明显，作为长江首城，宜宾市航运资源尚未充分开发，随着长江经济带建设的推进，宜宾市与长江流域的经济往来将日益密切，同时竞争也会更为激烈，宜宾市要建设区域性金融中心，需要着力提升其经济能级以夯实其规模基础。

从人均经济规模考察，如图 6-20 所示，2016 年宜宾市人均地区生产总值为 36735 元，最高的为南京，为 127264 元，是宜宾的 2 倍多；次高的是镇江，为 120603 元，也是宜宾的 2 倍多。2019 年宜宾人均地区生产总值为 57003 元，同期最高的依然是南京，达到 165681 元，是宜宾的近 3 倍；次高城市上海为 157279 元，也是宜宾的近 3 倍。不过，与大城市的相对差距较 2016 年有所缩小，展现了一定的后发优势。从人均经济规模来看，宜宾建设区域性金融中心所需的经济规模基础还任重道远。

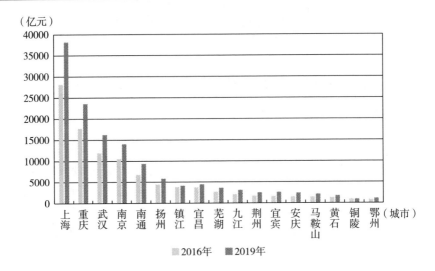

图 6-19 宜宾市与长江经济带重要港口城市的地区生产总值对比

资料来源：根据 EPS 数据库整理。

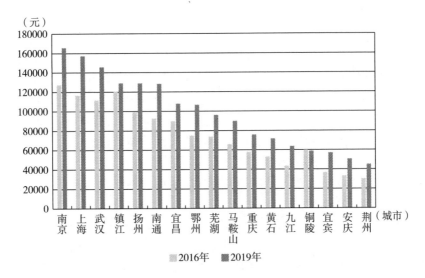

图 6-20 宜宾市与长江经济带重要港口城市人均地区生产总值对比

资料来源：根据 EPS 数据库整理。

如图 6-21 所示，2016 年宜宾市的第三产业占 GDP 比重仅为 31%，宜宾是一个工业城市，第三产业并不发达，与同期第三产业比重接近 70% 的上海相比，宜宾的服务业发展差距巨大。宜宾市的服务业不仅规模小，而且结构占比偏低。

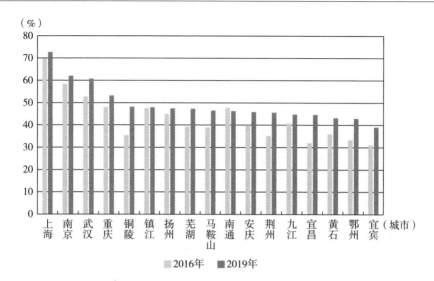

图 6-21　宜宾市与长江经济带重要港口城市第三产业增加值占 GDP 比重对比

资料来源：根据 EPS 数据库整理。

2019 年宜宾市第三产业增加值占 GDP 的比重提高到 39% 以上，2016～2019 年第三产业比重上升了 9 个百分点，这一方面说明宜宾市的第三产业没得到充分发展，提升空间较大；另一方面说明宜宾市的第三产业发展迅速，具有发展潜力。同期第三产业比重最高的依然是上海，达到了近 73%，但提升幅度放缓，四年间仅提高了 3 个百分点。其他第三产业占比高的城市也基本类似，发展放缓。从发展趋势来看，宜宾市第三产业发展快速且有很大的潜力空间。

（二）金融发展水平

如图 6-22 所示，2016 年宜宾市的年末金融机构存款余额为 2322 亿元，而最高的上海市和重庆市的年末金融机构存款余额分别为 103163 亿元和 31216 亿元，分别是宜宾市的 44 倍和 13 倍；其次是南京市和武汉市，其年末金融机构存款余额达到了 27633 亿元和 21792 亿元，分别是宜宾市的 11 倍和 9 倍。由此可以看出，宜宾市 2016 年金融业的发展规模与长江流域主要港口城市存在极大的差距。

2019 年宜宾市的年末金融机构存款余额为 3367 亿元，而最高的上海市和重庆市的年末金融机构存款余额分别为 123330 亿元和 37953 亿元，分别是宜宾市的 36 倍和 11 倍，南京市和武汉市的年末金融机构存款余额分别为 35536 亿元和 27980 亿元，分别是宜宾市的 10 倍和 8 倍。2016～2019 年，宜宾市与上海市的年末金融机构存款余额规模上相对有缩小趋势，但仍存在巨大的差距。

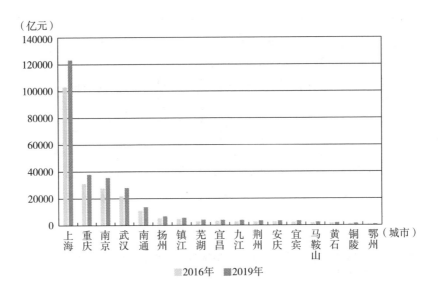

（亿元）

2016年　2019年

图 6-22　宜宾市与长江经济带重要港口城市年末金融机构存款余额对比分析

资料来源：根据 EPS 数据库整理。

如图 6-23 所示，2016 年宜宾市的年末金融机构各项贷款余额为 1223 亿元，而最高的上海市和重庆市分别高达 53985 亿元和 24785 亿元，分别是宜宾市的 44 倍和 20 倍；次高的南京市和武汉市分别达到 21681 亿元和 19386 亿元，分别是宜宾市的 18 倍和 16 倍。至 2019 年，宜宾市的年末金融机构各项贷款余额为 1971 亿元，而最高的上海市和重庆市分别高达 73823 亿元和 36233 亿元，分别是宜宾市的 37 倍和 18 倍；次高的南京市和武汉市分别达到 33585 亿元和 30569 亿元，分别是宜宾市的 17 倍和 16 倍。从年末金融机构各项贷款余额 2016~2019 年的变化来看，与前述年末金融机构各项存款余额类似，宜宾市的年末金融机构各项贷款余额规模相对有所上升，与高位城市的相对差距有所缩小，与长江经济带重要港口城市的差距巨大。

如图 6-24 所示，从金融业从业人数来看，2016 年宜宾市金融业从业人数为 1.85 万，金融业从业人数最多的上海市和重庆市分别是 35.51 万和 13.98 万，分别是宜宾市的 19 倍和 8 倍；次高的南京市和武汉市分别是 4.4 万和 7.67 万，分别是宜宾市的 2 倍和 4 倍。至 2019 年，宜宾金融业从业人数为 2.01 万，金融业从业人数最多的上海市和重庆市分别是 37.88 万和 20.64 万，分别是宜宾市的 19 倍和 10 倍；次高的南京市和武汉市分别是 6.85 万和 5.34 万，分别是宜宾市的

3.4倍和2.7倍。可以看出，宜宾的金融业从业人数与长江经济带重要港口比有巨大差距，表明宜宾市的金融业规模有限，另外，其排名居中上，且不断增长，表明发展势头较好。

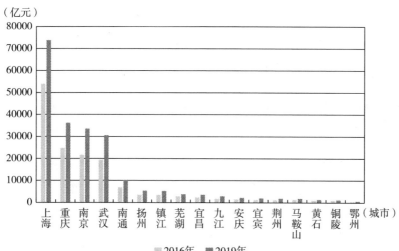

图6-23　宜宾市与长江经济带重要港口城市年末金融机构各项贷款余额对比分析

资料来源：根据EPS数据库整理。

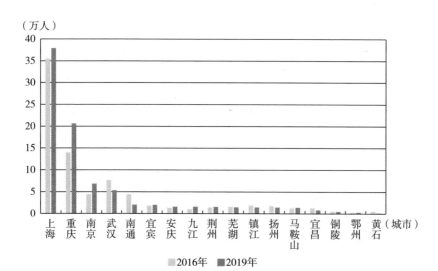

图6-24　宜宾市与长江经济带重要港口城市金融业从业人数对比分析

资料来源：根据EPS数据库、各市统计公报及统计信息官网资料整理。

五、与川滇黔渝接合部城市对比

宜宾市地理区位优势明显，不仅是长江上游的起点，而且与云南、贵州接壤，地处川滇黔渝接合部的核心位置，面临着整合川滇黔渝发展机遇的优势。充分挖掘宜宾市在川滇黔渝接合部的优势，有利于宜宾建设区域性金融中心。川滇黔渝接合部城市主要包括宜宾、泸州、内江、自贡、乐山、昭通、遵义、毕节、重庆九个城市，其中重庆为直辖市，其他均为地级市。

（一）经济发展水平

从图 6-25 可以看出，宜宾市的地区生产总值除直辖市重庆外，在川滇黔渝接合部处于前列，仅低于遵义市。从 2016～2019 年的对比中发现，2016 年遵义市的地区生产总值为 2403 亿元，而宜宾市为 1653 亿元，两者差 750 亿元。2019年，遵义市的地区生产总值为 3483 亿元，宜宾市为 2602 亿元，差距扩大到 881亿元，说明宜宾市与遵义市的经济发展差距在扩大，宜宾市的经济总量相对于遵义市在下降。

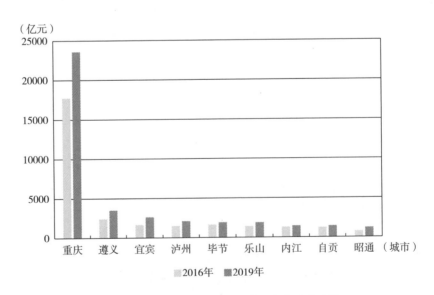

图 6-25　川滇黔渝接合部各地区生产总值对比

资料来源：根据 EPS 数据库整理。

在人均地区生产总值上，宜宾市增速较快。从图 6-26 可知，2016 年宜宾市人均地区生产总值 36735 元，2019 年宜宾市人均地区生产总值达到 57003 元，与地区生产总值最高的重庆市的差距也有所缩小。表明宜宾市经济增速较快，在川滇黔渝地区经济优势得到了一定显现，而且发展势头良好。

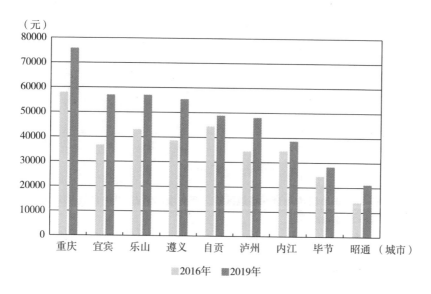

图 6-26 川滇黔接合部各地区人均地区生产总值对比
资料来源：根据 EPS 数据库整理。

在服务业发展方面，如图 6-27 所示，2016 年宜宾市第三产业增加值占 GDP 比重仅为 31%，2019 年上升到 39%，比 2016 年提升了 8 个百分点。尽管发展速度较快，但在川滇黔渝地区其服务业结构占比是最低的，与最高的重庆市相差 14 个百分点。这说明宜宾市的产业结构仍需继续优化，需大力发展现代服务业以优化结构。在金融业发展方面，有一个相对发达的第三产业作为支撑是必要条件。因此，宜宾市后续发展中应进一步加速第三产业的发展以促进金融业的繁荣。

（二）金融发展水平

从图 6-28 可知，2016 年宜宾市的年末金融机构存款余额为 1524 亿元，远低于重庆的 31216 亿元，也低于遵义、泸州等城市。至 2019 年，宜宾市的年末金融机构存款余额为 2068 亿元，但远低于重庆市的 37953 亿元，也低于遵义、泸州等城市，绝对差距有拉大的趋势。2016～2019 年，宜宾市在川滇黔渝接合部的金融业规模排名靠后，优势有限，同时面临遵义市、泸州等对手的激烈竞争。

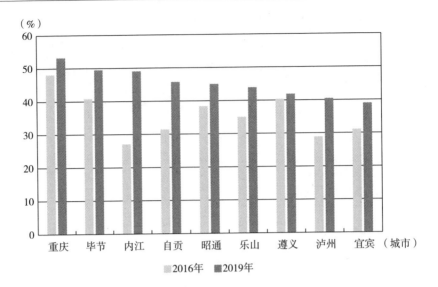

图 6-27　川滇黔渝接合部各地区第三产业增加值占 GDP 的比重对比

资料来源：根据 EPS 数据库整理。

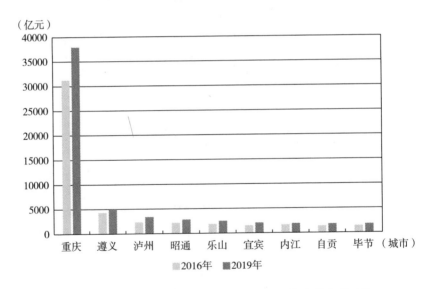

图 6-28　川滇黔渝接合部各地区年末金融机构存款余额对比

资料来源：根据 EPS 数据库整理。

从图 6-29 中可以看出，与年末金融机构存款余额类似，2016 年和 2019 年宜宾市在川滇黔渝接合部的年末金融机构贷款余额规模都居中。其中，2016 年宜宾市的年末金融机构贷款余额为 1223 亿元，至 2019 年为 1971 亿元。但与重庆市的 39233 亿元相距甚远,与遵义市的 3904 亿元也有很大的差距,与泸州基本持平。这说明宜宾市过去四年间在整个川滇黔渝接合部地区金融发展表现居中,没有很好地发掘其处于川滇黔渝接合部的优势区位和发展机遇。

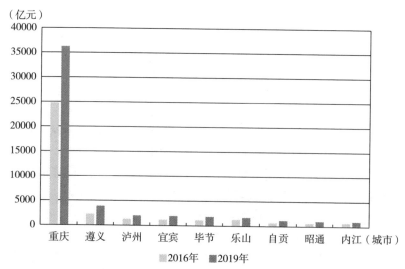

图 6-29 川滇黔渝接合部各地区年末金融机构各项贷款余额对比

资料来源:根据 EPS 数据库整理。

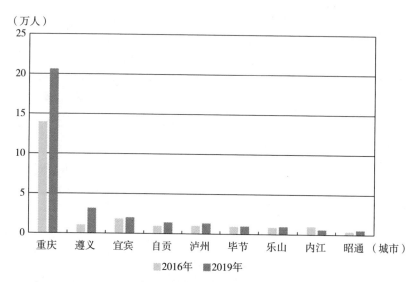

图 6-30 川滇黔渝接合部各地区金融业从业人数对比

资料来源:根据 EPS 数据库、各市统计公报及统计信息官网资料整理。

从金融业从业人数规模角度来看,如图 6-30 所示,2016 年宜宾市金融从业人数 1.85 万，仅次于重庆市，但至 2019 年，宜宾市增至 2.01 万，但被发展迅速的遵义市超过。宜宾市金融从业人数虽然在川滇黔渝接合部地区处于前列，但面临来自遵义、泸州等城市的激烈竞争，需要采取有力措施吸引和集聚金融人才，为建设区域性金融中心夯实人力资本。

六、基本判断

通过与周边地区的其他金融中心的对比分析可知，宜宾市金融发展的空间竞争态势明显。从周边已有雄厚基础的区域性金融中心，即五个省会以上特大城市的经济和金融发展来看，宜宾市目前的实力相对较低，无法与其他四个城市匹敌。宜宾市金融业未来发展应该是更多与这些特大城市的金融中心合作，尤其是要争取更多地在国际金融、国际贸易领域的合作，以通过"搭便车"行为提升自身实力和获得更多进入国际金融领域的机会。

从与周边 58 个地级市比较来看，宜宾经济实力和金融发展有较好的优势与提升潜力，但并非特别突出，未来的发展需要进一步提升其自身经济实力，突出其金融服务功能和发展特色金融领域。

从与长江重要港口城市对比来看，无论是经济实力还是金融服务水平，宜宾市都居于中下水平，但上升趋势明显。因此，宜宾市应充分发挥其长江枢纽港的优势，培育其贸易实力和提升依托贸易发展金融的水平。

与川滇黔渝接合部各城市相比，在地级市层面，遵义市的实力强于宜宾市，泸州市是重要的竞争对手，与直辖市重庆的差距较大。因此，在发展策略上应充分利用与重庆市邻近和同为长江重要港口的地缘优势，融入重庆市的国际化发展，借势提升自身的金融实力和国际化水平。

第七章　国际案例：重要金融中心发展经验

本章对国际金融中心的发展模式进行介绍，并对世界主要金融中心伦敦、纽约、东京、新加坡、中国香港等进行了剖析，以期对宜宾建设区域性金融中心提供经验借鉴。

一、国际金融中心的发展模式

综观国内外金融发展史，金融中心的形成、演化、发展基本上是在政府、市场双重力量下驱动进行的。在不同的时期、不同的发展阶段，政府与市场对于经济金融发展的作用不同，往往呈现保罗·萨缪尔森提出的"混合经济"的状态。例如，在20世纪80年代后期至次贷危机之前，全球金融界充斥着金融自由化的观点，放任自由的金融市场成为主流思想，而在国际金融危机爆发后，各国不得不重新审视政府在现代金融发展中的职能，甚至有人把次贷危机的最大罪责归咎于美国21世纪以来推崇的金融自由化浪潮，美国、英国等国家在新的金融改革法案中均强化了政府金融监管的作用。在"双轮驱动"格局中，政府主要通过运用经济杠杆、法律、行政等手段，对金融产业运行、国民经济发展进行控制与调节；市场机制则通过推动金融资源配置、金融集聚效应、金融风险规避等推动金融中心的形成、竞争与发展。两者相互作用，缺一不可。在国际金融发展史中出现的几次大规模金融格局调整，如中世纪伦敦崛起并代替阿姆斯特丹成为世界首个金融中心，第二次世界大战后纽约全面崛起并逐渐在与伦敦的竞争中保持一定的优势，次贷危机后东亚金融中心全面崛起，都深刻反映了在政府、金融市场两种力量的共同作用下，国家金融受到的影响及金融资源跨境流动的过程。

国内也有许多学者从不同角度研究了国际金融中心演进的基本模式：闫彦

明、何丽和田田（2013）将金融中心的动力演化归纳为是在政府和市场双重力量驱动下进行的，并将金融中心分为"政府驱动""市场主导"两种主导动力以及"国际金融中心"和"区域金融中心"两个能级。严晨（2013）根据国家在不同类型国际金融中心建设中扮演的角色进行研究，根据金融中心的主要计价货币划分"经济型"和"服务型金融"中心，根据金融中心的建设方式划分"成熟型"和"赶超型"金融中心。白玉、樊丽明（2017）根据"自然形成"和"政府引导"两种模式下的税收政策研究不同金融中心的发展特征。黄晓芝（2014）集中研究了"双核互补型"金融中心，认为该类金融中心的形成是建立在经济区内两个金融中心优势互补的基础上，最大化发挥经济腹地作用的模式。冯德连、葛文静（2003）把国际金融中心成长机制概括为"轮式模型"，主要归纳了科学技术和经济发展这两种拉力，供给因素、历史因素和城市因素三种推力，以及地方政府公共政策的外在作用力。许少强（2013）在研究建设国际金融中心的决定因素时提出，在国际金融中心建设中，经济实力仅是基础而已，金融开放程度提高才是关键。周仲飞、弓宇峰（2016）认为，国际金融中心的形成期和繁荣期与相对宽松的法律环境密不可分，或者说伴随着的是一系列管制措施的放开和放松。周光友、罗素梅（2011）对比不同模式归纳得出：从世界主要国际金融中心的类型来看，主要有功能型和综合型两种，形成模式可分为自然形成型和政策推动型两种，而在形成历史与条件方面大同小异。综合整理可知，目前形成共识的发展模式主要是"政府政策推动型"和"市场作用下自然形成型"（见表7-1）。

表7-1　国际金融中心的发展路径、类型及特点

形成路径	自然演进型				混合模式	政府推动型	
代表性金融中心	伦敦	中国香港	纽约	东京	英属维尔京群岛、开曼群岛等	新加坡	迪拜
市场类型	内外一体型		内外分离型		避税港型	分离渗透型	
交易货币	自由兑换货币（不含本币）		自由兑换货币（包含本币）		自由兑换货币（不含本币）	自由兑换货币（不含本币）	
准入许可	宽松，无严格的申请程序		离岸机构设立须经当局批准		无金融管制	离岸机构设立须经当局批准	
特点	在岸与离岸业务相当，金融机构既可以从事在岸业务也可以从事离岸业务		在岸与离岸业务分离，金融机构只能从事在岸或从事离岸业务		簿记功能明显，只有离岸业务	在岸账户与离岸账户分离，但是允许离岸与在岸账户之间有一定程度的渗透	

资料来源：根据主要金融中心有关材料整理。

按照不同阶段政府、市场对于国家金融发展作用力的强弱关系，可以概括出不同的"金融中心演化动力模式"。实际上在各国的金融发展实践中，并没有某个案例能够体现为一种纯粹类型，而只能表现为某种特征更为突出。如政府推动型的主要特征是在金融中心的形成、发展过程中主要是由行政力量的推动所致，市场主导型的主要特征是在金融中心的形成、发展过程中主要是由市场机制自发调节发挥主要作用。因此，所有的金融中心都可以看作两种力量综合作用的结果，只是在不同的金融中心体现出不同的组合关系。

以政府为主导推动而发展起来的金融中心，其发展过程中的不同阶段表现出不同的特征。例如，在发展初期，政府依靠制定优惠的政策、提供高效与优质的公共服务，能够在短时间内吸引许多金融资源的落户，许多离岸金融中心具备这样的特点。在政府推动模式下，当金融中心发展到一定程度，而市场机制没有得到相应的发展时，政府的干预往往会限制金融资源的发展，并阻碍金融资源流动的灵活性。当该模式的金融中心处于较发达的阶段时，就必须考虑如何加强市场机制在促进金融资源集聚方面的问题。

市场主导的金融中心往往是最具竞争力与市场活力的，这已被很多国家金融中心实践经验所验证。一方面，这些市场主导型的国家与城市，其金融市场的开放度、自由度都比较高，不仅能够激发金融创新，而且能够增强对各类金融机构的吸引力，从而获得更为稳固、高质量、不断增长的资源；另一方面，这些金融中心在长期发展中形成的完善的市场机制，能够与本国乃至全球各地的实体经济发展之间取得良好的互动，而这对加强金融资源集聚具有重要的意义。伦敦金融城的早期形成主要源于工业革命前后经济发展产生的巨大资金需求，而伦敦股票交易所等重要金融机构的建立进一步强化了市场的支撑作用。不过，这种模式并非没有缺陷，其中最大的潜在威胁就是市场失灵所带来的金融经济的过度发展，以及金融泡沫的无限度扩张，美国的次贷危机就是最好的先例。

从持续发展的角度来看，只有让"看得见的手"与"看不见的手"共同协调作用，才能更好地促使大量金融机构和金融资源在某一特定的区域空间集聚并在长期中形成持续的累积循环效应：一方面，通过提高金融市场的开放度、自由度，更大限度地激发金融创新，并增强当地对各类金融机构的吸引力，进而获得更为稳固、高质量、不断增长的资源，并通过市场机制有效地推动实体经济的发展；另一方面，合理发挥政府宏观调控、引导和金融监管者职能，为金融中心的可持续发展提供全面的保障。

二、伦敦国际金融中心的发展经验研究

伦敦是全球最著名最具影响力的金融中心，其发展历程大致可以分为繁荣—衰退—振兴—维持四大阶段（见表7-2）。在2018年3月的第23期《全球金融中心指数报告》中，伦敦继续保持排名第一。

表7-2 伦敦国际金融中心发展历程概览

时期	发展阶段	核心特点
16~19世纪	伦敦金融中心的繁荣期	英国在殖民扩张和工业革命的作用下迅速崛起，成为当时全世界最强大的资本主义国家，伦敦也借此机会发展成为全球最大的金融中心
1914~1945年	伦敦金融中心的衰退期	两次世界大战和1929~1933年的金融危机使伦敦金融中心的实力迅速下降，并被迅速崛起的纽约赶超
20世纪50~80年代	伦敦金融中心的振兴期	二战后伦敦金融中心的地位下降，但在英国政府一系列措施的帮助下，伦敦金融中心借助欧洲美元市场的发展为契机完成振兴
20世纪80年代至今	伦敦金融中心的维持期	伦敦金融中心重新振兴之后，英国政府继续营造越来越开放和国际化的环境维护了伦敦金融中心的地位，并发展出了业务辐射全球的服务型金融中心的特征

资料来源：根据伦敦金融中心相关资料整理。

（一）伦敦国际金融中心的繁荣期

随着殖民扩张和工业革命的进行英国迅速发展成为经济和贸易大国，在强大的军事实力和综合国力的保障下，伦敦取代了阿姆斯特丹①并随着殖民地的扩张迅速在全球扩张其影响力。

金本位制的确立长期维持英镑币值稳定，推动其成为世界贸易的主要货币。保险、担保、借贷等都在这一时期得到发展。1844年，根据新银行法，英格兰银行成为英国的中央银行，通过实施中央银行职能调控金融业为伦敦金融中心注

---

① 王文越，杨婷，张祥. 欧洲金融中心布局结构变化趋势及对中国的启示[J]. 开放导报，2011(3)：27-31.

入发展动力。

工业革命在伦敦国际金融中心的形成过程中发挥了非常重大的作用。此阶段经济总量的提升和贸易的扩张促使金融业迅速发展。而伦敦受益于其地理位置成为贸易中心，加之以英格兰银行为首的完备的银行体系共同确保了伦敦的国际金融中心地位。[1]

殖民扩张给英国带来的不仅是影响力的扩大还有市场的扩张，并带来了政府融资力度的加大，在很大程度上发挥了伦敦资本市场的作用。

（二）伦敦国际金融中心的衰退期

1914年的第一次世界大战削弱了欧洲列强的实力，伦敦国际金融中心的实力随着战争的爆发被削弱。

1929~1933年的大萧条不仅影响了美国的经济，伦敦国际金融中心作为全球金融业务的汇集地，也遭到了巨大的冲击。

1937年开始的第二次世界大战让战火蔓延到了英伦三岛，为了应对危机，英国政府实行战时政策几乎接管了为战争努力建立筹集资金成为国际金融中心的首要任务，伦敦国际金融中心基本陷入停滞状态。

二战结束后的一段时期内，为战后恢复英国政府实行了许多管制，对金融有严苛的限制，伦敦国际金融中心的全球影响力遭到了打击。

（三）伦敦国际金融中心的振兴期

伦敦在二战后的快速振兴与历史上打下的基础是分不开的。伦敦经营者与他们在国外的同类企业之间的联系将伦敦与世界其他地区连接起来。因此，二战后外国金融机构继续在伦敦保持存在，因为没有其他金融中心能够提供如此多的国际联系以及深度和广泛的资本市场。除此之外，英国政府发布了一系列开放和国际化的举措，为伦敦国际金融中心的振兴奠定了基础。

20世纪50年代，在"冷战"背景下，欧洲美元出现，英国迅速抓住机会发展成为欧洲美元市场，转型成为服务型金融中心，借助欧洲美元完成了振兴。

20世纪80年代，英国政府在伦敦证券市场等各金融领域实施了以推动金融自由化为核心的一系列"大爆炸"的改革，其作用主要是通过营造宽松的法律环境捍卫自己的国际金融中心地位，受此影响，英国的金融服务业在不断开放和国际化中得到快速发展。[2]

① 潘英丽，苏立峰，王同江，等 . 国际金融中心的形成与发展规律：历史与理论分析[M]. 上海：格致出版社，上海人民出版社，2010.

② 张懿 . 伦敦国际金融中心的创新[J]. 中国金融，2015(18)：24-25.

（四）伦敦国际金融中心的维持期

尽管伦敦有金融机构的深度和数量、网络连接的强度、稳定的商业环境以及深度的存在熟练人员的人才库、良好的城市环境等现有优势，但维持伦敦金融中心地位的新市场和新活动的发展还需要更多的创新和适应。它作为国际金融中心的持续成功依赖于集聚效应形成的专业化、灵活化，从而能很迅速地对变化做出反应，并应对挑战。

1997年，英国对金融监管体系进行改革，成立了金融服务监管局（FSA），推动伦敦第二次金融"大爆炸"，保持和恢复了伦敦在国际金融交易市场的领先地位。总体来看，1998年以前英国基本实行金融分业监管体制，20世纪末英国逐步走向混业监管。

2008年全球金融危机后，英国政府积极改革金融监管，撤销了FSA，由英格兰银行承担审慎监管职能，并成立了"审慎监管局"（PRA）和"金融行为监管局"（FCA）。此外，伦敦积极抓住伊斯兰金融、人民币国际化等新机遇，进一步发展伦敦离岸金融业务，伦敦国际金融中心地位得以继续保持。①

借助欧洲美元业务复兴以来，伦敦走上了一条建设服务型国际金融中心的道路。金融业作为伦敦的支柱产业发挥了巨大作用，在外向模式和强大基础的促进下，英国成为全球最大的金融服务出口国。经历多年发展，伦敦在银行、保险、资产管理等方面扮演着世界领先的角色，国际银行业务、欧洲货币业务、欧洲证券交易、保险业务、外汇业务、资金管理各金融咨询业务都集中于此。目前，伦敦已经成为国际银行业中心，汇集了700多家银行，拥有数量最多的外国银行；伦敦也是证券业中心，许多国际债券集中在伦敦进行发售，伦敦也是全球股票交易中心之一；伦敦还是全球最大的国际保险市场，拥有几乎所有的保险种类，尤其是在海上和航空保险领域有独一无二的优势；伦敦在金融创新方面从未停止过脚步，金融衍生品市场十分活跃，也发展成为全球最大的金属交易市场；此外，伦敦还拥有全球最大的外汇交易量以及全球最大的基金管理中心。

三、纽约国际金融中心的发展历程

依托美国经济实力成长为重要的国际金融中心，纽约成为国际融资的重要市

---

① 张懿. 伦敦国际金融中心的创新［J］. 中国金融，2015（18）：24-25.

场，如表 7-3 所示。在 2018 年 3 月的第 23 期《全球金融中心指数报告》中，纽约继续保持了排名第二。

表 7-3 纽约国际金融中心发展历程概览

时期	发展阶段	核心要素
19 世纪	纽约发展成为美国国内金融中心①	纽约借助伊利运河建成的历史契机，充分发挥天然良港的优势，同时扩大经济腹地，成为美国国内外贸易中心。在此基础上，金融业蓬勃发展，最终战胜费城成为美国国内金融中心
20 世纪	纽约国际金融中心地位的确立	纽约借助两次世界大战的历史契机超越伦敦，取得全球金融中心的领先地位。布雷顿森林体系确立的美元霸权是纽约成为国际金融中心地位迅速提升的决定性因素
21 世纪以来	纽约国际金融中心面对挑战的调整	纽约依托美国经济实力维持着顶尖国际金融中心的地位。但是面对一系列挑战，特别是 2008 年全球金融危机，纽约受到了不同程度的打击。但是，通过法律、金融制度等的调整，纽约的国际金融中心地位得以恢复

资料来源：根据纽约城市有关资料整理。

（一）纽约发展成为美国国内金融中心

1800 年，受益于优越的自然条件，纽约成为美国最大的港口，制造业在纽约成为金融中心的过程中发挥了重要作用。

1825 年，伊利运河的建成给予了纽约重要的历史契机，纽约借助该运河的建成充分发挥港口优势，扩大经济腹地，成为美国国内外贸易中心，金融业也由此发展起来。

1865 年南北战争结束时，纽约凭借证券交易市场在战时发挥的资金募集作用积攒金融实力，内战后的许多建设也都由华尔街募集资金，纽约的国内金融影响力完全形成。②

纽约在 19 世纪不断推动金融制度的创新，1829 年创立了安全基金制度；1838 年创设了"自由银行制"的银行管理模式；1853 年成立了纽约清算中心。1863 年《国民银行法》的通过给予了纽约调控全国金融活动的能力。③这些都为纽约提高金融领域的竞争力发挥了极其重要的作用。

①③ 郭保强. 从费城到纽约——美国金融中心的变迁及其原因[J]. 华东师范大学学报（哲学社会科学版），2000（6）：86-91，124.

② 宋湘燕，李文政. 纽约国际金融中心的资源配置[J]. 中国金融，2015（18）：22-23.

（二）纽约国际金融中心地位的确立

1914~1945 年，两次世界大战的冲击削弱了欧洲的实力，虽然大萧条对美国造成了重创，但是战争时欧洲大量向美国借款和美国借助两次大战确立起的国际地位让纽约借助这个历史契机超越伦敦，取得全球金融中心的领先地位。1946 年，布雷顿森林体系的建立成为纽约作为国际金融中心的决定性因素。伴随着美元国际核心货币角色的诞生，纽约成为世界首位的国际金融中心。美元霸权成为纽约国际金融中心根植美国国内市场并影响全球的极其重要的因素。20 世纪 80 年代之前，美国金融业经历管制、自由再管制的发展阶段。在《格拉斯—斯第格令法》《Q 条例》等的限制下，又给予了伦敦再次反超的机会，不同于伦敦开放国际化的宽松管制，纽约的金融管制更加严格，其原因主要在于纽约形成的是面向国内市场的体制。投资银行体制在资金募集中发挥着重要作用。华尔街汇集了众多国内外的金融机构，同时纽交所、美联储在纽约的落户共同保障了纽约的中心地位。

（三）纽约国际金融中心面对挑战的调整

纽约在不断发展的过程中，云集了国内外许多金融机构和金融交易平台。这是纽约保持国际金融中心地位的重要保证。

截至 2015 年 6 月，纽约共聚集了 128 家商业银行、59 家储蓄银行、702 家证券公司、255 家保险公司，此外，纽约还是许多资产管理公司、信托基金、对冲基金的总部所在地。此外，纽约货币市场在世界各主要货币市场中交易量排名第一，纽约外汇市场也是除美元以外所有货币的第二大交易市场，纽约证券交易所（NYSE）、纳斯达克（Nasdaq）的股票交易量长期居于全球前列。[1]

2008 年全球金融危机后，美国对金融监管体系进行了大幅调整，强化了对华尔街的监管。受此影响，美国金融衍生品领域的金融创新有所放缓，但华尔街在利用 IT 技术开展金融创新方面并未止步。同时，依赖美元霸权，通过几次量化宽松政策将国内风险转嫁到了国际市场，纽约国际金融中心地位也因这一系列措施逐渐得到恢复。

时至今日，纽约依旧通过在人才、法律、监管等方面的优势维持了领先的国际金融中心地位。纽约国际金融中心更多是依靠世界经济体量第一的美国国内市场的巨大吸引力发挥吸引金融资源的作用，并以此为基础建立起了牢固的地位。纽约的金融业务种类齐全，信贷市场、证券市场、保险市场、外汇市场的规模都

---

① 宋湘燕，李文政. 纽约国际金融中心的资源配置[J]. 中国金融，2015(18)：22-23.

处在美国国内首位，并且在国际上占有重要位置。纽约的证券业是全球顶尖的，纽约证券交易所已经发展成为全球规模最大、基律最严的证券交易市场，纳斯达克也已经成为纽约国际金融中心吸引全球投资者的重要因素。纽约在金融衍生品方面依托人才和机构的集中在这方面也有一定的实力，只是相对美国金融衍生品交易市场中心坐落的芝加哥略微逊色。

四、东京国际金融中心的发展经验研究

二战后，东京迅速恢复并实现高速增长，但不同于伦敦和纽约，日本政府在塑造东京国际金融中心中发挥了更大的作用。如表7-4所示。在2018年3月的第23期GFCI指数报告中，东京继续保持了排名第五。

表7-4　东京金融中心发展历程概览

时期	发展阶段	核心要素
20世纪50~80年代	东京国际金融中心的形成和发展	在日本政府的干预下，随着日本经济振兴，东京国际金融中心得以发展。在这种独特模式下，日本成功走出石油危机使其地位提高。① 随着日元国家化，东京国际金融中心也得到迅速发展
20世纪80~90年代	东京国际金融中心的衰落	日本在美国的压力下，过快进行不适应于本国经济状况的金融开放和日元国际化，最终导致泡沫崩溃，使日本陷入了经济衰退，东京国际金融中心的影响力受损
20世纪90年代至今	东京国际金融中心更多发挥区域影响	泡沫崩溃后，东京国际金融中心实力下降，日本政府作出一系列措施恢复其实力，但目前更多发挥着区域性国际金融中心的作用

资料来源：根据东京城市相关资料整理。

（一）东京国际金融中心的形成和发展

20世纪50年代，在"冷战"背景下日本以得到扶持作为契机，日本经济开始恢复和振兴，东京国际金融中心在经济发展尚不发达、私人资本积累不足等前提条件下，通过国家干预、国家引导和国家托底等方式规模化地发展产业和金融。

---

① 严晨. 国际金融中心建设的历史比较分析[J]. 上海经济研究，2013，25(6)：33-38.

在政府的干预下，随着日本经济振兴，东京国际金融中心得以发展。

在这种以经济复苏为前提的政府干预模式下，日本成功走出石油危机使其地位提高。[①] 随着日元国家化，东京国际金融中心也得到迅速发展。

（二）东京国际金融中心的衰落

东京是以国内为依托发展起来的金融中心而非离岸型金融中心，因此日元国际化程度也决定了东京的国际金融中心地位。[②]

20世纪80年代，面对日益扩大的日本对美国的贸易顺差，美国对日本发动了贸易战，日本在美国的压力下，过快进行不适应于本国经济状况的金融开放和日元国际化，最终导致泡沫崩溃，使日本陷入了经济衰退，东京国际金融中心的影响力受损。

（三）东京国际金融中心更多发挥区域性作用

泡沫崩溃的巨大破坏导致东京国际金融中心的实力下降，无法达到伦敦和纽约的影响力。面对泡沫崩溃，日本政府推动进行金融体制和法律政策调整，面对广阔的不断发展的亚洲市场逐渐恢复，但目前东京国际金融中心更多发挥着区域性国际金融中心的作用，并且面临着中国香港、新加坡、上海等亚洲金融中心的挑战。经历泡沫后，东京的金融业务得到了恢复和发展，东京是日本最主要的银行集中地、外汇交易中心，也拥有东京证券交易所等多个交易机构。金融业是东京的支柱产业，金融保险业在东京的GDP中占有较高的比重。

五、新加坡国际金融中心的发展历程、
经验借鉴与启示

新加坡被世界公认为是由政府力量推动而成长为国际金融中心的典范，这一成功给各国政府提供了一个近乎完美的国际金融中心建设的样板，并且增加了政府对自身力量的信心[③]。从1968年开始，新加坡以惊人的速度与自身独特的发展方式，在50年的时间里，打造了一个跨入全球第一梯队的国际金融中心。2018年3月26日，在第23期《全球金融中心指数报告》中，新加坡居国际金

① 严晨. 国际金融中心建设的历史比较分析[J]. 上海经济研究，2013，25(6)：33-38.

② 杨秀萍. 日元国际化及东京国际金融中心建设的启示[J]. 华北金融，2010(1)：39-42.

③ 李倩. 新加坡政府在国际金融中心建设中的作用与启示[J]. 现代商业，2012(30)：44-45.

融中心第四位。

表 7-5　新加坡国际金融中心的几个重要发展阶段总览

时期	核心特征	主要做法
1968~1975 年	成功确立了亚洲离岸金融中心的地位，这是新加坡成为国际金融中心的起点与重要基础	●1971 年 1 月，建立新加坡金融管理局（MAS），代表新加坡政府主导了全部金融业务管理。为了推动金融业的发展，推出了很多以减税为核心的优惠措施 ●利用美国金融市场变故，以 1968 年美国银行在新加坡设立第一个亚洲货币经营单位（ACU）为标志，亚洲美元市场诞生 ●通过牌照管理，从全面银行牌照到限制银行牌照再到离岸牌照，吸引了大量外国银行在新加坡设立分支机构
1976~1997 年	利用 20 世纪 80 年代全球金融衍生产品市场兴起的大势，一举成为亚洲金融衍生产品市场的先行者和引领者，迈出了从亚洲离岸金融中心向国际金融中心前进的坚实步伐	●1984 年，新加坡成立了新加坡国际金融交易所（SIMEX），及时推出了金融期货与股指期货等新兴金融衍生产品，使新加坡成为亚洲金融衍生产品市场的主导者 ●继续推行切实有效的减税政策 ●加强金融改革步伐，从放宽外汇管理到取消管制，新加坡成为世界级外汇交易市场
1998 年至今	重构金融体系，新加坡稳固跻身于实力型国际金融中心行列	●成立了银行业发展咨询委员会，审慎推进中长期金融中心战略规划 ●顺应亚洲金融危机后全球金融业快速开放的浪潮，改变监管理念，由合规性监管向风险型监管转变 ●以财富管理与债券市场为新的金融发展突破口，发展金融子类市场

（一）新加坡国际金融中心的发展阶段

第一阶段：1968~1975 年。新加坡成功确立了亚洲离岸金融中心的地位，一举成为亚洲区域金融中心，这是新加坡成为国际金融中心的起点与重要基础。

一是确立了金融立国政策，推行了税收等各项优惠政策，大力扶持金融业发展[①]。新加坡的金融立国政策一开始就是以区域乃至国际金融中心为目标。1971 年 1 月，新加坡金融管理局（MAS）正式成立，MAS 不仅行使新加坡中央银行的职责，同时也是金融监管者，可以说 MAS 代表新加坡政府主导了新加坡金融业

---

① 冯得连，葛文静. 国际金融中心成长的理论分析[J]. 中国软科学，2004(6)：42-48.

务的管理。其后新加坡的金融业不断兴盛，充分证明这是一个强有力的政府金融管理机构，每当关键时期总会推出正确的发展政策。为了推动金融业的发展，新加坡一开始就推出了诸多优惠措施，尤其是实在的税收优惠。例如，1968 年，新加坡政府取消了非居民存款人利息收入的预扣税；1973 年，新加坡政府颁布了《所得税修正法》，将亚洲货币单位境外货款利息所得税从 40% 减至 10%，并免征非居民美元债务利息所得税等。

二是利用美国金融市场的变故，建立了亚洲美元市场和亚洲美元债券市场，不失时机地奠定了其亚洲离岸金融中心的地位。20 世纪 60 年代，由于美国国际收支不断出现逆差，趋势日益恶化，美国政府采取了一系列限制美元外流的措施，这些措施引起了美国商业银行的不满，在美国的国际跨国公司不得不转向海外货币市场，以满足其资金融通的需求①。

新加坡政府抓住这个重要契机，大力发展新加坡的离岸美元市场，最终成为亚洲美元市场的重要主导者。1968 年 10 月 1 日，新加坡允许美国银行新加坡分行在银行内部设立一个亚洲货币经营单位（ACU），接受非居民的外国货币存款，这标志着新加坡离岸金融市场——亚洲美元市场的诞生②。自 1972 年开始，MAS 为了赶上欧洲美元市场，取消了 ACU 原本 20% 的流动准备，到 1975 年，新加坡境内从事 ACU 的金融机构增加到 66 家，存款总额高达 125.97 亿美元，年均增长 85.5%，相当于 1975 年新加坡 GDP 的 2.5 倍。与此同时，新加坡积极发展亚洲美元债券市场（ABM），1971 年 12 月，新加坡发展银行由新加坡政府充当其担保人，推出了总值 1000 万美元、固定利率为 8.5% 的 10 年期亚洲美元债券，由此拉开了新加坡亚洲美元市场的序幕。

三是通过牌照管理，吸引了大量外资银行在新加坡设立分支机构。在新加坡独立初期，新加坡给外资银行颁发全面银行牌照，允许外资银行在新加坡设立分行，经营所有的银行业务。因此外资银行在新加坡发展非常迅速，很快取代本土银行在行业内占主导地位。为了保护发展缓慢、规模小的本土银行，新加坡 1971 年设立了一种新型的银行牌照——限制银行牌照，对外资银行在本土零售业务方面做了一些限制③。1973 年，为了建设离岸金融中心，吸引更多的外资银行参与发展其离岸金融业务，新加坡又设立了一种新型银行牌照——离岸牌照，其后新加坡的外国银行总数迅速增加，数量上远远超过本土银行，其中离岸型外国银行占比最高。

---

① 那高. 国际货币关系的理论、历史和政策[R]. 银行经济研究室，2007.

② 约翰·S. 戈登. 伟大的博弈——华尔街金融帝国的崛起（1653-2001）[M]. 北京：中信出版社，2011.

③ 李迅雷. 2020 年上海国际金融中心发展战略研究[M]. 北京：中国金融出版社，2016.

第二阶段：1976~1997 年。新加坡利用 20 世纪 80 年代全球金融衍生产品市场兴起的大势，一举成为亚洲金融衍生产品市场的先行者和引领者，迈出了从亚洲离岸金融中心向国际金融中心前进的坚实步伐。

一是利用 20 世纪 80 年代全球金融产品兴起的大势，成立了新加坡国际金融交易所（SIMEX），及时推出了金融期货与股指期货等新兴金融衍生产品，使新加坡迅速发展为亚洲进入衍生产品市场的主导者[①]。SIMEX 一开始就定位于国际性交易所，其交易品种涉及期货和期权合约、利率、货币、股指、能源与黄金等交易。1986 年，SIMEX 抢在日本之前推出日经 225 指数期货，开创了以别国股指为期货交易标的物的先例。1997 年，SIMEX 又抢先推出了摩根台湾指数。

二是继续推行最切实的税收优惠政策。1997 年再次削减金融机构离岸业务收入的税收，对亚洲货币单位各项连锁收入仅征收 10% 的所得税；1980 年免征亚洲美元债券存单印花税；1983 年免征非居民从亚洲货币单位管理基金获得的离岸收入的所得税；1998 年，新加坡政府将 SIMEX 成员的金融期货合约的所得税税率降为 10% 等。SIMEX 自 1984 年成立后，会员发展迅速。截至 1999 年，SIMEX 会员已达 591 家。在这一阶段中，原本发展迟缓的亚洲美元债券市场也开始趋于活跃。进入 80 年代后，亚洲美元债券市场又有所提升，1980~1987 年发行债券 120 笔，发行金额累计达 77.69 亿美元。截至 1997 年，新加坡的外国银行总数已达 123 家，数量上远远超过本土银行，其中经营离岸金融业务的外国银行 87 家，全业务型外资银行 22 家，新加坡的亚洲离岸金融中心的地位已经非常稳固。

三是加强金融改革步伐。1976 年 6 月新加坡政府放宽外汇管制，与东盟各国自由通汇，允许东盟各国在其境内发行证券，并给予更多的税收优惠。1978 年 6 月 1 日全面开放外汇市场，取消外汇管制以吸引外资银行在新加坡设立 ACU。1981 年允许 ACU 通过货币互换获得新加坡元。20 世纪 90 年代末，作为亚洲美元交易中心的新加坡，其外资银行的资产已占银行总资产的 80%，ACU 增加到了 100 多家。外汇交易突飞猛进，1998 年外汇业务营业额达 1390 亿新加坡元，成为世界第四大外汇交易市场，仅次于纽约、伦敦与东京。

第三阶段：1998 年至今。新加坡政府以变革与创新重构金融体系，使新加坡稳固跻身于实力型国际金融中心行列。

一是推进一系列的金融变革，重新审慎地进行中长期战略规划。1998 年亚洲金融危机后，新加坡开始全面重新规划其金融发展思路。1998~2000 年，为切实有效地实施大规模金融变革，新加坡成立了由银行家、咨询顾问和政府管理员

①　桂花. 新加坡的金融体制转型与对中国的启示[J]. 生产力研究, 2008(13)：106-108.

组成的银行业发展咨询委员会(FSRG)，并由时任政府副总理的李显龙负责，就如何进行高效透明的监管积极探讨。FSRG 下设 7 个委员会，分别负责收集债券市场、股票市场、基金管理、国债及风险管理、企业融资、保险与再保险、全球电子银行等领域的整改建议。最后由金融管理局和市场专业人士合作的相关部门共同推进执行。1998 年 2 月，新加坡正式出台了世界级金融中心的规划。从 1999 年起，新加坡推行五年一揽子的开放计划，新加坡的金融业由此有序兴旺①。

二是监管理念的根本性转变，将监管与发展相结合②。在亚洲金融危机之前，新加坡以金融监管严格著称，与西方的金融法规"法无禁止即为允许"不同，新加坡是"法无许可即为禁止"。严格的金融监管帮助新加坡政府减轻了 1987 年与 1999 年两次金融危机的冲击，在全球树立起良好的声誉。亚洲金融危机后，在其他国家纷纷加强金融监管时，新加坡认为在全球金融业快速开放的情况下，新加坡过于严厉的金融监管已经开始影响新加坡国际金融中心的建设。新加坡政府认为，金融监管本身不能也不应该保障不出现金融机构的倒闭，但监管者必须采取措施，及早地分析、预警、处置金融风险，尽量将问题消除在萌芽状态。因此，新加坡政府开始转变监管理念，在审慎的基础上放松监管，其中最突出的变化就是由合规性监管向风险监管转变。在具体的风险监管中，2001 年新加坡金融管理局采用了影响程度和风险评估模型(IRAM 模型)，根据风险分类，有针对性地进行监管行动计划，分配监管资源，采取监管措施。这样不仅在监管资源有限的情况下提高了监管效率，而且给予风险评级较低的金融机构较宽松的监管环境。

三是以财富管理与债券市场为新的金融发展突破口，发展金融子类市场。1998 年 2 月新加坡推出了将其打造成国际资产管理中心并大力发展债券市场。新加坡之所以把发展资产管理市场作为建设世界级金融中心最主要的突破口是基于这样的认识，即无论是债券市场、外汇市场、股票市场还是衍生品市场，都需要建立一个有深度的投资者群体，而资产管理业务是撬动诸多市场的支点。

无论是从财富管理机构的数量还是从资产管理的规模来看，新加坡的资产管理都发展得非常成功。根据新加坡金融监管局的年报统计，基金公司在 2013 年为 158 家，2014 年为 289 家。新加坡债券市场发展很快，从新加坡国债平均日交易量来看，1998 年以后新加坡的债券市场日趋活跃。2001～2013 年，新加坡国

---

① 肖本华. 政府引导下的国际金融中心建设：亚洲金融危机后的新加坡经验及其对上海的启示[J]. 华东经济管理，2011，25(1)：13-17.

② 于宁. 新加坡金融中心启示录[J]. 金融博览，2015(44)：22-24.

债的日交易量都在 12 亿新加坡元以上，平均是 1725.85 百万新加坡元。如图 7-1 所示。

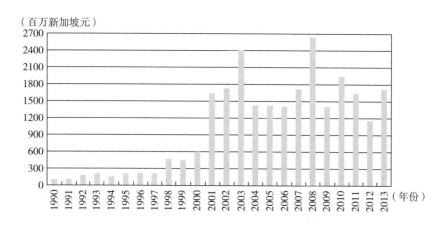

图 7-1　1990~2013 年新加坡国债平均日交易量

现在新加坡资本市场中的金融机构不仅数量众多，而且种类多样，专业化与细分化的机构筑了新加坡金融市场多样化的金融功能，真正满足了各类投资者的多样化金融服务需求。从新加坡金融管理局中披露的情况可以看到，新加坡的资本市场中机构的种类是随着资本市场的发展而增加的。截至 2014 年，新加坡资本市场中机构的总数达 443 家，其中证券交易商 118 家、期货交易商 59 家、公司金融顾问 40 家、基金管理公司 289 家、杠杆化外汇交易商 24 家、证券金融机构 17 家、证券受托服务商 37 家、房地产投资信托管理公司 31 家、信用评级服务商 3 家。

（二）经验借鉴与启示

（1）新加坡在其金融业的发展过程中始终都在推行各类优惠政策，税收优惠贯穿新加坡国际金融中心建设与发展过程始终。

（2）紧跟全球金融动向与大趋势，在每个关键节点都做出快速、正确的反应，并及时推出恰当的与之对接的措施。

（3）新加坡政府持续的金融改革、创新与监管，打造了一个优良的金融环境并吸引了全球金融资本在此聚而不散，使新加坡从离岸金融业务中心发展成为综合性国际金融中心。

（4）充分依托周边经济圈的实体经济量，支撑起新加坡金融业的庞大规模。从世界金融发展史来看，金融业的发展离不开强大的实体经济的支撑。新加坡本身地域狭小，但是其利用自身天然的地理区位优势——全球交通枢纽中心，从周边亚太经济圈、东盟经济圈以及中日韩自贸区等借力，将自己一步步打造成举足轻重的国际金融中心。

六、香港国际金融中心的发展历程、经验借鉴与启示

中国香港是全球最重要的金融中心之一，根据 GFCI 报告，中国香港在全球 96 个金融中心城市中排第三位。中国香港经济以自由贸易、低税率和最少的政府干预著称，以服务业为主的经济中金融业占很大比重，发达的金融业将其国际金融中心的地位巩固在极高的水准①。虽然中国香港在造就国际金融城市地位的过程中起起落落，但仍然能够以强大的实力维持着它的地位，其中有很多经验值得宜宾市在构建区域性金融中心过程中参考与借鉴。

（一）香港国际金融中心的发展阶段

第一阶段：1948~1981 年。20 世纪 50 年代前，中国香港的金融业发展相对比较缓慢，在经济整体中比重并不大。长期以来，香港特别行政区政府遵循不干预的传统政策，对金融业并无严格监管②。第二次世界大战后，香港政府开始关注到了激增的银行和银行从事的投机活动，并于 1948 年 1 月 29 日出台了第一部银行法律——《银行业条例》，表明香港政府开始从完全的自由无政府主义转向有一定的约束。

经过 20 世纪 50 年代初银行业的转型与规范，进入 60 年代后香港银行业有了长足的发展，主要表现在以下两个特点：银行数目减少，但所开设的分行大幅增加，银行间争夺存款的竞争日趋激烈；银行信贷迅速扩张，贷款的用途日趋多元化，银行体系的安全性下降，也为紧随而来的银行危机埋下了伏笔。这一时期，中国香港的股票市场也有了迅速的发展，市场活跃度不断上升，成交量不断放大，顺势恒生银行与 1969 年 11 月 24 日推出了香港股市指数——恒生指数。

---

① 鄂志寰. 香港国际金融中心的经验[J]. 中国金融，2015(18)：28-30.
② 曾国平，王燕飞. 中国金融发展与产业结构变迁[J]. 财贸经济，2007(8)：12-19.

表7-6　香港国际金融中心重要发展阶段总览

时期	核心特征	主要做法
1948～1981年	香港奉行传统的自由竞争的经济路线，其经济发展大体上不受任何约束，这成为香港国际金融中心地位稳固的坚实根基。但是，自由开放的积极不干预状态，不仅有利于市场的繁荣，也是各种投机资本活跃泛滥的病根。香港一连串的加强法律法规约束与监管有其深刻的历史背景与原因	●1948年1月，香港政府制定并实施第一部银行法律——《银行业条例》，对激增的银行与银行的投机行为进行了一定程度的规范 ●1969年，恒生银行推出了香港股市指数——恒生指数，有力配合了股市的发展 ●20世纪60年代末，在外资机构的全球扩张期内，一方面，由于中国香港拥有相当数量的国际银行，相对便利的监管与税收；另一方面，新加坡经济体量小，未能全部利用美元存款，于是香港成为海外金融机构发展银团贷款与资金管理的基地 ●1972年7月，香港放弃英镑汇兑制，实行与美元的首次挂钩。同年11月，港元与美元脱钩，实行浮动汇率制度。外汇管制的取消与港元的可自由兑换，为香港外汇市场的发展提供了重要的外在条件 ●1976年，为保障储户的利益与银行体系的稳健程度，香港推行了《接受存款公司条例》，将接受存款公司正式纳入监管范围
1982～1990年	在困境中反思，采取一系列改革措施促进香港国际金融中心的建设	●1985年以后，随着我国改革开放的不断深入，香港制造业开始大规模向内地转移，为金融业发展腾挪了空间 ●银行业。推行金融三级制，在一定程度上强化了香港金融业的监管，也使银行业走上了一条相对以前更加规范的道路 ●外汇市场。1983年开始实行联系汇率制度，自动调节的汇率稳定机制有效防范了市场的大幅波动 ●股票市场。1987年10月26日，香港股灾引起了香港政府对股票市场监管的重视。1987年11月成立了证券业检讨委员会，提交了著名的《戴维森报告书》，认为股市的核心在于保障中小投资者的利益 ●保险业。1983年，香港政府再次修订了《香港保险公司条例》。1990年，香港政府成立了保险监理处，以加强对保险行业的规范与监管
1991～2000年	新的全球金融自由化与金融衍生工具交易发展的国际趋势对香港新的金融风险监管提出了要求	●推行新的银行三级制，提高三级银行最低实收资本额，加强银行实力，提高其抵御与防范风险的能力 ●1992年6月，实行流动资金调节机制，发行外汇基金票据，为香港金融市场的稳定提供保障 ●组建高层次的机构来统一协调金融业的管理。1993年4月1日，在原来外汇基金管理局与银行监理处的基础上组建了香港金融管理局 ●1996年12月，香港即时全额支付系统开通，该系统使香港同美国、中国内地实现了支付系统的联网，从根本上消灭了港元兑美元、港元兑人民币的赫斯特风险

续表

时期	核心特征	主要做法
2001 年至今	抓住机遇，香港国际金融中心地位屹立不倒	●股市的机遇。内地企业的发展、壮大与经营机制的转换创造了巨大的股权融资需求。内地企业不断地在香港上市为香港资本市场的发展带来了大量的"新鲜血液"和新的发展机会 ●金融衍生品市场机遇。与 H 股有关的投资工具与人民币远期汇率交易都是极具吸引力的金融衍生品，尤其是人民币兑美元的汇率由单边升值进入双向波动，较大的汇率弹性带来了投资者对风险对冲的需求增加 ●私募基金发展的机遇。内地企业经过多年的发展已经开始涌现企业并购的需求，由于内地对企业股权买卖有较多的限制，香港就提供了绕过这些限制的金融服务 ●人民币离岸金融中心的机遇。随着中国经济实力的提升，人民币国际化的需求也越来越强烈。根据环球银行金融电信协会（SWIFT）的统计，经香港处理的人民币收付交易量约占全球人民币交易量的七成到八成，这显示出香港作为人民币离岸中心的强大实力

20 世纪 60 年代，香港经历过两次重大挫折[①]。第一，发生了 1965 年的银行危机，民众对银行体系的严重恐慌使挤兑现象严重，银行频频倒闭，它一度动摇了整个香港的金融体系，香港政府因此暂停颁发银行牌照约 13 年。第二，新加坡作为亚洲美元市场的崛起。20 世纪 60 年代末，部分美资跨国银行有意在香港设立亚洲美元市场，作为欧洲美元市场在亚洲时区的延伸。但是，香港政府不愿取消外币存款利息税，而新加坡政府则决定以免税等各种优惠政策吸引外资银行，结果新加坡成功建立起亚洲美元市场。

在新加坡与中国香港的竞争过程中也有利于香港的一面。一方面，新加坡政府坚持新加坡元不宜国际化，所以境外机构在新加坡使用新加坡元始终受到限制，从而新加坡的离岸金融市场仍然是内外分离型的，这成为其一定的缺陷。另一方面，外资金融机构在全球扩张势头迅猛，它们不仅在新加坡有网点，仍然通过收购来建立在中国香港的据点。由于新加坡的经济规模较小，未能运用全部美元存款，中国香港本身拥有相当数量的国际银行，相对便利的监管与税收，使中国香港成为海外金融机构用来发展银团贷款和基金管理的基地。

两者对比可以看出，中国香港与新加坡金融业经历了完全不同的发展历程。

---

① 查尔斯·P. 金德尔伯格. 西欧金融史[M]. 北京：中国金融出版社，2007.

新加坡金融业发展是政府大力支持的结果，而中国香港是奉行自由竞争的传统自由经济路线，其经济大体上不受任何约束，这也就成为香港国际金融中心地位稳固的坚实根基①。

1972年7月，香港放弃英镑汇兑制，实行美元与港元的首次挂钩，1972年底，香港政府宣布解除外汇管制，并且对银行的资产取消英镑的保证协定。1973年，美元兑黄金贬值10%，香港政府决定保持港元对黄金原来的价值，港元兑美元开始升值。同年11月，美国政府宣布美元对黄金脱钩，实行自由浮动，于是港元与美元脱钩，实行浮动汇率制度。外汇管制的取消及港元的自由兑换，为香港外汇市场的发展提供了重要的外在条件。20世纪70年代接受存款公司大量涌现，它们积极参与外汇市场的交易，推动了外汇市场的发展。同时，由于1978年香港撤销对银行牌照的冻结，大批国际银行涌入香港开业，这些银行缺乏港元的存款基础，因而不得不通过银行同业拆借、抛售外汇或掉期交易等获取港元头寸，极大地促进了外汇市场的发展。

1976年，为保障公众储户的利益和确保银行体系的稳健程度，香港政府制定了《接受存款公司条例》，将这类财务机构正式纳入监管范围。该条例的实施淘汰了很多投机性财务公司，也使香港金融业内的机构变得相对稳健和规范。这一系列的政策制定与调整很好地反映了香港政府从消极不干预到积极不干预的转变过程，也是香港金融业市场化逐步走向规范化的缩影。

第二阶段：1982~1990年。香港政府在困境中反思，采取一系列改革措施促进香港国际金融中心的建设。20世纪80年代初，由于世界经济出现衰退，各大工业国采取激烈的贸易保护主义，香港的本土产品出口面临很大的困难，经济全面低落。

1978年，我国实行改革开放政策后，香港与内地的经贸往来全面推进。一方面，香港的金融机构积极进入内地开设分支机构，拓展存贷款业务；另一方面，香港的金融服务和金融市场对内地经济发展也起到了很大的推动作用。1985年后，随着我国改革开放的不断深入和香港本地的制造业迁移，香港经济开始转向发展服务和金融等非生产性工业。随着经济的大幅回升，香港的金融业也有了大幅发展，也相应地推出了新的政策与规范，主要体现在银行业、外汇业务、股市与保险业四个方面。

银行业于1983年7月1日推行金融三级制②。金融三级制的实施使持牌银行在存款业务竞争方面处于更有利的位置，缺乏银行背景的接受存款公司受到很大的冲击。金融三级制的推行在一定程度上强化了香港金融业的监管，也使银行业

① 阎丽鸿. 香港国际金融中心的特征与结构[J]. 金融科学，2016(3)：105-108.

② 陈剑. 香港边缘化危机与定位[J]. 粤港澳市场与价格，2006(12)：11-13.

走上了一条更加规范的道路。在外汇市场方面，联系汇率的推出扭转了港元贬值的趋势，一举拯救了香港金融体系的危机。总体来说，香港实行联系汇率制度以来，金融市场稳定发展，国际金融中心、贸易中心和航运中心的地位不断巩固与提高。股票市场方面，20世纪80年代初期，投资者信心恢复，银行利率长期处于低水平，香港的股票市场迎来一轮大牛市。但是，随着牛市发展到狂热，风险也在慢慢放大，终于港股于1987年10月1日创下历史新高3949.73点后，10月26日下跌了1120.7点，跌幅高达33.33%，创下全球最大单日跌幅。终于在1987年11月，香港政府决定对整个证券体系做出全面检讨，成立证券业检讨委员会，并于1988年6月2日发表了《证券业检讨委员会报告书》，即著名的《戴维森报告书》①。深刻的检讨后伴随的是香港政府对股市严格的监管与成熟的认知，即股市存在的意义就是为广大的普通投资者创造收益，这也成为现代股市改革指导的圭臬。对保险业市场，1983年香港政府修订了《香港保险公司条例》，规定经营一般保险业或者人寿保险业务的各为500万港元，同时经营一般保险和寿险则为1000万港元。为推动保险业的进一步发展，同年成立了香港保险业咨询委员会，旨在对有关保险公司条例的管理及保险业务的经营提供咨询意见。1988年8月，香港保险业联会宣告成立。1990年，香港政府成立了保险监理处，以加强对保险业的监管。

第三阶段：1991~2000年。这一阶段的特点可以概括为着力推动金融改革。进入20世纪90年代，香港的前途已经明确，面对自由化、金融衍生工具交易的发展和海外主要金融危机事件，对无中央银行又已经成为国际金融中心的香港来说，保持金融稳定，完善金融风险管理是这一阶段主要采取的措施。

第一，实行新的银行三级制②，将原来的持牌接受存款公司改为有限牌照银行，避免这些公司因不能使用"银行"名称而在发展国际金融业务方面受到限制。同时提高三级银行最低实收资本额，增强银行体系的稳定性。第二，1992年6月。实行流动资金调节机制，这相当于中央银行的再贴现功能。另外，1990~1996年，香港先后发行了从3个月到10年不同期限的外汇基金票据，标志着外汇基金又开发出一个调节港元市场的工具，为港元市场乃至整个金融市场提供保证。第三，1993年4月1日，在原来外汇基金管理局和银行监理处的基础上组建香港金融管理局。根据《外汇基金条例》，金管局的职能和目标是在联系汇率的制度下维持货币稳定，保证银行体系的安全性、稳定性以及促进支付体系的效率、健全性和安全性。第四，1996年12月，香港及时全额支付系统开通，该系统使香港同周边国家与地区，特别是同美国、中国内地实现支付系统的联网，从

① 段军山. 国际金融中心成长因素的理论分析及在上海的实证检验[J]. 上海金融，2005(7)：16-19.

② 冯邦彦. 香港金融业百年[M]. 香港：香港三联书店，2002.

根本上消除港元兑美元、港元兑人民币的赫斯特风险。

20世纪90年代，香港遭遇到了最大的一次冲击——亚洲金融危机。面对国际炒家对香港联系汇率制度的不断冲击，香港特别行政区政府在1998年9月之初短短几天内，连续推出了40条新措施，目的是加强香港证券以及期货市场的秩序与透明度，杜绝有组织的及跨市场的造市活动，尤其是加强监管沽空的活动。在中央政府的大力支持下，香港特别行政区政府坚决抵御了投机资本的打击，迅速推出的各项应急措施挽救了当时风雨飘摇的金融市场，这些都为香港日后的金融业监管提供了极其重要的经验。

第四阶段：2001年至今。抓住机遇，香港国际金融中心地位屹立不倒。进入21世纪，香港除了不断提升金融服务业的水准，和中国内地的合作加深也是其不断汲取"营养"来巩固其国际金融中心地位的一个措施。在新时期，在中国内地经济崛起、金融爆发式发展的过程中，香港把握机遇很好地巩固了其国际金融中心地位。

在股市方面，中国内地企业的发展、壮大与经营机制的转换创造了巨大的股权融资需求。在过去几年中，大型中央企业及国有银行通过境外上市和进行股份制改造提升了公司管理、经营效益及竞争力。内地企业不断地在香港上市为香港资本市场的发展带来了大量的"新鲜血液"与新的发展机会。在金融衍生产品市场方面，随着内地放松对境外投资的管制，香港股市将有更大的空间为内地企业与个人提供服务，从而推动金融衍生品市场的创新与发展。与H股有关的投资工具与人民币远期汇率交易都是极具吸引力的金融衍生品，尤其是人民币兑美元的汇率由单边升值进入双向波动，较大的汇率弹性带来了投资者对风险对冲的需求增加，相应的金融衍生品业愈发受到青睐。在私募基金方面，内地企业经过多年的发展已经开始涌现企业并购的需求，由于内地对企业股权买卖有较多的限制，香港就提供了绕过这些限制的金融服务。在人民币离岸金融中心方面，随着中国经济实力的提升，人民币国际化的需求越来越强烈，在这一过程中，香港作为和内地保持紧密联系的经济中心有着得天独厚的优势。利用好这一优势，发展人民币离岸金融业务，对香港而言是巨大的机会。

总之，香港从最初的以转口贸易为主，逐步发展成为一个成熟的国际金融中心，在这一过程中最大的亮点就是香港金融的自由化与开放化以及香港政府为控制自由化与开放化程度所采取的措施①。从最开始的几乎完全自由到一步步地收紧与规范，面对内部的银行业危机以及国际金融危机，香港政府认识到金融自由化是要适度的。过于开放的市场面对冲击会极其不稳定，合理监管的市场才能长

---

① 汤玲. 香港和伦敦国际金融中心的比较[J]. 西南农业大学学报，2011，9(4)：26-27.

久地为当地经济、为世界各国服务。

（二）经验借鉴与启示

上述国际金融中心可以为宜宾市提供多方面的经验启示。

1. 金融中心发展要有腹地经济支撑

香港作为国际金融中心，一方面是中国内地的出海口与金融中心，其成为国际金融中心与内地的支持是分不开的。内地庞大的经济腹地给予香港足够的资源，中央的政策支持更是给了香港经济强劲的发展动力。同时，内地企业通过香港的平台获得了更多全球资本的支持，充分利用了全球资本流动带来的好处，也借助香港金融业的优质服务提升了公司的经营质量，香港与内地相辅相成，相得益彰。

2. 把握好过度自由与过度干预的平衡点

香港之所以成为国际金融中心，积极不干预的市场自由化策略是其根本要素，这在其建设与腾飞时期是非常必要的。但也正是过度的自由带来了问题，监管疏松、投机泛滥是香港步入成熟的金融中心之后必须采取相应的监管措施的原因。

3. 强大的金融基础设施是保持香港国际金融中心竞争力的基础

香港投入了大量的人力物力建设稳健高效、跨币种、多层面平台的即时支付结算系统（RTGS）和债务工具中央结算系统（CMU），大大提高了银行、证券的交收效率，降低了交易风险。

4. 抓住自贸区机遇加快人民币离岸中心的发展与建设

香港蓬勃兴起的人民币业务以及迅速崛起为人民币离岸中心的事实告诉宜宾，抓住机遇对建设区域性国际金融中心有很大的意义。

七、避税港型离岸金融中心的发展历程、
经验借鉴与启示

——以英属维尔京群岛为例

近60年来，一些避税港离岸金融中心依靠税收及其他相关政策大力发展离岸金融业务，吸引了巨额国际资本。一些岛国经济由此发展成为对离岸金融业的极度依赖，如百慕大群岛、开曼群岛、英属维尔京群岛等，其金融业对其财政收入的贡献几乎都达到了80%以上，相应也吸纳了大量的就业人口。以泽西岛为

例，其90%的财政收入来自其离岸业务，离岸金融业务相应吸纳了20%的劳动力[①]。

根据2010~2017年对华投资前10位国家与地区情况可知，避税港型离岸金融市场的国家或地区对中国投资一直处于前列，尤其是英属维尔京群岛近几年对中国投资一直处于前4位，成为中国外来投资主要来源地。因此，这里以英属维尔京群岛作为避税港型离岸金融市场的代表，分析其发展轨迹和影响因素。

（一）英属维尔京群岛的发展历程

英属维尔京群岛又名英属处女岛，位于中美洲的东加勒比海，与美属维尔京群岛毗邻，距波多黎各东海岸100千米，国土面积153平方千米，人口约3.1万（2016年），首府为罗德城，官方语言为英语，法定货币为美元。1967年行政独立，现其支柱产业是旅游与以离岸金融为主的金融服务产业，为世界上发展最快的离岸金融中心之一[②]。其发展为国际著名的离岸金融中心大致经历了以下三个阶段：

第一阶段：1963~1983年。这一阶段可以概括为自然形成的"避税天堂"与金融业态的空间集聚。1963年，国际经济合作与发展组织提出了关于对所得和财产避免双重征税的协定草案，在此后的20世纪60~70年代，美国和英国及荷兰等国签署了免除双重征税协议，并适用于各自的殖民地。当时许多跨国公司通过与低税收地区签订税收协定来逃避美国的高税收，其中荷属安的列斯群岛成为避税地区的先驱。20世纪70~80年代，荷属安的列斯群岛的金融子公司呈爆炸式增长，然而，许多投资者对荷兰的语言和法律体系不太适应。尽管英属维尔京群岛政府没有主动吸引这些金融投资者，但由于通用英语，且归属于英美法系，于是纽约Shearman和Sterling律师事务所开始拓展英属维尔京群岛市场，使其成为荷属安的列斯群岛的替代地，维尔京群岛的离岸金融业开始呈现快速增长[③]。

同时，英属维尔京政府为了发展经济、吸引投资，创造了宽松的税收环境，并提供配套金融服务，吸引了众多跨国公司来此进行贸易，经济逐渐由农业向金融服务业发展，政府也开始注重发挥其"避税乐园"的功能。英属维尔京群岛1971~1983年GDP与人均GDP分别从1700万美元和1717美元增加到7900万美元和6444美元。

① 巴曙松，郭云钊，等. 离岸金融市场发展研究：国际趋势与中国路径[M]. 北京：北京大学出版社，2008.

② https：//zh. wikipedia. org/wiki/维尔京群岛。

③ 孟广文. 英属维尔京群岛离岸金融中心发展历程及启示[J]. 地理科学进展，2017(3)：24-35.

第二阶段：1983～2000 年。这一阶段主要体现在通过优惠政策（见表 7-7①）驱动形成初级离岸金融中心。由于美国 1981 年终止了与英属维尔京群岛的双重税收协定，使其失去了很大比例的离岸业务。维尔京群岛政府为了解决这一问题，开始寻找可以代替原来税收协定的离岸模式。1984 年 8 月，英属维尔京政府颁布了《国际商业公司法》，该法律禁止来此注册的公司与本地居民进行贸易往来；作为交换，此地注册的公司免除包括印花税在内的全部税收。该法颁布之初，因其良好的保密性、宽松的企业制度、完善的法律基础使离岸金融业务逐渐得到恢复。

表 7-7 英属维尔京群岛的优惠政策

项目	优惠措施
税收优惠	非居民只需就来自本岛的收入纳税，在全球赚取的利润无须向当地政府缴税，印花税也被免除，且无外汇管制，对任何货币的流通都没有限制。跨国公司除每年向政府缴纳一笔营业执照续牌费外，无须缴纳任何其他费用
投资便利化政策	在英属维尔京群岛设立公司发证程序简单快速，官方干预较少；无须申报受益者；无须申报年利润、管理者资料及财务状况；无须每年按期举行股东大会或董事会；公司无注册资本最低限制，任何货币都可作为资本注册；注册公司只需一位股东和董事，公司人员中不必有当地居民；对股票的发行、董事和股东的任命、档案的保管基本不作要求；保护财产利益、继承遗产和信托利益；对有资质的机构享有法律免责权；允许自由的资金转移

1990 年美国入侵当时离岸金融市场的领导者——巴拿马，造成其政局混乱，于是该地区离岸公司不得不进行业务转移，出于安全考虑，大部分业务被转移到英属维尔京群岛等地②。英属维尔京群岛是一个自治管理、有相对独立的立法与司法权力的英属殖民地，由于远离国际政治纷争格局中心，全球政治或经济动荡对其造成的影响微弱，因此其政治、经济环境相对稳定，为离岸金融业务提供了稳定的发展环境。离岸金融业务的不断迁入也带动了银行、律师事务所及信托公司等的集聚，并对在该群岛设立公司的企业和个人提供境外公司注册业务。1994年，英属维尔京群岛在纽约聘请了公关公司作为其海外市场部门。在 1997 年香港回归中国之前，香港的很多公司为规避风险开始向海外转移资产，由于海外公

---

① 渝京. 海外"避税天堂"[J]. 新财经, 2009(12)：60-61；崔维纲. 英属维尔京群岛离岸公司一瞥[J]. 工商行政管理, 1999(10)：45-48.

② 崔维纲. 英属维尔京群岛离岸公司一瞥[J]. 工商行政管理, 1999(4)：45-48.

司的推介，最终使其成为香港公司外迁首选离岸司法管辖之地。因《国际商业公司法》对进行国际商事公司注册的离岸公司提供了整套的法律及诸多优惠和宽松的政策，英属维尔京离岸金融市场逐渐进入繁荣发展阶段，其 GDP 和人均 GDP 也分别从 1984 年的 9000 万美元和 6754 美元增长到 2000 年的 7.5 亿美元和 3.6 万美元。

2000 年毕马威会计师事务所受英国政府委托做一份关于离岸金融行业的报告，表明世界上大约 41% 的离岸公司成立于英属维尔京群岛。据统计，1998 年离岸金融业收入占维尔京政府直接收入的 51.1%。1984~1993 年英属维尔京群岛 FDI 流入流出变化不大，但 1993~2000 年英属维尔京的外国直接投资流入量与流出量逐年增加。仅流向中国的 FDI 就从 1993 年的 400 多万美元增加到 2000 年的约 50 亿美元。2001 年后，英属维尔京群岛 FDI 呈波动性快速增长①。

第三阶段：2000 年至今。通过完善法律与监管形成的发达离岸金融中心。2000 年 6 月，经济合作与发展组织公布了"确定和消除有害税收活动进程"报告，报告中列举了包括英属维尔京群岛在内的 35 个有害避税国家和地区，给其一年时间考虑是否与组织合作，并于 2005 年底前取消有害税制②。报告中提出加大征税、稽查、反不公平竞争行为力度等 11 项措施来制裁不与经合组织合作的避税地。2001 年英属维尔京群岛成立了金融服务委员会，加强对离岸金融业务的监管，以减少金融犯罪，防止市场滥用，维护合法交易的隐私。2002 年，英属维尔京群岛成为第一个与经济合作与发展组织签署税收透明度原则与信息交换协议的司法管辖区，且 2001~2003 年以来已数次修订反洗钱的立法。2002 年，美国颁布《外国账户纳税法案》，要求所有外国金融机构对美国纳税人提供所有账户和收入信息，维尔京群岛当局对立法也进行了适应性修订。2003 年以来，英属维尔京群岛金融立法已多次更新，为打击非法金融活动同意向海外的监管者提供信息，这些举措使得维尔京群岛的国际金融业务日趋合法化与规范化③。

2004 年《英属维尔京群岛商业公司法》取代了原来的《国际商业公司法》。新税制与老税制相比，税收负担有增有减，但总体税负变化不大，继续保持其作为避税港的税收竞争力。2000~2013 年，英属维尔京群岛的 GDP 和人均 GDP 呈波动性增长，2007 年分别达 10 亿美元和 4 万美元的最高值。2011 年，英属维尔京群岛获得的国际商业公司注册费高达 1.8 亿美元，占当局财政收入的 60%。至 2012 年，全世界有 40% 的离岸公司在英属维尔京进行注册，注册公司数量远远

①　郑强，杨瑞. 加勒比海地区离岸金融业的发展与趋势分析[J]. 北方经济，2010(9)：85-87.

②　周卫民. 低税制：英属维尔京群岛的魅力[N]. 中国税务报，2005-09-14.

③　傅雪莹，陈才，刘继生，等. 世界金融地理层级性研究[J]. 地理科学，2011，31(12)：1447-1453.

大于开曼群岛、马恩岛、毛里求斯。而且，就 2000~2013 年避税港型离岸金融市场对华直接投资额来看，英属维尔京群岛远远大于开曼群岛、毛里求斯、萨摩亚。2013 年 9 月，由于其在中国香港开设办事处，越来越多的亚太客户被吸引到英属维尔京群岛投资①。

英属维尔京群岛充分利用国际政治经济环境，发挥自身独特区位、人文、政治与经济要素等优势，吸引投资者集聚，建立起离岸金融市场，并通过不断完善商业政策、法律体系和监管，使离岸金融市场不断完善与发展，成为世界重要的离岸金融中心之一。

（二）全球避税港型金融中心建设的主要做法

综观全球著名的避税港型离岸金融中心，具体而言，它们通常的做法可以概括为以下四点：

(1) 当地政府对在其境内注册的境外公司提供优惠税收②。避税港型离岸公司和离岸金融机构从事国际贸易和金融业务等均可免缴或少缴所得税，不缴资本利得税、外国投资税、汇出税、地产税、销售税和增值税等其他税收。例如，巴巴多斯对离岸业务最高征 2.5% 的所得税，而对国内公司则要征收高达 40% 的所得税；对离岸机构除了不征收资本利得税，通常还采取如下的税收优惠政策：对离岸银行、国际商务公司和有限责任团体按利润额给予税收优惠（利润在 500 万美元以下的按 2.5% 的税率缴纳所得税；500 万~1000 万美元的按 2% 的税率纳税；1000 万~1500 万美元的按 1.5% 的税率纳税；超过 1500 万美元的按 1% 的税率纳税），并免缴预扣税；免税保险公司和外国销售公司则可免缴所得税、预扣税和财产转移税，不必进行纳税申报及公布财务状况。

(2) 当地政府对境外公司只收取一定的注册费、营业执照费和管理费等有限的费用。一般来说，境外公司只要通过律师或会计师事务所就可以在当地办理注册手续并由其代理相关业务而无须注册人亲临注册地，而且许多避税港不要求离岸公司提交财务报告，不要求每年召开股东大会及董事会会议（即使召开其地点也不受限制），公司日常运作可委托秘书处理③。此外，有些避税港的当地法规还允许离岸公司在世界各地经营业务，只要它们基本上不在注册地从事经营活动（金融业务除外）。

(3) 离岸公司在避税港享有高度的隐私权。发行股份不需要到政府机构登记，只要投资者本人知道其拥有某离岸公司的股票就行了，而且此类公司的股票

① 李兵兵. 开曼群岛离岸金融中心的形成与发展透析[J]. 商业时代，2009(36)：93-94.
② 任杰，丁波，等. 离岸金融中心发展过程中税收因素研究[J]. 经济纵横，2007(24)：30-32.
③ 连平. 离岸金融研究[M]. 北京：中国金融出版社，2002.

可以在完全保密的情况下进行交易。此外，许多避税港离岸金融中心为保证隐私权还制定了相应的法律法规，明确禁止金融机构（包括银行、代理商、保险公司等）和咨询业人员（代理商、会计师、律师、投资顾问等）将客户资料或有关会计资料泄露给任何第三方（个人、公司或政府等）；规定任何泄露信息者都可能被判处1年以上的有期徒刑和罚款。

（4）其他优惠政策。为了吸引更多的离岸资金，避税港离岸金融中心还采取了许多拓宽离岸资金投资渠道的措施，如在汇率等方面实行更加优惠的政策，并对离岸机构不实行外汇管制。

总之，避税港离岸中心通过金融创新，借助于离岸公司和离岸金融机构吸引了越来越多的国际资本。许多离岸金融中心的业务也因此获得了惊人的发展。有关资料显示，1968年这些避税港离岸金融中心的银行存款约为110亿美元，1978年就增加到3850亿美元（OECD，1987）；20世纪80年代末，仅加勒比地区离岸存款就超过4000亿美元（Peagam，1989）；20世纪90年代初，全球离岸存款总值约为1万亿美元。IMF资料显示，目前集中在离岸金融中心的财富至少有18万亿美元而且仍有继续增加之势。

从这些避税港地区的经济结构来看，离岸经济的发展也极为迅速，其规模和影响力已经远远超出了当地的其他产业，甚至占据绝对优势地位[1]。许多避税港离岸金融中心不仅汇集了大量离岸金融机构，而且也解决了当地的就业问题，其金融业资产规模之大甚至超出了一些中等发达国家水平。

（三）经验借鉴与启示

1. 顺应金融发展趋势，建立离岸金融市场

20世纪50年代以来，随着全球金融国际化、自由化程度的提高，世界各地纷纷建立离岸金融市场以带动本国金融发展。新加坡、日本、中国香港已经发展为国际上重要的离岸金融市场，马来西亚、泰国也正在建立离岸金融市场[2]。中国也需要建立离岸金融市场作为平台与工具以进一步推动金融改革与创新，逐步实现人民币国际化。我国已在沿海地区首先建立了上海、天津、福建和广东自由贸易试验区，金融创新与人民币国际化是其重要实验目标。宜宾市可努力与试验区进行业务嫁接，争取成为业务试点城市，在为中国最终建立离岸金融市场积累经验的同时提高宜宾的金融业品质。

2. 因地制宜，选择合理模式

避税港型离岸金融市场是一个国家和地区通过提供低税收和完善的金融专业

---

① 何光辉，杨咸月. 避税港离岸金融中心经济有待转型[J]. 外国经济管理，2003(12)：31-35.

② 梁璐. 浅析中国建设离岸金融中心的背景及对策建议[J]. 对外经贸，2014(7)：73-75.

服务吸引国外投资，建立空壳公司，增加收入，促进工业基础薄弱地区经济发展的离岸金融市场类型。宜宾市的金融业发展也应该从实际出发，发掘自身优势，明晰发展方向，确切发展目标。

3. 施行税收优惠政策，提供专业金融服务

英属维尔京群岛最初利用优惠的税收政策吸引了大量客户集聚，从而奠定了离岸金融市场的发展基础。宜宾市在建立自身金融市场时可以推行适当的优惠政策，借鉴离岸金融中心如减征或免征利息预扣税、银团贷款所得税、贷款利息及海外收入预扣税、营业税、印花税等一系列税收优惠措施，提升自身吸纳金融机构的能力，同时适度放宽金融自由度。

4. 注重高技能金融人才培养

根据英属维尔京群岛的经验，宜宾市建立自身金融市场时应注意对高技能、高素质的专业金融人才的培养，并吸引跨国会计师或者国际水准的律师事务所，为客户提供不同类型的专业金融服务，保证金融市场健康稳定地发展。

5. 健全法律体系，实施有效监管

英属维尔京群岛通过设立专门的金融监管机构——金融服务委员会[①]，对本地离岸金融业务进行监管，而且与各国签署了多项税收信息交换协议，构建了强大的监管体系和完善的监管制度，成为客户首选司法管辖区，进而促进其离岸金融业的发展。宜宾也应建立一个高效的金融监管机构，并针对离岸金融的交易和监管两方面制定离岸金融市场相关法律。

八、其他国际金融中心的发展历程、经验借鉴与启示

（一）法兰克福国际金融中心的发展历程、经验借鉴与启示

二战后，法兰克福经过半个多世纪的发展，从古老的德国金融中心逐渐蜕变为充满活力的欧元区金融中心。虽然次贷危机与欧债危机对欧元区的经济金融造成了巨大的冲击，但法兰克福在银行数量、股票与债券的交易指标排名仍旧保持相对领先。根据 Z/Yen 智库 GFCI 指数对全球金融中心的测评，法兰克福在全球金融中心的排名在欧债危机前相对稳定，一直在第六名左右徘徊；但是，在危机

---

① 鲁国强. 国际离岸金融市场的发展轨迹及影响研究[J]. 金融发展研究，2008（2）：15-18.

后法兰克福的位次明显下降，在 2018 年 3 月第 23 期《全球金融中心指数报告》中处于第 20 位。

1. 法兰克福国际金融中心的发展历程

法兰克福国际金融中心的历程如表 7-8 所示。

表 7-8　法兰克福国际金融中心的发展历程

时期	核心特征	主要做法
1945～1973 年	联邦德国央行落户法兰克福，确立其在国内的金融中心地位	●法兰克福位于西德中部，拥有庞大的机场，且是驻德美军总部所在地，美国遂将西德央行设立在法兰克福 ●央行与银行间在支付系统方面很大程度上依赖纸质信息交换，遂使众多大银行选择将总部设在交通便利的法兰克福 ●1958 年欧洲经济共同体成立，西德政府宣布马克可自由兑换，西德资本市场开始逐步国际化
1974～1998 年	外资银行的落户使法兰克福发展为国际金融中心	●布雷顿森林体系崩溃后，"石油美元"导致国际流动性迅速增加，银行跨国发展势头迅猛，法兰克福的外资银行占整个西德的 2/3，国际金融中心的地位由此确立
1999 年至今	欧洲中央银行在法兰克福设立使得其成为欧元区金融中心	●1988 年 7 月，欧洲中央银行在法兰克福成立，使法兰克福成为欧元区货币政策决策中心 ●2014 年，欧洲央行开始行使银行监管职能，进一步巩固了法兰克福欧元区金融中心的地位

第一阶段：1945～1973 年。由于法兰克福位于西德中部，拥有庞大的机场，且是驻德美军总部所在地，美国遂将德国中央银行央行设在法兰克福。当时的支付系统在很大程度上依赖纸质信息交换，各银行与央行之间的信息往来需依靠信使传送，遂使众多大银行选择将总部设在交通便利的法兰克福①。

1958 年，欧洲经济共同体成立，西德政府宣布马克可自由兑换，西德资本市场开始逐步国际化，法兰克福证券交易所得以迅速发展。20 世纪 60 年代初，大部分总部位于德国其他城市的银行都在法兰克福设立办公室或并购位于法兰克福的银行，以便更好地参与法兰克福证券交易所的交易。尽管 50 年代初法兰克福、柏林、杜塞尔多夫、汉堡和慕尼黑等城市都建立了外汇交易市场，但在六七十年代西德马克面临升值压力期间，西德中央银行仅在法兰克福干预货币市场，

① 杨小军，薛波.国际金融中心比较研究——基于路径依赖与蝴蝶效应的分析[J].新会计，2009(5)：21-25.

此举进一步提高了法兰克福作为金融中心的吸引力。

第二阶段：1974~1998 年。布雷顿森林体系崩溃后，"石油美元"导致国际流动性迅速增加，银行的跨国发展势头迅猛。众多外资银行进军法兰克福，参与法兰克福证券交易所交易。当时法兰克福的外资银行数量占西德外资银行的 2/3，到 20 世纪末一直保持这一比例。法兰克福的国际金融中心地位由此确立。

第三阶段：1999 年至今。1998 年 7 月，欧洲中央银行在法兰克福成立，法兰克福从此成为欧元区货币政策决策中心。特别是 2010 年欧债危机以来，欧洲央行在应对危机、捍卫欧元方面的作用愈发突出，一举一动都成为市场焦点[①]。2014 年，欧洲央行开始行使银行业监管职能，进一步巩固了法兰克福的欧元区金融中心地位。大量国际金融机构围绕欧德两大央行和联邦金融管理局，在法兰克福新设或扩大原有机构规模，以便获得最新的金融政策信息。

2. 经验借鉴与启示

（1）集聚信息优势。法兰克福作为欧洲中央银行决策中心与德国金融业监管中心，吸引了大量国内外金融机构前来开展业务。

（2）区位优势。法兰克福地理位置优越，交通便利，是欧洲重要的交通枢纽，法兰克福机场是欧洲最繁忙的机场之一，良好的基础设施建设为金融中心的发展提供了便利。

（3）自身的经济条件。法兰克福每年的 GDP 超过 500 亿欧元，人均 GDP 更是达到了 8.4 万欧元，是德国最具经济实力的地区之一，稳健的经济发展为金融中心的发展提供了有利的依托[②]。

（4）人才优势。法兰克福地区各高校为金融行业培养了大量人才，高校与机构间形成了良好的互动。

（二）迪拜国际金融中心的经验与启示

迪拜是阿拉伯联合酋长国里人口最多的酋长国，这个波斯湾的酋长国地处阿拉伯建筑、文化和商业"复兴"的核心地区，以金融、贸易、货运、旅游等产业为主。多年来，雄心勃勃、英明果断的历任迪拜酋长，一直在努力将迪拜建设成为一个全中东地区的商贸、旅游和航运中心。而今，善于把梦想变成现实的迪拜人，正在把迪拜建成全球最大的国际金融中心的梦想变成现实。自 2004 年规划成立迪拜国际金融中心（DIFC）伊始，短短 14 年，根据 GFCI 指数排名，迪拜已经稳稳处于国际前 20 大金融中心行列。2017 年，其金融部门产值在 GDP 中的比

① 王传辉. 国际金融中心产生模式的比较研究及对我国的启示[J]. 世界经济研究，2000(6)：73-77.

② 李永宁. 国际大都市的辐射效应研究——法兰克福都市区发展案例[J]. 城市观察，2013(5)：64-76.

重约为 11.1%[①]。

1. 兴建 DIFC 的历史基础

30 年前，迪拜除了一座小港口、酋长王宫一无所有，而且以走私之都闻名于海湾地区。但是，历任酋长早在 20 世纪 60 年代就开凿运河，大建港口、机场，发展物流，为构建自由港创造条件。后来又不失时机地建数码城，积极参与全球信息革命，促进产业升级，并向服务业转移。目前，非石油产业占迪拜 GDP 的 95% 以上，摆脱了中东国家依赖石油的发展之路，掀起了过去极端保守的阿拉伯世界的经济革命，为迪拜构建金融中心创造了很好的先决条件[②]。

迪拜的领导人一贯奉行"自由贸易"政策，这个传统政策被一代代承袭下来。迪拜的领导人不仅具有商业上的远见，在政治上也相当成熟。这使历来动荡的中东似乎与迪拜没有什么关联，反而成为油价上涨的最大受益者。自 1995 年以来，政府加大经济多元化的力度，其中建立迪拜国际金融中心也是经济多元化的主导政策之一。

迪拜将中国香港自由经济政策与新加坡政府治理城市的优点很好地结合起来，这也是其能在短时间内建国际金融中心——酋长国双塔，并快速成立商品期货交易所、证券交易所等多个交易市场的关键所在[③]。2004 年 9 月，迪拜政府决定设立 DIFC，使其成为迪拜 10 多个自由区中的一个。DIFC 占地面积 110 公顷。正是看到了迪拜的独特性，各国投资机构加速进入这个"聚宝盆"。迄今为止，DIFC 内已经成为中东地区最大的金融中心，从设立初期的 19 家入驻公司发展到 10 年后的 2014 年共有 1086 家公司入驻，包括全球最大的 30 家银行中的 22 家、十大保险公司当中的 6 家，以及资产管理公司和财富管理公司前 20 中的 11 家。中国工商银行、中国银行、中国农业银行以及中国建设银行已先后入驻 DIFC。

2. DIFC 的特点

（1）无外汇管制成核心竞争力。汇率管制的开放降低了机构面临的政治风险，从而吸引大量专业金融资本流入迪拜。同时，这样增加了资本的流动性，从而形成积极的雪球效应。DIFC 相较于一些新兴国际金融中心而言，有着不可比拟的竞争力，尤其实施的零税率和无外汇管制措施，更是其核心竞争力所在[④]。DIFC 的核心竞争力如表 7-9 所示。

---

①　https：//www.difc.ae/.

②　张玫.迪拜：石油美元催生金融中心之梦　新地缘金融[J].商场现代化，2007(1)：15-17.

③　张天桂.新兴国际金融中心的崛起、特色和前景[J].经济视野，2016(14)：256-258.

④　吕阳.城中之城[M].北京：中国经济期刊出版社，2014.

表 7-9 DIFC 的核心竞争力

- 允许外资 100% 所有权
- 免征个人及企业所得税、利息收入免税、税后分红免税（持续至 2054 年）
- 可广泛地应用于阿联酋公司实体的避免双重征税国际条约网络
- 资本账户完全可兑换，资本及利润可 100% 汇出
- 以美元为主的交易体系，禁止使用当地货币拉迪姆进行交易
- 以英国普通法为基础的独立的国家法律体系，以及完全独立的普通法司法体系
- 与国际相关法律和最佳实践一致，完全透明的运作环境
- 国际化环境吸引大量国际机构与专业精英集聚
- 获得区域性财富与投资机会平台
- 现代化交通、通信、网络设施
- 提供签证、工作许可证等一站式服务

（2）明确的市场交易规则。2004 年 9 月，迪拜政府决定设立 DIFC，使其成为迪拜 10 多个自由区贸易之一，并将金融服务业作为仅次于旅游业的重点开发产业。占地面积 110 公顷的 DIFC 自建立开始就吸引了大量金融机构进驻。据悉，目前大概有 1200 家企业在 DIFC 运作，其中有近 400 家是金融机构。而在金融机构及其他企业纷纷在 DIFC 挂牌营业的情况下，DIFC 的证券交易所和商品期货交易所等市场也迅速建立起来。

DIFC 首席执行官阿卜杜拉曾表示，尽管受到欧债危机、全球经济下行和地缘政治动荡的影响，但 DIFC 仍然加强了迪拜作为国际金融和商业中心的地位。迪拜世界一流的基础设施和普通法系司法体制为国际和地区公司进入该市场提供了一个坚实的平台。预计在 DIFC 注册的公司数将保持年均增长 20% 的势头。虽然 DIFC 是一个挂靠于政府的机构，但其运营则是完全独立的。尤其是其高标准以及高透明度的法规、法则，无疑为来自世界各地不同的企业及机构提供了明确的操作准则。

出于反洗钱等的考虑，联邦政府对 DIFC 融资活动有一定的干预。按照阿联酋法律，内阁做出的决议须经七位酋长组成的联邦最高委员会审批，该委员会通过后再由总统颁布命令予以批准。此外，迪拜还请来前英国金融界的权威人物菲利普·索普来规范市场，利用欧洲的金融监管标准，建立迪拜金融中心的游戏规则，新规则保证，迪拜金融业务都是在透明的情况下运作[①]。

---

① 赵蕾，邓迪心，何晓懿. 沙漠金融中心之门——迪拜国际金融中心的纠纷解决机制［N］. 人民法院报，2017-07-14(8).

（3）以零税率为代表的制度架构。DIFC 对企业及金融机构最大的吸引力还在于零税率和无外汇管制。DIFC 为入驻的金融机构提供了很多优惠条件，包括至少 50 年的零税率；同时，DIFC 已经和 45 个国家都签订了"避免双重征税"的协定等。另外，允许 100% 的外资所有权，在阿联酋的其他地方，阿联酋的公民和在阿联酋注册的公司必须持有多数股。

零税率的措施是很多离岸金融中心的做法，如开曼群岛、瑞士等，这些地方也因此被视为"避税天堂"。不过，迪拜是一个在岸金融中心。虽然迪拜的税收优惠措施与一些"避税天堂"的做法类似，但是两者之间存在本质的差别。离岸金融中心允许一家公司在当地注册但在其他地方运营，而在岸金融中心则是要求公司在 DIFC 注册后有实体公司进行运作。

（4）得天独厚的时区与地理区位优势。更重要的是，DIFC 的地理位置和时区也得天独厚，它位于亚洲和西方国家的中间，与伦敦有 4 个小时的时差，与北京也是 4 个小时的时差，一天之内可以覆盖东、西两个市场，刚好填补中国和西方交易市场上的"金融真空"。同时，它还可以向中西方之间的 25 个国家提供金融服务。包括海湾国家、中东国家、伊朗和中亚国家，总人口约 16 亿，是一个巨大的资本市场。

3. 迪拜国际金融中心对宜宾的启示

对迪拜经验的理想性与宜宾市可以着力的可行性经验分类概括不难发现，政府主导迪拜金融中心建设与发展的经验对宜宾有很大的借鉴意义。政府在基础设施建设与规划上要牵头。迪拜从 30 年前的小渔村一跃而成为中东地区重要的国际金融中心，政府可以说在迪拜的发展与建设中发挥了巨大的作用。宜宾市还处于金融中心建设的起步阶段，相应的软硬件条件与其发展定位还不匹配，这就要求政府发挥重要作用。政府的主要作用体现在健全与完善相关的法规制度与监管手段，营造良好的金融生态环境，确保金融业的健康发展，在吸引金融企业入驻的同时放宽非金融服务类企业入驻标准。迪拜积极吸引国际金融机构落户，对引进的金融机构要进行筛选与评估，在严格审查与犹豫、保守之间找到平衡点。正是国外资本的大量涌入才打造出了迪拜这一国际金融中心，纵使美国次贷危机引致全球避险情绪上升，给外资依赖性过高的迪拜金融中心的发展创造了很大的损失，但是独树一帜的 DIFC 金融环境为危机后的迅速恢复打下了基础。在金融监管方面，宜宾应借鉴 DIFC，简化审批流程。适当地合并监管审批机构能够降低交易成本，也能激发企业的活力，给予企业足够的发展空间。

（三）苏黎世金融中心

苏黎世是瑞士银行业的代表城市，也是世界上具有影响力的全球金融中心之一。在 2018 年 3 月的第 23 期 GFCI 指数报告中苏黎世排名第 16 位，但是报告中也显示在西欧地区，苏黎世的排名仅次于伦敦，是欧洲重要的国际金融中心之一。

1. 苏黎世金融中心的现状

瑞士是全球最大的离案金融中心，超过伦敦、纽约和法兰克福，占有 35% 的市场份额，被公认为是国际资产业务管理的全球领导者。苏黎世则是瑞士国内最主要的金融中心，瑞士证券交易所的总部设于苏黎世，它也是瑞士银行业的代表城市。金融业、银行业和保险业也是苏黎世重要的经济来源。得益于健全的银行体系和先进的资产管理水平，使其成为世界离岸金融中心和国际资产管理业务的领导者。

（1）银行业发达。苏黎世的银行业十分发达，尤其在个人银行业务方面，更是居世界领先地位。苏黎世集中了全球 120 多家银行的总部，其中半数以上是外国银行。瑞士联合银行、瑞士信贷银行、苏黎世金融服务集团以及许多欧洲私人银行的总部均设于苏黎世。2004 年，瑞士共有银行 342 家，总营业额为 22370 亿瑞士法郎；管理的有价证券总金额达 34590 亿瑞士法郎，其中国外储户存放在瑞士银行的有价证券金额为 19670 亿瑞士法郎。外国银行在瑞士分支机构 26 家。其中，最大的两家瑞士银行为瑞士联合银行(UBS)和瑞士信贷银行(CSG)。

（2）外汇市场发达。苏黎世外汇市场中，参与者有瑞士国家银行（中央银行）、瑞士联合银行、瑞士信贷银行、国际清算银行（BIS）以及其他金融机构，包括现汇和期汇品种，主要交易货币为美元。苏黎世外汇市场的交易量很大，其中现钞买卖业务的年成交量约有 20 亿瑞士法郎，是世界少有的现钞买卖中心。瑞士还是世界外汇清算中心之一及重要的国际资本集结周转站，每日处理 1240 亿美元的转付和外汇业务。

（3）证券交易国际化程度高。位于苏黎世的瑞士证券交易所(SWX Swiss Exchange)是一家国际化程度非常高的交易所。目前瑞士证券交易所的国内市值在欧洲交易所中名列第五。除了股票交易，瑞士证券交易所还进行债券、ETF 以及各类证券化衍生品的交易。在权证交易量方面，瑞士证券交易所在欧洲占据领先地位。苏黎世债券市场也是以外国债券交易为主，是外国债券在欧洲的主要发行地之一。2006 年，瑞士证券交易所市场上，外国债券新筹的资金超过 570 亿美元，在世界交易所中排名第四。在交易所 1395 亿美元的债券交易量中，外国债券占了 791 亿美元，占比达 57%。苏黎世拥有仅次于伦敦的世界第二大黄金市场，其黄金交易以现货和零售为主，主要交易对象为金币，主要参与者是银行。苏黎世黄金总库(Zurich Gold Pool)建在瑞士两大银行非正式协商的基础上，不受政府管辖，其统一买卖报价是国际金市价格的主要参考指标。苏黎世的保险业也十分发达，其中最大的保险公司是苏黎世金融服务集团，它是世界第二大保险公司。[①]

2. 苏黎世金融中心的优势

（1）独特的定位。苏黎世和日内瓦是私人银行和资产管理中心。由于在细分金融领域占有巨大的优势，使得苏黎世在特定方面具有独具特色的竞争优势。

（2）拥有许多金融业巨头。有这些重量级的金融企业的支撑，让苏黎世具有不容小觑的实力。此外，金融行业还在苏黎世国际金融中心的建设中发挥着自发的积极作用：2007年瑞士银行业联合会（SBVG）、瑞士保险业联合会（SVV）、瑞士基金联合会（SFA）、瑞士新金融中心基础设施集团（SWX），共同制定了一份金融业发展规划，致力于将苏黎世建设成为继伦敦、纽约之后的世界第三大金融中心。[②]

（3）文化发挥重要作用。瑞士忠诚、严谨的民族文化使他们对客户绝对忠诚，因此也使瑞士人在发展私人银行方面如鱼得水。瑞士银行业高效、严格的保密能力，使苏黎世成为世界上主要的离岸银行业务中心。[③]

（4）有欧洲一体化优势。在竞争中，欧洲的金融中心形成自己特有的专业技能。功能的差异避免了金融中心之间的恶性竞争，并使其和谐共存。在欧洲一体化的大背景下，欧洲的一些金融中心通过合作来增强竞争。

（5）有政治和政策优势。瑞士是一个永久中立国家，因而成为国际游资的安全存放地；对资本输出没有什么限制；具备国际游资分配中心的作用；保护私人财产，允许资本自由移动；瑞士的政治、经济稳定有连续性；瑞士法郎是世界上比较稳定的货币之一；二战后欧洲经济的恢复和发展促进了苏黎世金融市场的发展。

九、国际金融中心发展经验对宜宾的启示

每个金融中心都有其独特的发展历程。导致金融中心演变的因素多种多样，其中有很多偶然机遇性因素，但这并不意味着金融中心的建设无迹可寻，偶然因素中蕴含着一些必然。很多共通的特质在不同金融中心的不同形成路径上都曾发

---

① 来自百度百科词条"苏黎世国际金融中心"和"苏黎世"。

② 赵剑英. 苏黎世规划建成世界第三大金融中心[N]. 经济日报，2007-10-11（012）.

③ 王文越，杨婷，张祥. 欧洲金融中心布局结构变化趋势及对中国的启示[J]. 开放导报，2011（3）：27-31.

挥过重要的作用，进而产生了金融中心诞生与发育的内在共性。宜宾市能否成为国际性区域金融中心之一，同样只要相关要素具备、发展过程正确，这一问题就不难解答。读史可以鉴今，通过考察世界典型城市成为全球重要金融中心的历史演进路径，可以得到很多对宜宾有借鉴意义的经验与启示。

（一）金融中心建设的内在共性

无论是西方的国际金融中心还是国内的金融中心，它们在孕育、诞生与发展的过程中都有一些共同的品质，这些内在共性是后发地区推动自身金融业发展、指导自身金融中心建设的基础。

1. 金融中心的孕育依赖较为发达的腹地经济

金融业是为实体经济服务的，自诞生以来就分布在商贸中心与商业中心。按照马克思的观点，金融资本本身就是从产业资本中游离出来的闲置资本①。工商企业不仅是金融资本的重要来源，更是金融资本应用的重要市场。以客户资源为最重要的竞争资源的金融业，无疑需要一个较为强大的经济腹地为后盾。区域经济学研究表明，经济的发展不可能是完全均衡的，地理环境、资源等较有优势的地区会率先发展起来，逐渐成为地区或更为广阔空间的经济中心，经济中心产业结构的提升会推动第三产业，特别是金融服务业，进而发展成为金融中心②。

金融中心的发展经验表明，世界上著名的金融中心首先是本国和世界的经济中心。以伦敦为例，18 世纪的英国是当时世界上最重要的国际贸易强国，伦敦是英国的经济活动中心，因国际贸易与投资等引起的国际性融资、航运、保险、外汇、证券和其他金融服务促使伦敦的金融体系日趋完善，各类金融市场迅速发展，最终确立了其国际金融中心的地位。20 世纪初，随着世界经济增长重心的转移，作为新的经济中心的纽约逐渐发展成为国际金融中心。20 世纪 80 年代初，日本制造开始挑战美国，日本世界工厂的地位奠定了东京作为国际金融中心的基础。从香港成为国际金融中心的历程来看，其始终与亚太地区尤其是与中国内地逐步成长为全球经济的发展核心联系在一起。因此，一个金融中心城市在金融经济领域内主导地位的持续，必须依靠所辐射腹地强大的经济基础为其提供源源不断的动力。经济中心是金融中心发展的基础，金融中心是经济中心发展到高级阶段的表现形式③。目前，我国已经是世界制造中心，经济体量位列全国第二，宜宾建设国际性区域金融中心已经具备国家层面的经济发展规模条件，但就宜宾自身的腹地而言，目前尚比较弱，需要进一步提升其经济实力，扩大其吸引和辐射

① 马克思，恩格斯. 马克思恩格斯选集［M］. 北京：人民日报出版社，2004.
② 安烨，刘立臻，等. 中国区域金融非均衡发展的动因分析［J］. 社会科学战线，2010(11)：51-57.
③ 贺瑛等. 国际金融中心比较研究［M］. 上海：上海财经大学出版社，2011.

腹地范围。

2. 金融中心的诞生需要金融自由

金融压抑对金融发展的桎梏作用古已有之，中世纪欧洲的金融业务发展缓慢，在很大程度上要归结于教会的影响。而正是由于威尼斯独特的政治、民族、文化特点，以及与教会的亲密关系，使其有别于其他地区成为金融业自由发展的摇篮[1]。出于同样的原因，美国纽约在发展初期也享受着一个较欧洲更为宽松与自由的金融氛围，正是这种简约与高效的金融文化，吸引了具有冒险精神和创新能力的各界精英[2]。金融自由的作用还体现在欧洲美元与亚洲美元市场的形成与发展中，20世纪50~70年代发生的美元资本大迁徙，其初衷在很大程度上正是为了规避美国国内过于严苛的金融监管与限制[3]。也正是资本这种趋向自由的内在要求，成全了20世纪下半叶伦敦作为国际金融中心的二次崛起，为新加坡成长为国际金融中心打下了基础。

金融自由能够促进金融发展的一个关键因素就是与之俱来的创新活动，这是金融业务和金融体系能够发展壮大的本源所系。从古至今，金融发展的历史就是一部创新的历史，从威尼斯时代的政府公债和金融市场雏形的出现，到荷兰阿姆斯特丹商品与股票交易所的成立，再到现代各种股票、债券、混合证券、共同基金以及众多的衍生产品，金融创新一直在不断地推陈出新，以满足各个时期划时代经济变革的需求[4]。这种创新行为需要一个稳定和相对宽松的平台，以承载金融活动所必需的制度基础。哪个地区能够提供这种平台，以满足资本流转与业务拓展的内在要求，哪个地区就具备了形成金融中心的必要条件，这也是金融自由作为金融中心内在共性而存在的一个原因。

宜宾市的金融发展与国家的金融制度和环境息息相关，与发达国家相比，我国目前的金融体制开放自由度相对较低，因此，宜宾市要提高其金融自由度，仅凭自身条件和力量可操作性非常有限应向国家要政策，争取更多的金融自由空间试验试点。

3. 金融中心发展依赖稳定的金融环境

金融自由是国际金融中心诞生的基础，但稳定的金融环境对于金融中心而言也是不可或缺的。金融自由不可避免地就是会放大金融风险，尤其是在金融产品与金融体系日趋复杂的今天，这种风险表现出来的隐蔽性、不确定性与巨大的破坏性使金融自由带来的好处被大大抵消。不只是新兴国家，即使是已经形成稳定

① 约翰·希克斯. 经济史理论[M]. 北京：商务印书馆, 1987.
② 道格拉斯·诺斯. 西方世界的兴起[M]. 北京：华夏出版社, 2017.
③ 于宁. 新加坡国际金融中心启示录[J]. 金融博览, 2015(5)：44-45.
④ 郎咸平. 公司的秘密[M]. 北京：东方出版社, 2008.

规模的国际金融中心也会面临同样的考验，这使金融体系与制度设计成为当代金融中心构建的不可或缺的一环。

一个好的制度不仅要在初期表现出很好的支持性，同样在发展中也要根据事实来修正以保证未来能经受得住资本的冲击与时间的考验。在这方面日本的例子具有很强的代表性，由于主办行制度在金融风险识别、化解上天生的缺陷，导致金融自由化后大量泡沫风险在银行系统内沉淀，表面上一片繁荣，实际上金融体系内部的资金链条已相当脆弱①。在日元升值与内部加息的内外困扰下，支持金融市场非理性繁荣的投资信心开始波动，并由此一发不可收，一次危机就使20年财富的积累灰飞烟灭。日本的经验在于仅仅通过扩大规模而试图将金融风险存量化的方法没有出路，一个健全的金融制度，应当包含优良的金融风险识别、风险控制、风险转移功能以应对复杂的国际金融环境。因此，建立一个合理的金融制度就成为某一地区是否可以成为国际金融中心的前提条件，同时这也是历史与当代金融中心在内在共性上最明显的区别。

此外，资本的逐利性也决定了地区经济的发展速度，并且经济规模的广度与深度同样是金融中心得以存在与延续的关键因素。没有经济的快速发展，资本就难以取得超常规的平均回报，这是不言而喻的事实。因此，尽管不同金融中心的发展路径不同，但总会伴随着地区经济的快速增长而出现。资本流动的方向会在收益、风险和监管成本之间寻找平衡点，但对收益的偏好始终放在第一位，只要存在诱人的回报，资本就会自发向内渗透。这种逐利的特点是一把"双刃剑"，如果回报建立在理性之上，有地区经济持续稳定的增长作为基础，那么资本的流入会加速这一过程，并形成金融系统，经济系统间的良性互动；如果相反，超常规的回报建立在非理性的投机行为之上，则金融繁荣会在短期膨胀后迅速湮灭，这种金融环境的骤变对地区经济发展是致命的。因此，在金融兴衰的历史中，总能看到两方面的教材，历史上威尼斯、伦敦、纽约以及日本等金融中心的出现就与当地贸易区的发展以及该地区在贸易中的独特位置密不可分，而这种发展是以实体经济的发展为基础的，因而具有可持续性；但是，阿姆斯特丹的郁金香泡沫，英国南海泡沫以及日本大萧条的例子也显示出非理性的狂热与游资的反复无常，以及在资本冲击后遗留的灾难性后果②。

（二）当代金融中心建设中的政府作用

当然形成金融中心的过程中包含诸多的随机性机遇因素，如战争对威尼斯、纽约、伦敦等金融中心的形成就起到过推波助澜的作用，在某些时候这种随机性

---

① 张红地. 建立具有中国特色的主板行制度[J]. 金融博览，1996(1)：1-3.
② 罗伯特·席勒. 非理性繁荣[M]. 北京：中国人民大学出版社，2008.

的影响甚至超过了地区本身作为金融中心的共性因素的影响，但这往往是暂时的[①]。这里应关注的核心是怎样推动某些随机因素促进金融中心的形成；否则，即使是历史机遇的天然眷顾也难以形成持久的金融繁荣。从国际金融中心的发展史来看，政府在其中扮演着愈发重要的角色。

金融中心最初是为适应该国或地区经济高速发展的需要而自然形成的，如国际金融中心伦敦、纽约、中国香港等。20世纪70年代后，由于金融中心对一国的经济发展所发挥的作用日趋显著，越来越多的政府部门开始积极参与金融中心的建设，即有目的地为金融中心的形成创造各种必要的软、硬条件，设法吸引金融机构向此集中，从而形成前文提到的政府主导型金融中心。新加坡的金融中心的形成与发展堪称这一模式的典范。新加坡刚刚独立时，国内经济低迷，金融发展水平落后，并不具备形成国际金融中心的条件。1968年，新加坡政府毅然决定开放离岸金融业务，并宣布废除离岸外币存款利息税，并特许美国银行在新加坡设立离岸借贷业务的ACU，以低税收等条件来吸引和鼓励外资银行来新加坡营业；同时新加坡政府积极加强国内金融市场的建设，构筑内外分离式的金融管理体制。新加坡金融的国际化带动国内金融业的发展，20世纪80年代，新加坡已成为亚洲主要的国际金融中心，国民经济也在金融业发展的带动下高速成长，在短短的20年时间里就达到了中等发达国家水平[②]。

近年来，一些新兴市场国家政府更加积极地致力于打造自身的国际金融中心城市，迪拜的国际金融中心的形成就是一个很好的例子。2004年6月，阿联酋发布了联邦法案，拟划定一个占地110英亩的区域，将之建设成为迪拜酋长国的联邦金融免税区——迪拜国际金融中心。仅经过三个月的建设，一个世界级的国际金融中心悄然屹立于迪拜，迪拜国际金融中心就这样完全在政府的策划下形成了。作为一个新的金融机构的聚集区域，迪拜政府为参与者提供了一系列极富吸引力的投资环境，如外资100%持股、免收收入与利润所得税、阿联酋通用的双重课税条约网络、外汇和资本及利润流出不受限制、美元流通环境、高标准规章制度的透明操作环境、严格监督与强制实施的反洗钱法、奢华的现代办公设施与艺术工艺、完善的基础设施、信息保护与安全等。自2004年9月成立以来，迪拜国际金融中心就吸引了来自全球各地的高端企业，包括前10强在内的139家世界500强企业已经开始在迪拜开展业务。

此外，即使是西方发达的自由市场经济国家，政府也曾无一例外地加大了对本国金融业进行扶持与引导的力度与倾向。如贺瑛、华蓉晖专门探讨了政府在伦敦与纽约两大国际金融中心各自发展过程中的作为，其结果是政府不仅将对金融

① 白钦先. 百年金融的历史性变迁[J]. 国际金融研究，2003(2)：59-63.

② 白钦先. 亚洲债券市场发展：任重而道远[J]. 中国外汇管理，2004(12)：18-19.

业的扶持与规范渗透在平时的正常经营；当本国金融业体制与现状已不再适应国际竞争的需要，不利于经济结构的调整和产业要素的优化时政府的干预更是如此①。

可以看到，在由政府主动出击打造国际金融中心这一特殊的路径中，政府在降低金融监管置业成本，完善、提高金融从业人员生活质量，提高人力资源素质，提高通信等基础设施建设，改善监管环境以及制定低税收政策等方面发挥着巨大的作用。所以，政府介入金融中心的建设正在成为各国金融中心形成的主流模式。

（三）启示

前述各类国际金融中心发展历程及其发展金融的举措与模式，为宜宾建设国际性金融中心提供了多层次多视角多领域的经验借鉴，宜宾建设区域性金融中心应该重点借鉴的因素包括：伦敦经验——完善的金融机构和金融工具是金融中心的基础；纽约与东京经验——国家或者地区的经济实力成为一国或地区金融中心的重要支柱；中国香港经验——外资金融机构进入本地市场的渠道，专业的人才资源是国际金融中心发展的必要条件；新加坡经验——着眼金融市场发展机遇，高效政府推动金融基础设施建设是当前金融中心建设的主流模式；以英属维尔京群岛为代表的离岸金融中心发展经验——优惠的制度成本是吸引金融机构集聚的重要一环。

与过去相比，现代金融业的范围已经大大拓展，国际竞争条件的变化决定了新生的金融中心不能采用传统发展的老路②。因此，以新加坡为代表的现代金融中心的成功，尤其是近年来新兴市场国家政府积极打造自身国际金融中心所取得的显著效果，都是抓住机遇并借助政府主导的超常规的发展模式在短期内迅速完成，这才是值得宜宾市借鉴的经验。

加快金融"基础设施"建设。一方面，加快发展完善交通、通信等金融业集聚所必需的基础设施建设。国际金融中心要么是制造业中心，如纽约、东京等；要么从周围经济体借力，如中国香港、新加坡等，而高效的基础设施建设不仅是制造业发展的要求，也是向周边经济体借力的介质。宜宾市自古以来就是川南、滇东北的物资集散地与交通节点。鉴于自身经济体量相对国内金融中心较小，而相对周边城市经济指标相对领先，再加上金融服务全域性的特质，宜宾应加快完善自身金融业基础设施建设，着力打造自己的经济腹地。另一方面，加快金融从

---

① 贺瑛，华蓉晖.金融中心建设中的政府作为——以纽约、伦敦为例[J].国际金融研究，2008(2)：60-66.

② 胡坚.欣欣向荣的国际金融中心——香港[M].北京：北京大学出版社，2007.

业人才、金融机构的引进与入驻。新空间经济学的核心观点是：创新驱动的区域繁荣是异质性人才的选择结果。人才是知识的创造、传播与利用者，也是知识的所有者，更是创新最根本、最重要的稀缺资源；同时，知识也是金融创新型企业的核心资源。鉴于知识型产品附加价值高、运输成本对利润影响很小，因而产品运输成本对创新企业区位选择的影响基本可以忽略不计；由于知识型产品市场的全域性的特点，因而局域市场规模对金融创新企业的区位选择影响也很小。因此，金融人才的区位决定金融创新企业区位，进而决定地区金融业发展与地区繁荣①。

2017 年末，宜宾市有两所普通高校，普通本(专)科招生 0.8 万人，在校生 2.66 万人，本地严重缺乏金融业发展所需的人才支撑，因而宜宾市吸引知识资源的视角伊始就应是放眼全国，进而放眼全球。吸引人才的路径开端可以分为直接吸引金融业高端人才和吸引金融业企业落址宜宾间接获取人才两类，二者不是舍我即彼的，而是相互促进，共同发展。在吸引金融机构方面，一方面可以建立绿色通道为金融机构的入驻提供个性化服务，针对不同需求一事一议，实行专人专事专线专办；另一方面应启动中央商务区建设计划，提供一流的基础设施建设与公共服务，为金融机构的集聚提供空间基础。在吸引金融人才方面，可以定向为金融人才在住房、子女教育方面提供优惠。

打造高效政府。首先，规划先行。宜宾金融中心的建设伊始就要找准自身的发展定位，金融中心的总体定位是吸引金融机构聚集的主要因素之一②。例如，位于济南高新技术产业开发区的资本市场发展示范区的定位是吸引风险投资、私募股权等金融机构为区域内高新技术企业上市提供支持，这在一定程度上将有助于吸引金融机构在资本市场发展示范区的聚集。而且随着我国金融中心建设的遍地开花，明晰的规划有助于避免激烈的同业竞争，减少政府建设成本的投入。

其次，推行专人、专局的"大"监管模式。金融产业区域内集聚有助于区域间的金融资源实现合理配置，获得帕累托改进③。然而从我国当前金融系统内部结构和管理结构来看，超过半数的金融功能区处于多重机构的多重监管之下。例如，对北京金融街享有管理权限的机构包括金融街街道办事处、金融街综合管理办公室及功能街区服务办公室。这对于金融功能区的发展来说不仅将造成政府推动力不足等问题，而且由于众多管理机构间的协调成本较高，多重监管下的监管质量难以保证。

宜宾应努力主动争取中央政府、省政府的政策支持。从形成机理来看，中国

① 杨开忠，薛领，等."新"新经济地理学的回顾与展望[J].广西社会科学，2016(5)：63-74.
② 王曼怡.中国特大城市金融竞争力研究[J].金融博览，2011(3)：72-73.
③ 于文菊.新加坡"监管沙盒"对我国启示[J].青海金融，2017(4)：32-35.

大型金融机构总部，地区性金融机构总部不在宜宾，金融机构的集聚不足使宜宾无力承担大型或较大型的国际、国内业务，因此没有中央或地方省级部门的政策扶持，仅靠自身要成长为区域性金融中心是几乎不可能的。宜宾应选择合适的金融产品细分市场或品种，与国内、国际金融中心接轨，争取跃身为区域、全国乃至国际不间断交易中的重要一环。宜宾要打造区域性金融中心，再加上金融产品服务全域性的特点，它最初的定位就应该是针对解决区域乃至全国的客户对一种或者少数几种金融服务需求的专业化问题，所以应从全国视角来了解金融业的未来发展方向与发展空间。新加坡、中国香港等金融中心的发展现实表明，抓住机遇是金融中心起飞最重要的外在推动力。结合国际发展趋势和国内形势，其中消费金融、互联网金融和绿色金融具有巨大潜力，总体来讲是金融领域发展蓝海，是宜宾建设金融中心的重要潜在切入点。

1. 消费金融

客户的需求是一国、区域金融产品和服务不断创新和优化的原动力。对金融服务的需求有内需和外需之分，由于目前对我国金融服务的外需即金融服务的出口额仅有 31.8 亿美元，占我国金融服务需求的比重很小，因此内需的拉动是提高我国金融服务贸易国际竞争力的关键，也是宜宾金融中心发展的着眼点。

居民对金融服务的需求与居民的收入水平是正相关的。从全国来看，改革开放以来我国城镇和农村居民的人均收入持续增长，城镇居民家庭人均可支配收入从 1978 年的 344 元增加到了 2017 年的 36396 元，提高了 105.8 倍，而农村居民家庭人均纯收入从 1978 年的 134 元增加到了 2017 年的 13432 元，提高了 100 倍。显然，城镇居民的人均可支配收入增长要快于农村，进而导致城镇居民对金融服务的需求增长也快于农村。由于我国农村人口众多，因此金融服务的个人需求还没有充分激发出来，消费金融还有很大的开发潜力和市场空间。

从"90 后"的消费理念来看，援引 2017 年支付宝发布的《中国大学生财富价值观调查》数据，此次调查针对中国 4000 多所高校及职业院校、1000 多万在校大学生的消费数据进行了专门梳理。数据显示，2016 年中国大学生使用支付宝的人均支付金额为 40839.468 元，与 2005 年相比增幅为 97%。而这仅仅是支付宝上的消费，并没有涵盖现金、微信、银行卡、信用卡以及消费贷等其他消费方式。在某种程度上"有钱就花，没钱就借"成为现代年轻人的价值观，这在相当程度上预示了中国的主流价值观将由储蓄在先变为消费在先，发展消费金融在很大程度上符合未来的经济环境。

2. 互联网金融

2015 年 7 月，国务院发布了《关于积极推进"互联网+"行动的指导意见》，同期十部委联合印发的《关于促进互联网金融健康发展的指导意见》也进一步明确未来要以银行为主体，联合互联网公司共同发展互联网金融。2016年3月，互联网金融也被纳入"十三五"规划中，标志着互联网金融已经上升为国家战略。2017年11月18日，由中信银行与百度公司联合发起设立的直销银行——百信银行正式开业。

支付宝与微信支付的诞生给人们的生活带来了极大的便利，也给传统银行业带来了很大的冲击，但是由于传统银行体系的安全性，大额交易与大额汇款业务等仍由传统银行经营。因此，2016年支付宝与微信虽然在支付笔数上是传统银行的60倍，但是支付总额只有其4%（见图7-2）。新兴的百信银行可以说兼具了微信与支付宝的便利和传统银行的安全，将会对我国人民未来的生活带来极大的改变。

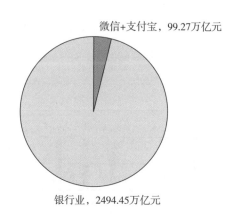

图7-2　2016年银行业与支付宝+微信支付总额对比情况

为了揭示互联网金融的发展空间，可以与美国这个成熟的金融体系做横向对比。美国的直销银行的市场份额为10%，而我国目前的直销银行（依附于现有银行体系的直销银行，不同于百信银行）的市场份额只有0.2%，可以说以百信银行为代表的直销银行未来有巨大的发展空间。

新型的直销银行相对于传统银行在获客成本、交易成本（见图7-3）以及活期存款利率上有巨大的竞争力，在经营效率上更加高效（见图7-4）。这些优势再加上以四大国有银行为代表的现有银行系统净利润增幅日趋下降（见图7-5），互联网金融以其天生的竞争力和符合当下经济现实与未来发展方向的理论基础，终将改变我国目前的金融格局。

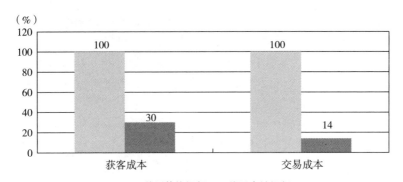

图7-3 美国传统银行与直销银行的获客成本与交易成本的对比

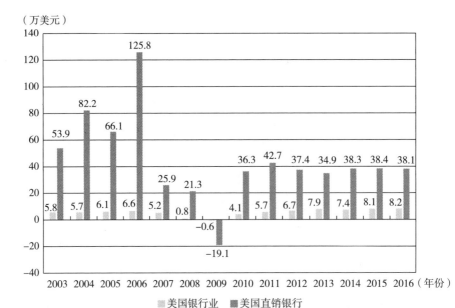

图7-4 2003~2016年美国传统银行业与美国直销银行员工人均创造利润对比

3. 绿色金融

党的十八届五中全会提出了创新、协调、绿色、开放、共享的新发展理念，绿色发展上升到了前所未有的高度。《中华人民共和国国民经济和社会发展第十三个五个规划纲要》明确提出"健全现代金融体系"，其中就包含发展绿色金融。2018年第一季度全国两会召开，生态文明和绿色发展再次成为关键词①；全国环

---

① 关于李干杰部长记者会内容的详细分析，参见《兴业研究绿色金融报告：统筹管理，打好污染防治攻坚战——评十三届全国人大一次会议环保部部长李干杰记者会》。

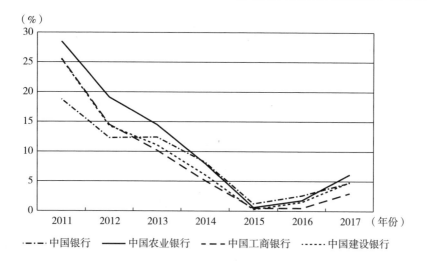

图 7-5　2011~2017 年我国四大国有银行净利润增幅

保工作会议召开，强调要打好"污染防治攻坚战"，并进一步明确了新的环保目标[①]；此外，环保税、自然资源资产产权制度、地方干部环境责任审计与追责制度、生态环境损害赔偿制度、环保督察制度等制度也陆续落地实施，生态文明"四梁八柱"的逐步成型。随着绿色发展的步伐进一步加快，作为生态文明体制机制重要内容的绿色金融，也受到了更广泛的关注。

从绿色信贷角度来说，2018 年 2 月 9 日银监会集中披露了 2013 年 6 月至 2017 年 12 月国内 21 家主要银行绿色信贷数据。根据银监会披露数据，绿色信贷市场逐年递增，截至 2017 年 12 月，21 家主要银行绿色信贷余额已达 8.22 万亿元（见图 7-6）。

从绿色债券角度来说，绿色债券是我国绿色金融市场最大的亮点。2017 年国内市场发行贴标绿色债券 2486.13 亿元，比 2016 年增长了 22.72%，占全球总发行量的 22%。2018 年第一季度，绿色债券发行规模继续增长。按照气候债券倡议组织（CBI）的统计，我国市场第一季度发行绿色债券约合 102 亿美元，占全球总量的 42.15%。

从环境产权角度来说，环境资产产权制度是我国生态文明体制机制建设的重要内容，而碳排放权是所有环境产权中，市场化程度最高、市场发展最完善的领域。2017 年 12 月 19 日，全国碳市场宣布启动，初期拟纳入发电行业合计逾 1700 家排放主体，预计覆盖碳配额 35 亿吨。除了碳排放权，排污权、可再生电

---

① http://politics.people.com.cn/n1/2018/0203/c1001-29804212.html.

力证书等环境权益的交易也在积极准备。显然，绿色金融业在我国正蓬勃发展。

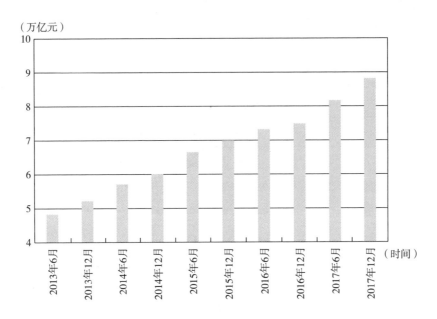

图7-6 2013年6月至2017年12月我国绿色信贷余额增长情况

    当然，作为新兴的绿色金融，未来的发展必将遇到很多的瓶颈。从经济学的角度来说，为保护环境而生的绿色金融是具有正外部性的，具有正外部性物品的特点是会供给不足，因而我国绿色金融的问题是其依然严重地依赖政府的财政补贴。在2008年之前全球经济同步高速增长，世界各国政府财政都很充裕，但是2008年全球金融危机之后，我国政府财政越来越紧张，相较于养老问题与地方债务问题，绿色金融的投入很难持续得到政府的大力推动。对于存在外部性物品的供给来说，其发展离不开政府，但经济学的逻辑表明，只要政府界定好产权，其他的事情交由市场来运转，其实这样会更好。所以，本书认为宜宾应走出一条新路——"让政府不出钱，只要出政策"，这样不仅是可持续的，也是宜宾嵌入绿色金融发展的突破口。

    沿着这个思路可提出两点思考：第一，由宜宾市政府托底，将绿色债权在全部债权中具有优先受偿的地位。也就是说，一个企业如果有一笔绿色的融资，如果企业破产了，对于清算之后的残值，能否在安置完下岗职工后，紧接着就是偿付绿色债权，然后再讨论其他的债权偿付？这样做的意义在哪里呢？这就意味着，绿色债权相当于企业债权中的优先级，这会极大降低绿色债权的信用风险。由此，站在投资人的角度，你的绿色融资收益不用很高，投资人也愿意投资，因为信用风险大幅度降低了。

第二，为绿色融资设定更低的风险权重。不仅是商业银行，对各类金融机构已经都有了各种定义不同的资本金要求和资本充足率管理。那么，有没有可能为绿色融资设定更低的风险权重。比如说，设定20%的风险权重。如果是这样，那么相信也可以极大地降低对于绿色的融资成本，而这些金融机构也愿意提供这样的融资，因为它节约了资本。因为如果一个项目考虑和排除了环境风险，那么它显然比其他没有考虑环境风险的项目更安全、信用风险更低，由此降低风险权重是有理有据的。事实上，绿色信贷的不良率的确也是更低的。2016年9月2日，中国银监会提供的数据显示，截至6月底，21家银行业金融机构的绿色信贷不良率为0.41%，而同期商业银行全行业的不良率为1.81%。从这个意义上讲，设定更低的权重完全合乎数据和实践的逻辑。

第八章　中国区域金融中心基本模式

本章对中国区域金融中心发展的基本模式进行归纳，对中国主要区域金融中心的发展模式和形成原因进行剖析，并总结归纳其对宜宾建设金融中心的启示。

一、中国区域金融中心发展的"中国特色"环境

（一）"中国特色"金融经济环境

中国经济经过连续 40 多年的高速增长，已经成为世界第二大经济体。当前，经济由高速增长转向高质量发展。在如此良好的经济环境中，利率市场化改革、人民币汇率形成机制改革有序进行，尤其是人民币的国际化进程不断加快，并加入国际货币基金组织的 SDR（特别提款权）。

中国金融市场处在改革之中。从战略高度来看，中国的金融市场化改革，是未来发展的必由之路，也是中国作为全球的一个重要经济体的重要基础。关于利率市场化改革，大额可转让存单可以使我们的利率市场化走的步子相对稳一些，使我们的产品不至于短期形成急剧的竞争。利率市场化之后，存款替代性产品会不断涌现，大额存单、银行理财、互联网金融等是相应的存款替代性产品。存款替代性产品跟美国做一个比较，就是原来的占比减少了，原来的低利率存款减少，在新的背景下，长期的利率成本会提高，负息的存款利率会增多。

人民币国际化是一个国家走向大国货币必然过程，一个大国的货币必须是国际化的。海外离岸市场的深度是未来人民币走向国际化的一个非常重要的方面。加入 SDR 也是我国国际对标的一个非常重要的方面。

（二）"中国特色"金融创新的路径选择

"中国特色"金融监管审慎的同时鼓励创新。严格的监管会扼杀金融创新的机会，而监管当局为保证金融体系的稳健性，必须对金融业实施监管。"中国特色"的金融改革和金融创新不仅没有简单的"市场化"或"自由化"，并且拒绝了"西方模式"将金融创新与金融自由化挂钩的路径。基于建立和完善社会主义市场经济体制的总体布局，监管当局选择了审慎监管与鼓励创新相结合的方式。这种具有鲜明"中国特色"的路径选择，其政策意图是：审慎监管以净化金融创新的金融环境和营造良好的金融生态，鼓励金融创新则是激发金融领域创新的热情和主动性。

第一，利率市场化改革反映出金融改革和金融创新的"中国特色"。2003年初，中国人民银行确定利率市场化改革方案，建立起由市场供求关系决定金融机构存贷款利率水平的利率形成机制，中央银行调控和引导市场利率，使市场机制在金融资源配置中发挥主导作用。利率市场化改革的进程显示，"中国特色"的利率市场化改革进程具有平稳有序和渐进式特点，既没有引发利率风险，也没有出现货币和银行危机。

市场利率的稳定性对于经济社会发展的意义重大而深远。一方面，如果市场利率频繁波动而不可预测，那么不仅影响企业的经营决策，而且如果利率持续上升，还会给企业的经营成本带来压力，使其财务状况恶化，甚至危及企业生存。另一方面，市场利率水平在低位的稳定运行有助于金融市场的稳定和提高企业的盈利水平，居民将降低储蓄倾向，刺激国内消费。

第二，"中国特色"金融创新的路径选择使金融监管与金融机构之间成为协同关系。这种协同关系可以从金融监管当局协调解决新的金融产品和服务与传统银行业务的矛盾中得以证实。2014年，支付宝的快捷支付上线后，中国工商银行等几家大型商业银行关闭快捷支付服务的做法，引起了大众对商业银行为保住既得利益打压新的支付方式的质疑。在此情况下，将这些非银行支付机构正式纳入中央银行监管，并对这些互联网金融产品和服务提供政策支持，与此同时，在不同金融机构之间进行协调，使传统商业银行很快改变了原来的态度，转而与新生的互联网金融企业进行友好合作与良性竞争。

（三）"中国特色"金融创新内容

第一，金融创新的内容将促进实体经济发展作为首要目标。金融存在与发展的理由和根本是服务实体经济，实体经济是立国、强国和富民之本，也是社会财富的基石。因此，金融创新的内容要始终坚持服务实体经济的要求。

为开拓中小企业的贷款渠道和增加贷款数量，许多省市在金融改革试验区如火如荼地进行金融创新试验。例如，政府将中小企业、金融机构、工商管理和税务等政府职能部门，整合在类似"中小企业金融信息服务平台"上。在这个平台上，政府职能部门提供相应的公共服务，中小企业提供借贷信息，金融机构依据中小企业提供的借贷信息和信用状况等资料，进行综合评价并最终作出是否提供贷款的决定。

第二，警惕金融衍生工具"过度创新"与滥用，使金融衍生工具回归其本来功能。对于中国当前的经济形势来说，抑制资产泡沫，防范金融和经济风险，已经成为财政和货币政策的重要目标，这也是中央政府针对房地产等行业的泡沫化倾向提出的宏观调控任务。如何使中国的房地产市场健康发展，让房价回归到合理的水平，这对于财政和货币政策都是一个严峻的考验。许多国家和地区在20世纪以及21世纪以来由于放松监管，使大量资金和金融业务游离在监管之外，转而流入以房地产为代表的资产领域，最终导致资产泡沫破灭，这些国家和地区最终出现了严重的金融危机和持久的经济衰退。中央银行抑制资产泡沫的"去杠杆"等决策，正是为了避免这类悲剧在我国重演。

（四）"中国特色"发展战略

1. 西部大开发与政策性金融支持

西部大开发是一项扶持西部发展的重要举措。中国实施西部大开发战略，依托亚欧大陆桥、长江水道、西南出海通道等交通干线，发挥中心城市作用，以线串点，以点带面，逐步形成我国西部有特色的西陇海兰新线、长江上游、南（宁）贵（阳）昆（明）等跨行政区域的经济带，带动其他地区发展，有步骤、有重点地推进西部大开发。在对西部大开发的进程中，政策性金融对西部大开发也发挥了一定的作用。

自从2000年西部大开发战略实施开始，政策性银行在西部经济发展中做出了很大的贡献，如国家开发银行先后支持开工了西气东输、西电东送、青藏铁路、生态环境建设等一批重大工程；中国农业发展银行则积极扶持西部地区农业，解决其"三农"资金紧张的问题。①

2. 丝绸之路经济带

丝绸之路经济带是在古丝绸之路概念基础上形成的一个新的经济发展区域。包括：西北五省份陕西、甘肃、青海、宁夏、新疆，西南四省份重庆、四川、云南、广西。其发展的具体措施主要有开辟交通和物流大通道；实现贸易和投资便

---

① 国务院新闻办公室网站．"丝绸之路经济带"战略构想的"五大支柱"与具体措施［EB/OL］．http：//www. scio. gov. cn/ztk/wh/slxy/31215/Document/1376559/1376559. htm. 2014-07-24.

利化，打破地区经济发展瓶颈；推进金融领域合作；成立能源俱乐部；建立粮食合作机制。

在金融方面，可以在丝绸之路经济带核心区建设区域金融中心。从融资、清算、外汇交易和金融市场四个方面打造区域性金融中心，实现在区域金融中心或金融贸易创新试验区内实现利率市场化、自由化，推动本币结算和兑换，增强抵御金融风险的能力，提高本区域经济国际竞争力。

二、中国主要区域金融中心的形成模式与原因分析

（一）中国区域金融中心形成模式

在金融中心的形成过程中，聚集经济是最主要的动因。金融机构进行集聚形成规模经济，可以有效降低金融机构成本，促进金融机构之间各种要素的流动与信息交流，因此聚集经济是金融中心的基础。金融中心的形成一般伴随着产业集群的发展，因为产业集群的发展意味着集群中企业对金融服务的需求有了大量增加，而需求的增加又通过某种机制引起供给的增加，于是金融产业开始扩张，形成一个十分完善的金融体系[①]。金融产业的扩张方式是本章的重点研究内容，即区域金融中心形成的基本模式。

根据黄解宇和杨再斌（2006）、孙剑（2007）、李玉萍（2007）等的研究，通过梳理相关文献，本书对区域金融中心的形成模式进行了分类，如表8-1所示。

通过对金融中心的形成模式进行分类对比可以得出，三种典型分类虽然命名不同，但是分类依据、分类特点都有相似的地方，比如以形成动因为依据的经济拉动型、以推力主体为依据的自下而上形成模式、以供给需求为依据的自然形成型，这三种从本质上来说，指的是同一种金融中心形成模式，其核心是当地的经济发展较为快速、较为成熟，从而为促进经济进一步发展催生出金融集聚，进而形成金融中心。故通过对有关文献的总结，本书将区域金融中心形成的基本模式分为经济主导的自下而上形成模式、区位优势主导的自下而上形成模式、政府强主导的自上而下形成模式、政府弱主导的混合形成模式。

---

① 黄解宇，杨再斌. 金融集聚论[M]. 北京：中国社会科学出版社，2006.

表 8-1　金融中心的形成模式分类

分类依据	模式类别	特点
形成动因依据	经济拉动型	自身经济发展水平高带动金融集聚
	政策推动型	经济发展水平不高，地区的金融政策较为宽松，从而形成金融集聚
	区位优势型	地理位置的优势，与邻国或地区的金融联系紧密
推力主体依据	自下而上	当地经济水平的成熟发展而促进金融中心形成和发展
	自上而下	通过政府部门的人为设计、强力支持而促使金融中心形成和发展
	混合模式	在"经济拉动力"和"政府推动力"合力作用下金融中心快速形成和发展
供给需求依据	自然形成	与经济发展同步，市场发挥主要作用
	政府推进	政府进行干预，对金融中心的形成发挥主要作用
	综合模式	经济发展较为良好，政府进行一定程度的干预

（二）中国区域金融中心案例分析

截至 2019 年，明确提出建设金融中心的城市共有 31 个，包括一线城市北京、上海、深圳；东部重要城市广州、杭州、青岛、济南、大连、天津、宁波、厦门、南京、苏州、温州、石家庄；西南部重要城市成都、重庆、昆明、南宁、贵阳；中西部重要城市武汉、郑州、长沙、南昌、合肥、西安、济南、乌鲁木齐；东北部重要城市哈尔滨、长春、沈阳。

下面对其中 29 个具有代表性城市的金融中心形成模式进行分析。

1. 一线城市

一线城市区域金融中心的形成模式及特色如表 8-2 所示。

（1）北京——具有国际影响力的金融中心城市。

1）北京市金融行业发展趋势。

首先，银行业助力京津冀协同发展。目前，北京银行业已形成了一个完整、成熟的银行体系，以国有商业银行为主体，股份制商业银行、地方商业银行及城乡信用社等多种金融机构并存，多家大型银行总部均设在北京。截至 2019 年末，北京银行业金融机构达到 4303 家，从业人员共有 191529 人，金融机构各项存款余额达 138408.9 亿元，同比增长 7.65%；金融机构各项贷款余额达 63739.4 亿元，同比增长 8.85%。可见，北京银行业体量十分庞大，如表 8-3 所示。

表 8-2　一线城市区域金融中心形成模式

城市	金融中心	建设模式	中心特色
北京	具有国际影响力的金融中心城市	政府弱主导的混合模式	科技金融创新、京津冀金融协同发展
上海	全球国际金融中心	区位优势主导的自下而上形成模式	全球性人民币产品创新、交易、定价和清算中心
深圳	国际化金融创新中心	带有区位优势的政府强主导的自上而下形成模式	制度创新和市场化实践

表 8-3　2016～2019 年北京银行业存贷款情况

年份	银行系统		金融机构各项存款余额（亿元）	增速（%）	金融机构各项贷款余额（亿元）	增速（%）
	机构（家）	人员（人）				
2016	3897	169305	91660.5	8.04	47880.9	10.86
2017	4018	189776	100095.5	9.20	53650.6	12.05
2018	4206	190652	128573.0	28.45	58559.4	9.15
2019	4303	191529	138408.9	7.65	63739.4	8.85

　　截至 2019 年末，辖内银行业支持京津冀协同发展表内外融资余额 8228.85 亿元，同比增长近 1 倍。支持保障房、交通一体化、产业转移升级、生态环境建设和城市副中心的融资合计占比高达 77.1%。北京银行业在京津冀一体化进程中正在进行着转型发展，为了更好地服务于京津冀，北京的银行法人机构积极开展银团贷款、联合授信、PPP 融资等业务，建立跨地区金融服务联动机制，发展互联网金融，避免地理上的障碍因素，将自身业务范围扩展至京津冀地区。

　　其次，证券业欣欣向荣。随着我国资本市场的逐步完善，体制机制的逐步健全，金融新产品以及新制度陆续推进，中国证券市场逐渐走向成熟。北京庞大的经济体量自然吸引了资本的聚集，截至 2019 年，总部设在北京的证券公司共有 18 家，证券营业部共有 301 家，注册地为北京的基金管理公司共 29 家，管理基金数更是多至 725 只。2016 年，北京市证券交易总量为 145932.7 亿元，2019 年则达到了 421962.9 亿元，年均增长率达 42.46%。如表 8-4 所示。

表8-4 2016~2019年北京证券业交易情况   单位：亿元

年份	2016	2017	2018	2019
证券交易总量	145932.7	232318.6	597169.7	421962.9
其中：股票交易	61596.3	85714.5	305252.9	135890.9
债券交易	69625.4	110657.5	182495.0	240689.6
募集资金交易	92.9	345.5	3258.2	1489.6
基金交易	4104.8	7311.7	24054.2	14212.4
其他交易	10513.4	28289.3	82109.4	29680.4
年末证券市场资金账户数（万户）	563.6	587.5	758.8	883.4

最后，保险业潜力巨大。随着人们收入水平的提高，保险作为防范风险的一种金融工具，越来越频繁地进入公众的视野，保险行业不断进行创新，解决经济市场上的资产保障、风险规避需求。2015年，《北京市人民政府关于加快发展现代保险服务业的实施意见》正式发布，健全了北京保险业发展的协调机制，规范了市场秩序，加大了保险业宣传力度，提升了全社会的保险意识，北京保险行业得到了蓬勃发展的机会。截至2019年末，北京市共有保险机构648家，保险机构内工作人员共15.8万人。

北京市保险收入呈快速增长的趋势，截至2019年末，保费收入达到1839.0亿元，其中人身险1469.7亿元，财产险369.2亿元，如表8-5所示。总体来看，北京市保险行业经济收益表现良好，业务规模逐步扩张。

表8-5 2016~2019年北京保险业赔付情况

年份	保费收入	人身险	财产险	赔付支出	人身险	财产险
2016	994.4	706.4	288	318.2	152.9	165.3
2017	1207.2	892.5	314.8	407.2	224.6	182.7
2018	1403.9	1059.2	344.7	506.6	300	206.6
2019	1839.0	1469.7	369.2	596.6	367.3	229.3

总体上，以银行业、证券业、保险业为主的北京金融行业对北京总增加值的占比呈增长趋势，说明北京市的金融行业在北京整体中占据越来越重要的位置，北京金融业对北京增加值的贡献在2017年、2018年均达到30%，体现了北京金融行业具有不可小觑的实力。如图8-1所示。

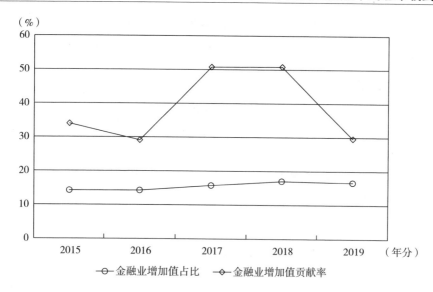

图 8-1 2015~2019 年北京市金融业增加值的 GDP 占比及贡献率

2）北京构建国际金融中心的形成模式。

首先，自身经济、金融基础实力雄厚。从北京经济发展程度来看，2020年，北京 GDP 达到了 36102.6 亿元，同比增长 1.2%，位居全国城市第二，具有雄厚的经济实力。国有成分经济是我国经济的主体，我国众多大型国有企业总部设在北京；作为国家首都，拥有的资源禀赋使北京成为跨国企业在华总部设置地；众多金融机构为了较快得到监管政策，以及北京具有广阔的金融需求市场，也纷纷将总部设在北京。总部的集聚会促进金融资本要素的流动，促进金融市场的发展。从金融监管机构来看，北京作为全国的政治中心和经济中心汇聚了国家各大部委机关和决策机构，以及中国人民银行、银保监会、证监会等我国最高金融决策和监管机构，几乎所有有关中国金融的重大决策都在这里酝酿、讨论和最终形成。从金融要素市场来看，北京作为我国金融业的资金结算中心、聚集了人民银行清算中心、中央国债登记结算有限责任公司、中央证券登记结算公司等全国性的结算中心。北京凭借其金融决策监管部门与金融机构总部集中的优势，可以快速取得金融信息，使金融机构在此集聚，享受其他地区无法得到的天然优势。从政府支持来看，北京市政府加大政策支持力度，推动北京金融机构融入国际金融新格局，开拓京津冀金融一体化新领域，争取科技金融创新新突破等。

其次，构建国际金融中心的基本模式为政府弱主导的混合模式。从以上分析可知，自身经济实力的雄厚对北京金融行业发展具有巨大的推动作用，同时，北京市政府对北京国际金融中心建设进行了积极的政策支持，所以北京国际金融中心的形成可以归类为政府弱主导的混合模式。

（2）上海——全球国际金融中心。

1）上海市金融行业发展趋势。

一是银行业积极创新转型。上海银行业以深化上海自贸区改革、建设具有全球影响力的科技创新中心为契机，主动适应经济发展新常态，坚持以提高服务实体经济为中心，全力推进创新驱动发展、经济转型升级。截至2019年末，上海银行业单位达622家，金融机构各项存款余额为110510.96亿元，同比增长6.51%，金融机构各项贷款余额为59982.25亿元，同比增长12.35%。如表8-6所示。

表8-6   2016~2019年上海银行业存贷款情况

| 年份 | 银行系统 | 金融机构各项 | 增长率 | 金融机构各 | 增长率 |
	机构（家）	存款余额（亿元）	（%）	项贷款余额（亿元）	（%）
2016	564	69256.32	8.97	44357.88	8.24
2017	601	73882.45	6.68	47915.81	8.02
2018	618	103760.60	40.44	53387.21	11.42
2019	622	110510.96	6.51	59982.25	12.35

上海银监局发布的《2016年上海银行业创新报告》显示，2016年上海银监局围绕上海科创中心建设，进一步指导辖内机构创新科技金融体制，升级投贷联动业务，申请建立投资功能子公司，上海银行业涌现出比较多的科技金融创新成果，相关业务规模持续扩大，服务科技创新的能力不断提高，创新生态体系正在形成。截至2019年12月末，辖内机构已设立6家科技支行，77家科技特色支行，设立了11个专属的科技金融部门，科技金融从业人员1788人，辖内机构通过投贷联动为183家科创企业提供贷款余额26.13亿元。

二是上海证券交易所繁荣发展。上海证券交易所成立于1990年11月26日，同年12月19日开业，经过20多年的快速成长，上海证券交易所已发展成为拥有股票、债券、基金、衍生品四大类证券交易品种的、市场结构较为完整的证券交易所；拥有可支撑上海证券市场高效、稳健运行的交易系统及基础通信设施；拥有可确保上海证券市场规范有序运作的、效能显著的自律监管体系。依托这些优势，上海证券市场的规模和投资者群体也在迅速壮大。2019年末，沪市上市公司达1182家，总市值约28.5万亿元，如表8-7所示。沪市投资者开户数量已达 22485 万户。

表 8-7 2017~2019 年上海银行业资本市场情况

年份 指标	2017	2018	2019
上市公司数(家)	995	1081	1182
上市证券数(家)	3758	5914	9647
上市股票数(家)	1039	1125	1226
股票发行股数(亿股)	27085.17	30235.54	32708
A 股	26934.14	30089.18	32553.81
B 股	151.03	146.36	153.95
股票市价总值(亿元)	243974.02	295194.20	284607.63
A 股	243102.74	293946.10	283555.04
B 股	871.28	1248.10	1052.59
流通股数(亿股)	24914.59	27418.41	29372.25
A 股	24763.56	27272.05	29218.30
B 股	151.03	146.36	153.95
流通市值(亿元)	220495.87	254127.85	240006.24
A 股	219624.59	252879.75	238953.65
B 股	871.28	1248.10	1052.59
市场筹资额(亿元)	7947.79	28085.63	34981.65
普通股	3962.59	8712.96	8056.45
首次发行	311.77	1086.90	1017.23
再次发行	3650.82	7626.06	7039.22
优先股	1030.00	1959.00	1378.00
债券	2955.20	17413.67	25547.20

资料来源：根据深沪股市资料整理而得。

三是保险业坚实服务实体经济。实体经济是国民经济的根基。在服务实体经济的过程中，保险行业对实体经济的"输血造血"功能愈发凸显。作为保监会放权基层、属地化监管改革试点城市的上海，在服务实体经济方面，成效显著。上海保险业呈较快发展态势，2019 年，其保险业收入达 1716.88 亿元，同比增长22.67%。其中，人身险收入增长较快，2019 年达到了 1190.99 亿元，同比增长29.66%；财产险收入 2019 年为 525.88 亿元，同比增长 9.32%。如表 8-8 所示。

上海保险行业业务总体规模不断壮大，发展态势良好。

表 8-8 　 2016~2019 年上海保险业赔付情况 　　　　　 单位：亿元

年份	保险系统	保费收入			赔付支出		
	机构（个）	合计	人身险	财产险	合计	人身险	财产险
2016	347	1529.26	1158.11	371.15	531.35	295.83	235.52
2017	363	1589.13	1101.40	487.73	532.07	282.47	249.60
2018	382	1399.59	918.55	481.05	563.93	264.27	299.67
2019	386	1716.88	1190.99	525.88	622.08	281.98	340.10

　　上海保险业发展迅速，并迎来了重要的发展机遇。上海保险业自主改革、积极创新使保险业规模处在持续扩张中，在上海市最新颁布的金融创新奖获奖名单中，保险业的获奖数量和质量创下历史新高。

　　总体来看，作为中国第一大金融城市，2019 年上海金融业增加值占 GDP 的比重已达 16.91%，增加值贡献率为 19.74%；在 2018 年达到最高，对上海产值增加的贡献高至 49%，说明上海的金融行业成为名副其实的支柱行业。如图 8-2 所示。

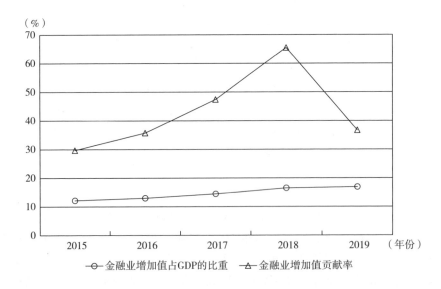

图 8-2 　 2015~2019 年上海市金融业增加值占 GDP 的比重及贡献率

2）上海构建全球国际金融中心的模式。

首先，上海金融历史悠久、区位优势突出、金融基础雄厚。上海具有辉煌的金融历史，一度被誉为"远东国际大都市"，历经百年而凝成的"海纳百川"海派金融文化，为国际金融中心建设营造了独特的历史人文环境。中国时区必将形成由一个全球国际金融中心和多个区域性金融中心组成的新格局。从区位优势来看，上海具有连接亚欧大陆、辐射太平洋和印度洋的地域特点，相对于香港等地，太阳早升起 1 小时（张五常，2009），这些都为上海成为金融中心打下了坚实的基础。从目前全国的情况来看，上海的金融业发展已经具有雄厚基础和突出优势，金融市场体系日益完善，已经形成了以资本、货币、外汇、商品期货、金融期货、黄金、产权交易、再保险市场等为主要内容的现代金融市场体系，整个交易规模也日益扩大。许多全国性的金融机构的主要营运中心、交易中心、票据中心、离岸业务中心、授信评审中心、数据处理中心、研发中心等都汇聚上海。

其次，上海国际金融中心是区位优势主导的自下而上形成模式。从以上分析可知，突出的区位优势为上海国际金融中心的建成起到了重要作用，上海拥有辉煌的金融历史，其金融中心的建设更符合自下而上形成模式，是经济成熟到一定阶段催生出的金融中心集聚地。所以，上海全球国际金融中心的建成模式可以归类为区位优势主导的自下而上形成模式。

（3）深圳——国际化金融创新中心

1）深圳市金融业发展趋势。

一是金融规模巨大，增长迅速。深圳市金融业增加值、总资产及金融机构本外币存贷款余额均居全国大中城市第三位。2019 年，深圳金融业实现增加值3667.63 亿元，较 2018 年增长了 9.1%，增加值占全市 GDP 的比重为 13.6%，金融业作为支柱产业地位进一步巩固和提升；金融业实现税前利润 2824.67 亿元，创历史新高；实现税收约 979.7 亿元（另实现证券交易印花税 1210 亿元），其中形成地方级财政收入 517.75 亿元，占地方一般公共预算收入的 19%。2019 年末，深圳金融业资产总额达 8.61 万亿元，比 2014 年底翻了一番；全市金融机构本外币存款余额和贷款余额分别为 5.78 万亿元和 3.24 万亿元，可比口径下，分别比2014 年底增长了 94.2%和 92.3%。

二是金融聚集效应持续增强。2010 年以来，深圳金融资源集聚效应持续增强，累计引入分行级以上持牌金融机构 158 家，至 2019 年末深圳拥有各类持牌金融机构 378 家，其中法人金融机构 160 家，比 2010 年翻了一番。银行业资产总额 6.83 万亿元，居全国大中城市第三位。证券公司总资产 1.43 万亿元，居全国第二；24 家基金管理公司管理公募基金资产净值 1.96 万亿元，18 家基金子公司管理资产 3.45 万亿元，居全国前列。保险法人机构总资产 3.17 万亿元，占全国 1/4 强。深圳证券交易所、平安保险、招商银行、国信证券、南方基金、博时基金、创新投集团等已发展成为国内外知名金融机构，其中平安保险、招商银行进入"世界 500 强"行列。

三是多层次资本市场平台发展快速。创业板启动极大提升了深圳多层次资本市场平台功能，2009~2012 年深交所连续四年 IPO 数量超过纳斯达克、纽交所、伦交所、港交所等全球主要交易所，居全球首位；2019 年，深市全年累计股票成交 122.5 万亿元，较 2014 年增长了 4 倍多。2019 年末，深市上市公司 2205 家，比 2015 年增加 459 家；上市公司总市值 23.72 万亿元，比 2010 年增长 173.3%。至 2019 年末，深圳依法设立要素交易市场 23 家，涉及企业股权、石油化工、金融资产、航空航运、文化产权等多个领域，其中深圳前海股权交易中心挂牌展示企业数量超 8700 家，累计为挂牌企业融资 118.6 亿元，成为全国挂牌展示企业数量最多的区域性股权市场；深圳农产品交易所创新发布"中国农产品批发价格指数"；深圳排放权交易所在国内率先开展碳排放权配额交易。2019 年，深圳银行间货币市场交易量 63.45 万亿元，银行间债券市场交易量 13.98 万亿元，银行结售汇总额 2878.4 亿美元；黄金夜市成交量 50.6 万吨，比 2010 年增长 10 余倍，占上海黄金交易所交易量的 60.3%；黄金夜市成交额 3.12 万亿元，占上海黄金交易所交易额的 29%。

2) 深圳构建国际化金融创新中心的形成模式。

首先，发展初期政府的引导作用较大。随着特区经济和金融业的发展，深圳逐渐成为金融资本的集聚地，金融中心最重要的特征——金融集聚效应开始显现。在政府引导和市场驱动的双重作用下，深圳强化金融政策完善和金融基础设施建设，发挥后发优势，实现了赶超式发展。1996 年，建设区域性金融中心正式写入《深圳市国民经济和社会发展"九五"计划》，2003 年，深圳市政府出台了《深圳市支持金融业发展若干规定》，明确了巩固和强化深圳区域金融中心地位的目标和措施。2003 年以后，深圳金融市场发展更加健全，对珠三角及全国的金融辐射能力进一步加强，与香港的金融合作也进入新的阶段，初步具备了发展成为国家重要金融中心的条件。2007 年，深圳金融"十一五"规划中提出"立足深圳，携手香港，联通全国，走向世界，做实、做强、做出特色，促进银行、证券、保险业持续均衡协调发展，努力把深圳建成中国一流的现代化、国际化的金融中心城市"。《深圳市金融业"十三五"发展规划》提出力争到 2020 年把深圳打造成为联通香港、服务全国、辐射亚太、影响全球的人民币投融资集聚地和国际化金融创新中心。

其次，毗邻香港国际金融中心的区位优势。深圳毗邻香港这个国际性金融中心和国际贸易中心，优越的区位使深圳在我国最初设计的四个特区中脱颖而出，快速崛起成一个现代化的国际性城市，其国际金融地位不断提升，日益稳固。除了国家给予政策外，深圳金融中心的形成亦受益于其优越的地理区位。

因此，深圳国际化金融中心的建设模式可以归为政府强主导的自上而下形成模式，并且享有优越区位优势。

2. 东部重要城市

（1）东部重要城市金融中心建设模式及其特色如表8-9所示。

表8-9　东部重要城市区域金融中心形成模式及其特色

城市	金融中心	建设模式	中心特色
广州	珠三角区域金融中心	政府强主导的自上而下形成模式	与粤港澳地区主要城市分工合作、错位发展
厦门	两岸区域性金融服务中心	政府强主导的自上而下形成模式	面向海西地区、海峡两岸以及"21世纪海上丝绸之路"沿线城市开放，发展特色离岸金融
天津	国际航运金融服务中心	政府强主导的自上而下形成模式	建成金融创新运营示范区
青岛	全业态金融机构集群	政府强主导的自上而下形成模式	发展蓝色金融，对接产业升级
大连	区域性金融中心	政府强主导的自上而下形成模式	建设亚洲重要的期货交易中心
杭州	全国一流区域金融中心	政府强主导的自上而下形成模式	充分发挥杭州互联网金融先发优势，加快互联网金融创新发展
宁波	区域性金融中心	政府强主导的自上而下形成模式	立足浙江，对接上海各类金融市场发展，承接上海金融交易平台的外溢效应
南京	泛长三角区域金融中心	政府强主导的自上而下形成模式	重点打造河西金融集聚区、新街口金融商务区和江北新区新金融示范区，形成"一核、两区、多点"的整体协同发展格局
苏州	长三角地区区域性金融中心	政府强主导的自上而下形成模式	发展基金产业、非银金融、互联网金融、普惠金融四大新兴金融
温州	具综合竞争力的区域性金融中心	政府强主导的自上而下形成模式	将温州的民间借贷等传统金融业态逐渐引到私募股权、风险投资和天使投资等现代金融业态

资料来源：笔者根据相关资料整理。

（2）典型城市金融中心形成模式介绍。

1）广州构建珠三角区域金融中心的形成模式。

首先，广州金融总体实力在全国处于前列位置。2019年广州市实现金融业增加值1629.43亿元，居全国大城市第四位，是2010年期末的2.4倍，占GDP

的比重达9%，占服务业的比重达13.48%，比2010年期末分别提高了2.76个和3.10个百分点，成为全市服务业中仅次于批发零售业的第二大支柱产业。截至2019年末，全市本外币各项存款余额4.28万亿元，是2010年期末的1.79倍；贷款余额2.73万亿元，是2010年期末的1.68倍，资金实力居全国大城市第四位；全市证券交易额为21.72万亿元，是2010年期末的5.2倍；保费收入为710.1亿元，是2010年期末的1.7倍，居全国大城市第三位。全市共有持牌金融机构259家（其中法人金融机构47家），类金融机构超过1500家，金融业总资产达7.21万亿元。2019年，实现来源于广州市的金融业税收收入为346.88亿元，是2010年期末的2.3倍。

其次，广州建立珠三角区域金融中心的构建模式应为政府强主导的自上而下形成模式。作为中国最具发展潜力的城市，金融政策的统一性和中央集中决策使广州不像其他城市型国家或地区实行独立的金融体制与政策选择，广州只能取得中国金融开放的程度与时间上的差别而不能获得制度上的差别。目前，广州已初步形成金融市场、金融机构、金融工具门类齐全、功能完善、金融业发达程度较高的金融集聚区。其金融体系的产生先于经济增长与发展的需要，很明显必须是政府来主导发展金融中心。

2）天津构建国际航运金融服务中心的形成模式。

天津市金融业快速发展。2019年，天津市金融业增加值为1588亿元，是2010年的2.8倍，年均增长16.8%，高于同期全市GDP年均增速4.4个百分点。金融业增加值占全市GDP比重为9.6%，对经济增长贡献率达15%，分别比2010年末提高3.4个和6.7个百分点。截至2019年末，天津市金融机构总资产超过4.6万亿元，是2010年末的近2倍；社会融资规模为4474亿元；银行业金融机构各项存款余额、贷款余额分别在2012年、2013年突破2万亿元，截至2019年末，存款余额、贷款余额分别达到了2.81万亿元和2.67万亿元，分别是2010年末的1.7倍和1.9倍；保险业保费收入五年平均增速超过16%，2019年保费规模达到398亿元，与2010年相比，保险密度增长了810元/人，保险深度提高了0.4个百分点。截至2019年末，直接融资占社会融资总额的比例达到23.4%，比2010年提高了14.4个百分点。

鉴于天津市在国内的经济地位、地理位置和市场成熟程度，天津理应选择政府强主导的自上而下形成模式，政府通过学习和借鉴国际金融中心发展经验，结合天津的实际情况制定天津金融中心发展战略和相关政策，集中各方面资源，积极推动金融机构、金融市场和金融制度建设，实现超常规发展。

3）青岛构建全业态金融机构集群。

首先，青岛市金融业处于持续发展中。2019年，青岛市金融业实现增加值

588.3亿元，是2010年的2.5倍；金融业增加值占GDP的比重达到6.3%，较2010年提高了2.2个百分点。金融业增加值占服务业增加值的比重达到12.1%，较2010年提高了3个百分点。金融业实现地方财力83.9亿元，占地方财力的8.3%，较2010年提高了2.7倍，年均增长21.6%，超过规划目标10.9个百分点。银行业金融机构本外币存款余额为13155.7亿元，贷款余额为11576.8亿元，分别比2010年提高了1.8倍和1.9倍；保险业实现保费收入为244.1亿元，较2010年提高了2倍；证券机构和期货机构分别实现代理交易总额为69394.1亿元和64381.3亿元，分别比2010年提高了5.8倍和1.6倍。

其次，青岛需突出自身的海洋经济优势，发展蓝色金融，自上而下推动区域金融中心建设。青岛是一个因海洋而闻名的城市，青岛的科研机构和海洋科研人员已占到全国总量的1/3，在区域金融中心建设过程中，可加快蓝色产业基金和具有海洋特色的财富管理中心的建立。因此，青岛的区域性金融中心建设必须结合自身优势，争取得到国家和省的支持，将市场推动和政策推动结合起来，努力形成上级支持、政府推动、国内和国际金融机构共同参与、共同发展的协调机制。

4）杭州构建全国一流区域金融中心的形成模式。

2019年杭州市金融业实现增加值941.47亿元，比2010年增长了61.4%，金融业增加值占GDP的比重为9.2%，远高于同期全国及全省水平。2019年末，金融机构本外币存贷款余额分别达29863.83亿元和23327.95亿元，比2010年分别增长了74.8%和54.7%。保费收入为374.4亿元，比2010年增长了84.5%。杭州市金融业增加值及其占GDP的比重、存贷款余额等指标均位居浙江省第一，长三角16个城市第二，仅次于上海。

杭州市构建全国一流区域金融中心的形成模式为政府主导的自上而下形成模式。因为对金融业务的选择性发展需要政府进行协调与指导，认真研究上海建设国际金融中心的规划、步骤及相关政策法规，并根据杭州市的具体情况，建立健全相应的政策法规，以利于两地金融经营与管理上的接轨。

杭州成为上海国际金融市场重要组成部分，是杭州审时度势发展金融业的必然选择。

杭州金融中心业务的发展要与上海金融中心的业务进行错位，如在业务上，上海市的重点是批发业务，服务对象主要是金融机构与大企业，杭州市的重点是零售业务，服务对象主要是企业和个人客户。

3. 西南部重要城市

（1）西南部重要城市金融中心建设模式及其特色如表8-10所示。

表 8-10　西南部重要城市区域金融中心形成模式及其特色

城市	金融中心	建设模式	中心特色
成都	立足四川、服务西部、辐射全国、具有国际影响力的西部金融中心	政府强主导的自上而下形成模式	构建新金融产业生态圈
重庆	国内重要功能性金融中心	政府强主导的自上而下形成模式	强化金融结算功能，建设跨境金融结算高地
昆明	面向南亚东南亚区域性国际金融服务中心	政府弱主导的混合形成模式	跨境金融国际合作
南宁	面向"一带一路"的区域性国际金融中心	政府强主导的自上而下形成模式	南宁—东盟和邕穗港台金融合作
贵阳	贵州大数据金融中心	政府强主导的自上而下形成模式	以大数据为基础的绿色金融创新

资料来源：笔者根据相关资料整理。

（2）典型城市金融中心形成模式介绍。

1）成都构建具有国际影响力的西部金融中心的形成模式。

首先，成都金融业综合实力逐步增强，金融业绩效与贡献度稳步提升，已成为地区经济最重要的支柱产业。2019 年，成都金融业实现增加值 1254 亿元，占全市地区生产总值的 11.6%，在 15 个副省级城市中，仅次于深圳，2010～2015 年年均增长率达到了 14.4%。截至 2019 年末，成都市本外币各项存款余额为 3.03 万亿元，较 2010 年末增长了 91.6%，本外币各项贷款余额为 2.3 万亿元，较 2010 年末增长了 74.4%；2019 年保费收入为 593.4 亿元，较 2010 年末增长了 80.8%；2019 年累计证券交易额为 12.7 万亿元，较 2010 年末增长了 2.4 倍。

其次，成都金融中心的建设仍然需要依靠政府的力量。①由于成都金融产品同质化以及低端化倾向的出现，成都要打造新金融产业生态圈，鼓励和引导各财富管理机构不断提供创新性、多元化的财富管理产品，不断提升提供差异化、个性化高水平金融服务的能力，引进全国和国际优秀的财富管理机构落户成都，吸引西部乃至全国的财富人群到成都管理财富。②需要采取政府政策供给引导的发展路径，通过免税或低税政策以及以客户为中心的财富管理法治文化建设，以市场和政府的力量共同推动成都发展财富管理。

2）重庆——国内重要功能性金融中心。

首先，重庆市金融业综合实力稳步提升，支柱产业地位持续巩固。2019 年，重庆市金融业增加值超过 1410 亿元，是 2010 年的 2.6 倍，年均增长 13.8%，占

GDP 比重达到 9%，较 2010 年提高了 2.1 个百分点。2019 年金融业对经济增长的贡献率较 2010 年提高了 5.2 个百分点，达到了 11.8%，拉动经济增长 1.3 个百分点。

其次，金融总量规模迅速增长，服务实体能力明显增强。截至 2019 年底，金融业资产规模 4.2 万亿元，较 2010 年翻了一番。金融机构人民币存贷款余额为 2.8 万亿元和 2.2 万亿元，分别是 2010 年底的 1.8 倍和 2.1 倍。"十二五"时期，全市新增地方社会融资规模 2.2 万亿元，债券发行总额达到 3666 亿元。境内外上市公司新增 17 家，达到 62 家，新增新三板挂牌企业 59 家。2019 年，保费收入 514.6 亿元，较 2010 年增长了 60%；保险赔款及给付 220.2 亿元，较 2010 年增长了 2.5 倍。保险深度达到 3.3%，保险密度达到 1706 元/人，较 2010 年增长了 53.3%。

最后，重庆市国内重要功能性金融中心形成的基本模式应该为政府强主导的自上而下形成模式。虽然重庆金融业整体发展态势呈上升趋势，但距离其建成金融中心的目标还很远。①其总量规模不够大，重庆市金融产业规模和增加值总量较北京、上海相比还很小，集聚辐射能力不强，地方法人金融机构数量不多，缺少全国性总部和国家级金融市场。②金融创新能力还需加强，金融创新产品并不丰富，具有影响力的机构、市场还不多；还有业态发展不均衡、金融人才不足等问题。

在此背景下建设金融中心，仅靠重庆市的经济发展来催生金融中心的形成是不可能的，需要依赖地方政府管理金融的能力和水平，以及一系列建成金融中心的指导性政策，因此重庆市国内重要功能性金融中心的建设还需政府的主动性参与。

3) 昆明构建面向南亚东南亚区域性国际金融服务中心的形成模式。

首先，昆明市金融业正处在快速发展时期。昆明市金融业增加值从 2011 年的 182.7 亿元增加到 2019 年的 718.9 亿元，占 GDP 比重保持在 7.3%～11.1%，年均增长速度 18.68%；金融业对 GDP 的贡献率从 2011 年的 2.4% 提高到 2019 年的 11.1%；金融业对第三产业的贡献率从 2011 年的 5.1% 提高到 2019 年的 17.4%。2011～2019 年，昆明市的存贷款余额增速保持在 8%～15%，保险业实现原保险保费收入由 95.52 亿元增至 158.24 亿元。证券账户开户数从 128.82 万户增至 187.68 万户，资金账户开户数从 106.39 万户增至 161.79 万户。

其次，昆明有良好的地理优势，可为建设区域金融中心提供条件。云南的地理位置优越，以澜沧江—湄公河水运为代表的"黄金水道"，以泛亚铁路与南北经济走廊、东西经济走廊、南部经济走廊构成的"黄金陆道"，将成为联系东盟与中国的"黄金大动脉"，云南恰在大动脉的接合部，昆明作为云南省省会，承担着把云南建设成西南"桥头堡"的重要"领头羊"责任，其坐拥先天的地理优势，可以开展与东盟国家的贸易往来，从而催生出对国际金融服务的需求，提供多种形式的融资服务，从而形成区域性跨境人民币金融服务中心。但是，在建设金融中心的过程中，也不能少了云南省政府和昆明市政府在中国—东盟自由贸易区中的桥梁和纽带作用，搭建云南与东盟各方面的合作平台。

4. 中部、西北部重要城市

（1）中部、西北部重要城市金融中心建设模式及其特色如表8-11所示。

表8-11　中部、西北部重要城市区域金融中心形成模式及其特色

城市	金融中心	建设模式	中心特色
武汉	中部区域金融中心	政府强主导的自上而下形成模式	建成全国科技金融中心
郑州	国家区域性现代金融中心	政府强主导的自上而下形成模式	打造全国重要的商品期货交易与定价中心
长沙	区域性金融中心	政府强主导的自上而下形成模式	打造绿色金融载体，大力发展绿色金融
南昌	中部区域性金融中心	政府强主导的自上而下形成模式	推动互联网金融产业园、基金产业园建设
合肥	长三角西翼区域性金融中心	政府强主导的自上而下形成模式	发展离岸金融、推进人民币跨境贸易结算业务
西安	具有科技、能源、文化特色的金融中心	政府强主导的自上而下形成模式	重点发展高新科技金融、能源金融
济南	在全国有较大影响力的产业金融中心	政府强主导的自上而下形成模式	培育有一定影响力的有地方特色的金融品牌
乌鲁木齐	区域性国际金融综合服务基地	政府强主导的自上而下形成模式	建成具备较强交易、定价、信息功能和创新能力的金融市场体系

资料来源：笔者根据相关资料整理。

（2）典型城市金融中心形成模式介绍。

1）武汉构建中部区域金融中心的形成模式。

首先，武汉市科技金融成重点发展产业。2019 年，武汉市金融业增加值为 837. 49 亿元，同比增长了 19. 71%，占第三产业比重达 15. 05%；金融机构本外币各项存款余额为 19393. 16 亿元，本外币各项贷款余额为 17135. 31 亿元。武汉城市圈成为全国首个科技金融改革创新试验区。2019 年底，全市银行业对科技型企业贷款余额 1304.7 亿元，并形成了"三板通"和"科技融"等在全国有影响的商业银行科技金融创新服务；推出了针对中小科技企业的"科技板""科技企业贷款保证保险"等一批具有鲜明特色的金融产品，为武汉市打造智力资本集聚区、建设科技金融中心提供了强力支撑。

其次，武汉构建中部区域金融中心的形成模式为政府强主导的自上而下形成模式。武汉的金融业虽然有了很大的发展，但是金融实力仍然落后于其经济发展，金融机构总部较少，金融征信系统初步建成，数据严重缺失，单靠经济繁荣催生金融业的发展是不可行的，也是不明智的。因此，武汉市政府为建设武汉区域金融中心提供了不少政策支持，如中共武汉市委、武汉市人民政府发布的《关于加快推进全面创新改革建设国家创新型城市的意见》，为武汉打造全国性的科技金融中心，实现科技资源与金融资源的有效对接，加快形成多元化、多层次、多渠道的科技投融资体系，提供了巨大的政策空间。

2）郑州构建国家区域性现代金融中心的形成模式。

首先，郑州商品交易所发展向好。2019 年，郑州市金融业增加值达 666 亿元，2010~2019 年年均增长 15%，占 GDP 的比重为 9.1%；金融业实现税收 103 亿元，占全市税收的比重为 15%；本外币存款余额为 16936.3 亿元，年均增长 16.21%；本外币贷款余额为 12650.3 亿元，年均增长 17.21%；保费收入为 338.5 亿元，占全省的 27.1%，年均增长 17.47%。全市上市挂牌企业共 121 家，其中上市企业 41 家，"新三板"挂牌企业 80 家。郑州商品交易所上市期货品种 16 个，成交量 10.7 亿手、交易额 30.98 万亿元，"郑州价格"成为全球商品重要的价格风向标。

其次，郑州金融市场开放程度不高，需要政府对其进行政策扶持，从而形成规模集聚，建成区域金融中心。郑州金融体系中，传统金融机构占比过大，制度不是十分完善，开放程度低，因此郑州金融业想要繁荣发展，还需实行政府强主导的自上而下形成模式，政府通过提供一定程度的税费减免，压缩和减少行政审批环节，吸引银行类、证券类、保险类、基金类、期货类等国内外金融企业特别是国际大金融机构到郑州设立分公司，增强郑州金融机构的集聚效应，提升金融业的整体竞争力。同时，对郑州本地金融机构给予必要的政策支持，促进其壮大，提升本地金融机构的金融创新能力和国际竞争力。

3）西安构建具有科技、能源、文化特色的金融中心的形成模式。

首先，西安市金融业增长快于 GDP 增长。西安市 2019 年实现金融业增加值 643.88 亿元，同比增长 16.6%，高出同期 GDP 增速 8.4 个百分点；金融业增加值比 2010 年增加 418 亿元，年均增速达 17.6%，高出第三产业增速 6.5 个百分点。2019 年金融业对 GDP 的贡献率达到 20.1%，占 GDP 的比重从 2010 年的 7%

跃升到 11.1%，金融业支柱产业地位进一步巩固。2019 年末全市金融机构本外币存款余额 18036.9 亿元，较 2010 年末增长了 99.4%，存款余额接近翻一番；本外币贷款余额 13965.64 亿元，较 2010 年末增长了 111.9%，贷款余额实现翻一番。

其次，西安金融中心的建成需要政府有力、有效地参与。西安金融业增加值总量不大，金融体系结构不优化，直接融资占比相对较小，金融规划不到位，究其原因，政府在金融中心建设中未全力发挥作用。由于西安金融发展较为滞后、金融市场不完善，政府在建设西安丝绸之路经济带金融中心应该发挥主导作用，在金融规划、金融推动、金融监管、金融服务方面加强建设，推动西安区域金融中心的建成。

5. 东北部重要城市

（1）东北部重要城市金融中心建设模式及其特色如表 8-12 所示。

表 8-12　东北部重要城市区域金融中心形成模式及其特色

城市	金融中心	建设模式	中心特色
哈尔滨	东北亚金融中心	政府强主导的自上而下形成模式	面向俄罗斯及东北亚区域的金融服务中心
长春	东北亚区域性金融服务中心		高端金融总部集聚区、高端产业集聚区、高端人才集聚区
沈阳	东北区域金融中心		发展产业金融

资料来源：笔者根据相关资料整理。

（2）典型城市金融中心形成模式介绍。

哈尔滨构建东北亚金融中心的形成模式。哈尔滨金融环境发展滞后，竞争不充分，与成为对俄罗斯金融服务中心城市还有很大一段距离。虽然哈尔滨对俄罗斯的经济贸易发展较为迅速，但总量并不高，并且自身的金融基础设施环境较差，人才流失严重，无法形成高级金融人才的集聚，所以无法靠经济催生出金融产业的集聚。因此，要完成东北亚金融中心的建设，必须需要政府对金融资源进行有效的配置，制定优惠政策，改善金融环境，如施行金融税收优惠政策、加大对涉及与俄罗斯贸易往来的支持力度、放宽金融服务机构的准入标准等。政府要在哈尔滨东北亚金融中心建设过程中发挥自己的主观能动性，成为中坚力量。

三、对宜宾区域性金融中心建设的启示与借鉴

（一）中国区域金融中心形成模式中政府的重要性

首先，中国大陆城市建设区域金融中心几乎无一例外注重政府作用。从以上对重点城市区域金融中心的建设基本模式分析中可以看出，各城市选择的都是政府强主导的自上而下形成模式。其主要原因有以下几点：

（1）目前中国金融市场仍处于经济体制转型过程中，在经济领域政府主导的特征非常明显。

（2）金融业所具有的高风险，迫使国家和地区政府必须加强金融监管和控制。

（3）根据国内外金融中心建设模式的经验，政府在政策、环境建设、信息服务等方面对金融资源的适当支持能够发挥重要的作用。①

其次，金融中心的发展离不开政府的推动。从以上案例可以看出，将政府对建设区域金融中心的作用总结为以下四点：

（1）政府可以对区域金融中心的建设进行合理的统筹规划，进行顶层设计，起到指导作用。

（2）政府可以为进驻当地的金融机构提供优惠政策，吸引大型金融机构的总部或者重点分支机构进驻，形成金融集聚。

（3）政府可以通过制定有关金融机构的监管机制，营造良好合法的金融环境氛围，对金融中心的建设创造出更稳定的金融环境。

（4）金融中心的建设少不了社会信用评价数据库的建设，政府具有有效的执行力，可以更好地辅助监管机构搭建社会信用记录及评价体系，使当地金融市场体系更为完善。②

（二）宜宾市建设区域性金融中心的模式选择

宜宾区域性金融中心建设模式宜选择政府强主导模式。

1. 经济实力不强，金融中心建设需要政府主导

（1）中国金融市场发展处于政府主导的市场体制转型中。中国金融市场发展

---

① 陈瑛，朱远征. 西部区域金融中心建设的模式与路径[J]. 社科纵横，2011，26(11)：34-36.

② 葛凤翥. 合肥市构建区域性金融中心研究[D]. 合肥：安徽大学，2013.

目前仍处于市场经济体制转型过程中，由于"中国特色"，中国经济的结构转型是自上而下推动的，在经济领域政府主导特征十分明显。

（2）宜宾经济规模偏小，金融发展较慢。宜宾市整体的经济体量比照西南地区其他发展较好的城市具有一定的差距，其金融业发展也较为缓慢，没有形成系统的金融市场体系，已经建立的金融市场体系并没有成为完全市场化运作的金融市场，中央集权特征明显，是一种典型的"行政主导型"市场。中国的其他城市中也大多是这种类型的金融市场，如成都市的金融总量不是很低，但是金融结构并不优化，传统金融产品过多，政府对金融行业的指导性较强，介入较多；郑州市的金融市场开放程度低，金融业的发展除了自身的省会优势，还要靠政府的全力支持，金融市场的发展方向受到政府强势主导。

（3）宜宾尚未具备自动催生金融中心的能力。宜宾市经济基础还未达到具备自动催生金融中心能力的程度，金融市场薄弱，金融产品也较为单一，因此完全靠经济发展自发形成金融中心不切合实际，需要政府的规划、引导和支持。国内有实力的城市建设金融中心也离不开政府的主导和支持，如广州市建设珠三角区域金融中心，政府给予了全方位的支持；重庆市建设西部功能性金融中心，金融业集聚和发展的政府推进特征明显。

2. 获取中央政府支持

在地方政府扶持金融产业发展的同时，还需积极争取中央政府对宜宾市金融业的支持。在我国现行的金融监管制度下，金融事务的决策权力高度集中于中央政府，因此，地方政府在推动本地金融业发展时，直接介入金融事务的空间极为有限，特别是在金融机构的设立和金融创新方面，没有中央政府的授权及政策许可，将很难有所作为。从这个意义上说，宜宾构建国际金融中心，将在很大程度上受到制约，因此，争取中央政府的支持，将是一项重要的工作。

3. 具有构建金融中心交通区位优势

南部交通线一旦打通，"一带一路"建设、长江经济带发展、新一轮西部大开发等便可在宜宾交汇、相融，形成"一带一路"、长江经济带南北及东西陆海环线，这样宜宾在交通方面就有很大的优势。同时宜宾港是长江经济带上确定的十大加快建设港口之一，已经具备构建公铁水空立体交通枢纽优势。因此，未来宜宾将作为一个运输业的集散地，从而为涉及运输业务的金融机构的发展提供了机遇，因此宜宾可以优先发展涉及运输业方面的金融服务，从而提升宜宾作为区域交通中心的优势地位。依照着交通上的便利，开展对国内、国外的贸易服务，从而引起对金融市场的需求，壮大本土金融机构，吸引国内外大型金融机构总部以及分支机构的进驻，加速宜宾区域性金融中心的建立。

因此，宜宾区域性金融中心的构建模式应该主要参照政府强主导的自上而下形成模式，同时借鉴区位优势主导的自下而上形成模式的一些指导方向。如图 8-3 所示。

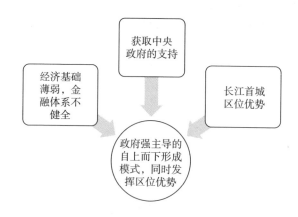

图 8-3　宜宾区域金融中心形成模式选择

（三）建设区域性金融中心过程中的政府工作

我国经济正处于经济结构转型过程中，绿色经济越来越受到国家的重视，随之而来的是环保、节能、清洁能源、绿色交通、绿色建筑等领域所需要的金融服务需求加大，绿色金融发展势头迅猛，逐步构建绿色金融体系。宜宾市在建设金融中心的过程中，应依托天然环境优势，可以绿色金融为金融发展的主题，政府加快推动绿色金融的发展。

1. 加大财政支持与引导力度

政府应该对绿色环保企业发现的债券进行财政贴息，减少对其的贴息限制，并将贴息审批流程进行简化；对绿色创新项目进行奖励，可针对其设立专项奖励基金；鼓励银行加强在 PPP、环境污染第三方治理、环境权益交易市场等领域专业产品的创新和应用。

2. 改进和完善监管措施

宜宾市政府要鼓励宜宾市银行建立绿色金融支行或绿色金融事业部，对绿色企业业务进行专项处理；监管常态化，设立专门的委员会，对企业申报项目进行定期检查及验收；制定法律法规明确行业标准、指标设计、社会责任等指标，规范行业经营。

3. 搭建政府、金融机构、非金融企业的沟通平台

打造绿色金融信息平台，政府定期召集非金融企业与金融机构举行项目对接会，促使商业银行等金融机构组团共同开发重大项目；市银监局与市环保局签订

信息互通备忘录，实现企业环境信用信息共享。

4. 加大对绿色金融的推广和宣传力度

通过制定组织宣讲等多种措施，加强绿色金融政策在企业、科研机构、社区等的宣传，进一步普及环保意识，倡导绿色消费，形成支持绿色金融发展的良好氛围。

第九章 宜宾建设区域性绿色金融中心的框架和路径

在前述章节分析和论述的基础上，本章介绍绿色金融的概念与内涵和我国绿色金融发展状况，阐述绿色金融对促进宜宾经济转型升级的重要性，提出宜宾建设区域性绿色金融中心的重大战略意义。剖析贵安新区绿色金融中心发展模式，进而结合国内外环境和宜宾实际，对宜宾建设区域性绿色金融中心的路径进行设计。

一、绿色金融的概念与内涵

绿色金融的概念是伴随着世界各国工业化发展进程遇到的环境问题而提出的，目前关于绿色金融的概念在国内外均有热烈的讨论，1980 年 12 月，美国颁布了《超级基金法案》，设立了危险物信托基金和责任信托基金，这被看作绿色金融的起源，此后，随着发达国家环境保护和可持续发展意识的不断增强，绿色金融在发达国家获得了较快的发展。Salazar(1998)指出，绿色金融的目的是协调经济增长与环境之间的关系，在保护环境的基础上实现经济增长。Cowan(1999)认为，绿色金融主要是研究绿色经济资金融通问题，是研究如何将金融作为杠杆来促进经济的绿色发展，将经济的可持续发展与金融问题结合在一起的产物。邓翔(2012)对绿色金融的相关概念及理论进行了梳理，认为应该从量化企业对环境影响的评估体系、开发新型绿色金融工具、完善绿色金融政策、建立绿色金融监管与发展评价体系等方面着手推动我国绿色金融的发展。俞岚(2016)根据市场属性将绿色金融分化为具有公共产品性质的绿色治理市场和具有外部性特征的绿色增长市场，进一步细化了绿色金融的谈论范围。安同信等(2017)、刘宏海(2018)认为，绿色金融就是通过金融产品和服务的创新、政策和体制安排，纠正市场内在的天然逐利造成的外部性；并且认为绿色金融是国家实施精准宏观调控的有效手段。我国于 2016 年 9 月发布的《G20 绿色金融综合报告》中对绿色金融的定义为："'绿色金融'是指能产生环境效益以支持可持续发展的投融资活动。"2016 年 8 月，中国人民银行等七部委联合发布了《关于构建绿色金融体系的指导意见》，为我国绿色金融体系建设的纲领性文件对绿色金融下了权威定义："绿色金融是指为支持环境改善、应对气候变化和资源节约高效利用的经济活动，即对环保、节能、清洁能源、绿色交通、绿色建筑等领域的项目投融资、项目运营、风险管理等所提供的金融服务。"从这份官方的权威定义中可以看出，绿色金融主要有三个方面的作用：支持环境改善、应对气候变化、资源节约高效利用。因此，绿色金融在我国具有引导资源配置到绿色产业，淘汰落后的高污染产能，促进经济结构优化升级的作用。因为绿色金融支持的对象环境、生态、资源等具有公共物品的属性，正的外部性，因此绿色金融是一种不同于传统的金融模式，在传统金融里，金融和财政的分工是很明确的，公共物品有财政来融资，私人物品由金融来融资，但是，绿色金融具有用金融手段来为公共物品融资的属性，例如，碳金融在应对气候变化减缓方面发挥了降低交易成本和提供明确价格信号的作用，碳金融就是利用金融手段为全球气候治理融资。正是由于绿色金融的公共物品属性，绿色金融体系构建模式也不同于传统的金融模式，在传统的金融体系里，主要是以间接融资为主，即银行业在整个金融业的比重较大，但是绿色金融更多是财政与私人资本的结合，非银行金融机构在绿色金融方面也具有自身的独特优势，绿色金融的融资兼具直接和间接融资的特点。

二、我国绿色金融发展概况

2016 年是我国绿色金融发展元年，绿色金融发展迅速，从顶层设计到现实践行都稳步推进。

（一）绿色金融成为国家战略，出台了一系列支持政策、规划

绿色金融的发展来源于中国经济绿色发展和经济结构转型升级的内生需求，2015 年 9 月，中共中央审议通过了《生态文明体制改革总体方案》，首次提出了构建绿色金融体系，规划发展绿色金融的顶层设计。2015 年 10 月，党的十八届五中全会提出了"绿色"发展理念，作为新发展理念之一，将绿色发展提到了前所未有的高度，并且在党的十八届五中全会通过的《中共中央关于制定国家经济

和社会发展第十三个五年规划建议》中提出"发展绿色金融，设立绿色发展基金"。由于金融政策具有影响资金流向和利益驱使的能力，绿色发展理念的推动，各级政府也出台了绿色金融政策，助推绿色金融的发展。2016 年，我国政府首次将绿色金融引入 G20 峰会议程，并于 2016 年 9 月发布了《G20 绿色金融综合报告》。2016 年 8 月，中国人民银行等七部委发布了《关于构建绿色金融体系的指导意见》，由此将构建绿色金融体系上升为国家高度，这份文件是我国构建绿色金融体系的纲领性文件，对于我国绿色金融体系的发展具有里程碑意义。2017 年 6 月 14 日，国务院决定在贵州、浙江、江西、广东、新疆五省（区）选择部分地方，设立绿色金融改革创新试验区，进一步推动我国绿色金融体系向纵深发展，以试验区落实顶层设计，推动绿色金融产品、业务模式的创新，在体制机制上探索经验。

2017 年，中国人民银行、银监会、证监会、保监会、国家标准委五部委联合发布的《金融业标准化体系建设发展规划(2016—2020 年)》，确立了"十三五"中国金融业标准化的 5 项重点工程，其中就有绿色金融标准化工程。党的十九大报告明确提出要"加快生态文明体制改革，建设美丽中国"，在我国大力推进生态文明建设、全面贯彻绿色发展理念。环境信息披露、环境压力测试等绿色金融基础设施逐步完善，绿色金融由中央向地方铺开，绿色金融国际合作的深度与广度都有所加深，我国绿色证券、绿色保险、地方绿色金融等领域都取得了切实进展。

（二）绿色金融发展取得显著成效

2017 年底，中国人民大学绿色金融研究团队与中国工商银行联合发布了《中国绿色金融发展报告 2017》，这份报告从绿色信贷、绿色债券、绿色基金、绿色保险和碳金融五个角度说明我国目前的绿色金融发展状况，指出在绿色信贷方面，截至 2015 年底，已经达到了 8.08 万亿元，占总贷款的 9.68%；在绿色债券方面，我国于 2015 年底下半年才开始着手正式建立绿色债券的制度框架，中国进出口银行在 2016 年 12 月初发布了第一只政策性银行绿色债券，2016 年我国总计发行了 2300 亿元绿色债券，约占全球发行总额的 40%，呈现快速上升的趋势；在绿色基金方面，截至 2016 年底，全国共有 256 只绿色基金，其中约 59 只基金是由地方政府及地方政府融资平台公司参与发起设立的；在绿色保险方面，目前我国的绿色保险主要由环境污染责任保险、气候指数保险和农业巨灾保险组成，关于绿色保险的发展，还需要健全的法律法规促进其发展。总体来看，我国的绿色金融仍主要以银行提供的绿色信贷产品为主，绿色证券、绿色保险和其他机构的绿色金融业务的发展相对滞后，绿色中介机构发展不充分，影响力有限，绿色金融在资源配置、促进经济结构调整的作用没有得到充分发挥，目前我国的绿色金融发展处于起步阶段，对实体经济的支持作用有限。

（三）绿色金融已成为金融创新趋势

绿色产业的发展、生态环境危机治理和产业结构的转型升级的需要，推动了绿色金融政策的颁布和执行，新的发展理念催生新的产业，由于绿色金融政策不断出台和金融机构在绿色金融方面的努力探索，近年来，我国绿色信贷、绿色债券、绿色发展基金、绿色保险、碳金融、用能权交易等金融产品不断推出，尤其是在 2016 年国家发展改革委印发了《关于切实做好全国碳排放权交易市场启动重点工作的通知》，碳金融繁荣发展速度加快，目前已经建立起相对完善的碳排放交易体系。碳金融市场的快速发展充分说明我国绿色金融市场潜力巨大，并随着绿色发展的深入推进，绿色经济的不断发展，绿色金融的需求不断增强。绿色金融是中国金融创新发展的趋势。

三、绿色金融对促进宜宾经济结构升级转型的重要性

绿色金融是整合政府财政和市场金融的力量把资源环境约束加到现实经济体上，使经济结构不断转型升级并获得可持续发展，绿色金融伴随绿色经济规模的不断扩大而发展，由于绿色金融具有公益性质，绿色金融发展到今天，已经出现了和传统金融模式想分化的倾向，其最大的特点就是绿色金融是财政与金融的结合，在风险和收益分担上需要精密的设计，让财政起到补偿风险的作用。绿色金融通过金融创新机制促进经济结构转型升级：金融创新实现资金流向绿色经济、促进绿色技术的发展与应用、合理分散金融风险。

根据新制度经济学的理论，合理的制度设计能够激励不同的利益主体追求自身利益最大化的同时也促进了整个社会的利益，发展绿色金融就是要设计出新的金融制度，把绿色经济的外部性处理好，做到收益和风险匹配，绿色金融通过合理的制度设计促进经济结构转型升级。当前，宜宾正处于经济结构调整的关键时期，构建绿色金融体系，增加绿色金融供给，是贯彻落实党的十八届五中全会提出的新发展理念和发挥金融服务供给侧结构性改革作用的重要举措。

四、宜宾建设绿色金融中心的战略意义

（一）绿色金融促进宜宾供给侧经济结构性改革

目前，我国经济由高速增长转向中高速增长，经济发展更加注重高质量，经济高质量的一个重要维度就是经济绿色发展，在供给侧结构性改革的宏观背景下，整个经济面临着"去产能、去库存、去杠杆、降成本、补短板"的任务，金融系统自身就有提高资源配置效率的作用，绿色金融能够扩大绿色资金供给，拓展绿色融资渠道，为产业的绿色化提供资金；另外，绿色金融的发展能够优化资金流向，政府通过财政或者产业政策，引导资金由传统高污染高耗能产业流向绿色新兴领域，加快供给侧结构性改革的进程。一方面，通过差别化的产业信贷政策、对高耗能高污染行业进行惩罚性的融资政策，强化金融机构的环境法律责任，促使传统产业转型升级；另一方面，通过绿色信贷、绿色债券以及绿色产业基金等金融工具提高绿色发展领域的资金供给量。因此，绿色金融通过扩大产业之间的发展差异，加速产业结构的优化升级，助推供给侧结构性改革。

（二）绿色金融促进宜宾经济发展动能转化

我国过去粗放式的经济发展，经济增长主要靠大量投资、对外出口拉动，经济增长主要依赖生产要素的投入不断增长带动，但是我国经济进入新常态以后，传统的粗放式经济增长已经难以为继，经济增长的动能主要由要素投入转向创新驱动，新技术、新产品、新业态、新模式不断涌现，这成为经济增长的主要动力，传统金融难以满足新型企业的融资需要，绿色金融作为一种落实绿色发展的制度安排，通过新的金融模式，不仅能提供新兴的金融产品和服务，而且是一种宏观调节手段，将绿色的发展理念注入各个产业之中。

绿色金融的发展能在一定程度上纠正市场失灵和金融失灵；绿色金融可以筛选新的技术、方法和商业模式，相对传统的产业更具有绿色性的项目进行支持，绿色基金、绿色贷款和绿色债券等绿色金融工具的发展给被传统金融排斥的新兴绿色产业提供资金和财务支持，政府通过对绿色产业进行财政补贴，同时通过绿色基金引导私人资本流入绿色产业，最终实现政府和市场的完美结合，修补在资源环境方面因为私人边际收益和社会边际收益不对等的情况，纠正市场失灵导致的自然生态环境破坏。

（三）绿色金融——宜宾主动引领长江经济带绿色发展

发展绿色金融应以实体经济的需要为导向，促进宜宾经济结构转型为目标，作为国家战略的长江经济带"不搞大开发，只搞大保护"宜宾作为万里长江首城，对于引领长江经济带生态保护示范意义明显，做好绿色金融，建设好长江经济带生态文明示范区，不仅可以促进宜宾经济结构的转型发展，还可以建设好宜宾的生态文明，获得国家关于绿色经济方面的支持。

五、案例借鉴：贵州建设绿色金融中心模式研究

国内绿色金融发展起步较晚，其中贵州在国家政策支持下对在欠发达地区建设绿色金融中心进行了较为成功的探索，其经验可为包括宜宾在内的其他欠发达城市走特色的路子发展绿色金融中心提供有益的借鉴。

贵州属于西部欠发达地区，贵州的发展被习近平总书记称为新时代中国特色社会主义发展的一个缩影，自我国经济步入新常态以来，贵州的经济增速始终保持在全国前三名，形成了良好的发展势头。贵州在绿色金融建设方面较西部其他地区较早，充分发挥自身的比较优势和国家的支持政策，绿色金融促进经济结构转型升级发展在西部欠发达地区具有示范效应。

2017 年 6 月，国务院第 176 次常务会议审定在浙江、广东、贵州、江西、新疆五省份部分地区设立绿色金融改革创新试验区，贵州贵安新区成为绿色金融改革试点之一，试点工作的重要目的之一就是探索可模仿、可推广的经验，为全国其他地区发展绿色金融提供可借鉴的样本，相对于西部经济欠发达地区而言，贵州贵安新区的绿色金融发展，为宜宾建设绿色金融中心初步提供参考的模式和样本。2017 年七部委联合下发的《贵州省贵安新区建设绿色金融改革创新试验区总体方案》明确提出："充分发挥绿色金融在调结构、转方式、促进生态文明建设、推动经济可持续发展等方面的积极作用，探索绿色金融引导西部欠发达地区经济转型发展的有效途径，为构建中国绿色金融体系积累经验。"这份文件首次提出了探索绿色金融引导西部欠发达地区经济转型发展的观点，赋予了绿色金融新的含义，使绿色金融的意义不局限于减少环境污染和保护生态，更有促进经济结构转型发展、达到经济高质量发展的内涵作用。

贵安新区作为 5 个国家级绿色金融改革创新试验区之一，集中反映了贵州绿色金融的发展状况和绿色金融中心建设方面取得的成就，贵州贵安新区之所以能

成为5个国家级绿色金融改革创新试验区之一，并在绿色金融建设方面取得可借鉴的成就，其发展模式特点可归纳如下：

（一）长期实施大生态发展战略，高度重视生态文明建设

贵州的地理环境风貌特点是生态环境良好但是十分脆弱，贵州具有良好的生态优势，森林覆盖率高，近些年在生态优势的基础上努力发展大健康产业，但是，贵州的生态相当脆弱，大部分的喀斯特地貌使生态环境破坏以后很难恢复，这使贵州极其注重生态保护，严守"发展和生态两条红线"，贵州的大生态战略为贵州发展绿色经济奠定了坚实的基础，不断催生绿色产业，从而使得对绿色金融的需求也不断增加。贵州省出台了许多切实措施来守住发展和生态两条底线，包括对地处重点生态功能区的10个县调整综合测评办法，取消GDP考核指标；开展生态环境损害领导干部问责和领导干部自然资源资产责任审计试点等。这些措施有助于优化绿色金融发展的外部环境。在大生态发展战略的指引下，贵州省大力盘活现有绿色资源，着重发展生态利用型、循环高效型、低碳清洁型、环境治理型等绿色经济产业，如何围绕这些绿色产业服务，成为贵州绿色金融发展的努力方向。

（二）快速贯彻中央政策，推进绿色金融发展落地

把握国家倡导绿色发展、出台系列政策规划支持绿色金融体系建设的机遇，贵州快速响应和贯彻中央文件精神，积极制定配合中央关于绿色金融发展的政策，向金融市场释放利好信号，推进绿色金融发展落地。

2016年8月七部委联合下发《关于构建绿色金融体系的指导意见》以后，贵州省委和省政府高度认识到这个文件对构建我国绿色金融体系的纲领性战略意义，快速响应，于2016年11月出台了《贵州省人民政府办公厅关于加快绿色金融发展的实施意见》，该文件结合贵州的发展战略，明确提出了"以绿色金融创新推动绿色产业快速发展为主线，探索绿色金融体制机制改革，完善绿色金融服务体系，构建绿色、低碳、环保的发展模式，支持大数据、大生态、大旅游等绿色产业健康发展，助推全省守住发展和生态两条底线"。这相对于七部委联合下发的《关于构建绿色金融体系的指导意见》更为具体和明确地指出发展绿色金融，并且在这份文件里明确表述"积极争取国家批准贵安新区作为绿色金融改革创新试点"，2017年6月，贵州贵安新区被国务院批准为5个国家级绿色金融改革创新试验区之一，得到了国家政策的大力支持。随后中国人民银行等七部委联合印发的《贵州省贵安新区建设绿色金融改革创新试验区总体方案》，发展多层次的绿色金融体系，将政府、金融机构、环保机构、企业及个人都纳入环境治理的框

架之中。不仅为贵州省绿色金融体系发展提供了指导，更向金融市场传递出贵州省大力发展绿色金融的坚决态度，极大地吸引了国内外众多金融机构和投资者参与贵州省绿色金融中心建设。如表9-1所示。

表9-1 贵州绿色金融主要文件一览表

文件名称	发布时间	发布主体	主要内容
《贵安新区绿色金融港开发建设（2015—2017年)三年行动实施方案》	2015年10月	贵州省政府金融办、人民银行贵阳中心支行、贵州银监局、贵州证监局、贵州保监局等	（1）首次提出发挥绿色金融在贵安新区绿色发展和生态文明建设中的支撑作用 （2）启动绿色金融港基础设施建设，打造"绿色金融公馆" （3）引进和培育金融机构；鼓励社会资本参与绿色金融 （4）编制贵安新区绿色金融发展专项规划及实施计划
《省人民政府办公厅关于加快绿色金融发展的实施意见》	2016年11月	贵州省人民政府办公厅	（1）首次提出构建具有贵州特色的绿色金融体系，探索绿色金融助推经济社会可持续发展的有效途径 （2）以绿色金融创新助推绿色产业发展为主线，探索绿色金融体制机制改革，支持大数据、大生态、大旅游等绿色产业健康发展 （3）用5年左右的时间，逐步形成多层次绿色金融组织体系、多元化绿色金融产品服务体系和多层级政策支持服务体系 （4）支持金融机构绿色化发展，设立各类绿色发展基金，绿色金融交易中心创新发展 （5）探索建立新型绿色投融资交易机制，推动绿色金融的大数据应用，建立大生态项目库
《贵州省贵安新区建设绿色金融改革创新试验区总体方案》	2017年6月	中国人民银行、发展和改革委、财政部、环境保护部、银监会、证监会、保监会	（1）首次提出探索绿色金融引导西部欠发达地区经济转型发展的有效途径 （2）引导金融资源加大对节能减排、循环经济和生态保护的投入，形成支持绿色产业发展的资源配置 （3）鼓励金融机构设立绿色金融事业部，加快绿色金融产品和服务方式创新 （4）拓宽绿色金融产业融资渠道，发展绿色保险，夯实绿色金融基础设施，构建绿色金融风险化解机制

资料来源：根据贵州省及贵安新区政府相关文件整理。

　　从表9-1可以看到，在绿色金融方面，贵州首先能及时领悟七部委联合下发的《关于构建绿色金融体系的指导意见》精神，对中央下发的文件能够迅速制定配合文件和政策，抢占新发展理念的红利，与此形成鲜明对比的是，全国其他省市没有意识到这个文件对于建设绿色金融中心的重要性，在文件下发后，没有针对绿色金融建设出台文件。其次能结合自身的优势和特点，适时和恰当地制定政策，积极落实中央政府的文件精神。

（三）依托大数据产业，设立绿色金融港

位于贵州贵安新区的绿色金融港，作为贵安新区推进全国绿色金融改革创新试验区建设的重要载体，成为专业的、服务于绿色产业的绿色金融集聚地，在2015年贵州省政府印发的《关于印发贵州省金融业发展六项行动实施方案的通知》里就有一个专项通知——《贵安绿色金融港开发建设（2015—2017年）三年行动实施方案》，集全省的资源和力量重点建设贵安新区的绿色金融港。贵安新区绿色金融港二期项目规划含高端研发区、国际人才社区、创智金融区、绿色金融文化岛、金融门户区、科技金融区、金融服务区、贸易金融区。汇集银行、保险、证券、绿色金融、创新金融、环境权益交易中心、金融大数据交易中心、会计法律服务等。

目前，贵州贵安新区已经建成金融大数据交易中心和国家绿色数据中心，贵安新区依托大数据产业蓬勃发展的优势，不断加强数字经济建设，绿色金融也朝着数字化的趋势发展。在绿色金融创新方面，在贵州政府的引导下，兴业银行贵阳分行于2014年在贵州成立银行系统内首家生态支行，对绿色信贷开展差异化授权政策。此外，金融市场和政策体系向绿色化倾斜的特质已经有所表现。贵州绿色建设得益于大数据和大生态两大发展战略的支持，绿色金融中心建设已初步取得了可借鉴的样本。

（四）坚持政府引导和市场决定资源配置原则

七部委联合印发的《贵州省贵安新区建设绿色金融改革创新试验区总体方案》明确提出："建立健全绿色金融市场化、专业化运作模式和激励约束机制，引导金融机构加快绿色转型，既要创新服务，又要降低成本，吸引更多社会资本参与绿色投资，形成市场主体持续推动绿色发展的良性循环，使绿色经济得到有效的金融支持。"贵州绿色金融建设既有政府在战略上大数据和大生态的定位，同时也积极发挥政府的引导作用，不断向市场传递出贵州金融建设利好的消息，从而持续吸引社会资本参与贵州贵安新区绿色金融中心建设。贵安新区努力推动绿色金融的建设能力，提高金融机构与绿色企业融资对接的力度，探索推动排污权、用能权等环境权益以及未来收益权成为合格的抵质押物，通过与第三方合作的方式，开展绿色项目库以及配套融资对接平台。

通过综合上述的分析，可以总结出贵州发展绿色金融的初步路径与模式，如

图 9-1 所示。

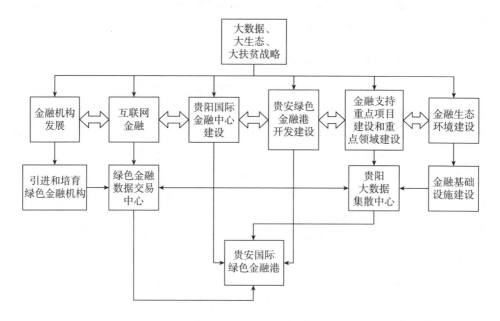

图 9-1　贵州绿色金融发展模式示意图

2015 年发布的《关于印发贵州省金融业发展六项行动实施方案的通知》初步奠定了贵州金融业发展的基本框架和路径，贵州从金融机构发展、互联网金融、贵阳国际金融中心建设、贵安绿色金融港开发建设、金融支持重大项目和重点领域建设六个维度发展金融业，其中在贵州提出大生态的背景下，绿色金融在整个贵州金融业发展方面获得了举足轻重的地位，贵州以绿色金融为切入点，大力发展绿色产业，并探索绿色金融西部欠发达地区经济转型的有效途径，为我国绿色金融体系积累经验，贵州发展金融业的模式可以归纳为"同一主体，多个维度"，紧紧围绕以发展贵州金融业为目标，从金融业的六个维度详细规划和发展，六个维度之间又紧密配合，衔接有序，并都从同一个主体上表现出金融业的六个维度。具体到绿色金融方面，贵州形成了贵安新区绿色金融港和贵阳大数据集散中心、贵州绿色金融交易中心为格局的绿色金融交易体系，如图 9-1 所示，贵州提出发展金融机构，在大生态的发展战略指引下，贵州发展金融机构更偏好绿色金融机构，这促进绿色金融发展的微观主体培育；在发展互联网金融方面，贵州依托自身大数据优势，成立了绿色金融数据交易中心，为绿色金融的交易提供了平台；在金融支持重点项目建设和重点建设领域，贵州发展起步的大数据产业和大交通产业，构建起了贵阳大数据集散中心，同样为绿色金融交易提供了一个良好的平台，通过这个平台，促进了绿色金融交易的产生，同时也是贵州大数据促进绿色金融发展的有益探索；在金融生态环境建设方面，通过不断完善金融业相关法律法规，加大环境方面的执法力度，为绿色金融的发展创造一个有利的法治环境。最后，伴随着绿色金融业务的不断增长，贵安新区绿色金融港作为绿色金融发展的载体不断发展，贵阳国际金融中心发展才成为可能，贵阳国际金融建设的提出也为绿色金融建设提供了一个宏观指引。

六、宜宾建设绿色金融中心的路径

2018 年 1 月，四川省人民政府出台了《四川省绿色金融发展规划》，该规划明确提出将高新产业聚集的成都、德阳、绵阳作为绿色金融核心区。该文件体现了四川省贯彻国家绿色发展理念和发展绿色金融的决心，这为宜宾建设绿色金融中心提供了规划依据。尽管该规划提出的绿色金融点"一核一带多点"空间格局安排没有明确纳入宜宾，但国家 2016 年出台的《长江经济带发展规划纲要》明确指出"以沿江主要城镇为节点，构建沿江绿色发展轴"和"生态优先、绿色发展"，宜宾作为长江首城，显然是"构建沿江绿色发展轴"的重要节点，在长江经济带国家重大战略中举足轻重。在"一带一路"倡议中，宜宾处于我国西南国际合作连接东南亚、南亚的重要枢纽区域。同时，宜宾发展绿色金融具有天然生态优势，其产业升级更需要绿色经济的大力支撑。因此，宜宾发展绿色经济，构建绿色金融中心具有天时地利人和的组合优势。

当前，绿色金融在全国方兴未艾，全国各地都在践行绿色发展理念，但是目前尚未形成具有竞争力的绿色金融中心，各地绿色金融业发展均处于探索阶段，经济发展转型、产业结构调整以及生态文明建设推动着绿色金融在中国的发展[①]，宜宾应该充分利用此次绿色竞争发展大机遇，借鉴贵阳金融发展模式，吸取国际国内相关城市金融中心建设经验，秉持前沿的绿色金融发展理念，努力做好自身的绿色金融业务，争取获得国家或四川省绿色金融政策的支持，把宜宾建成引领长江绿色发展的首个城市。

宜宾的绿色金融发展应由政府积极支持主导、市场金融机构紧密配合以及政府和私人资本合作共同推动，大力发展宜宾金融机构的绿色融资能力，通过补贴、担保和税收减免等激励机制引导私人资本参与绿色金融，并通过培育绿色金

---

① 张承惠，谢孟哲 . 中国绿色金融——经验、路径与国际借鉴[M]. 北京：中国发展出版社，2015.

融市场来实现绿色金融的不断积聚，如建立绿色金融市场标准、明确环境信息披露要求、明确投资者的责任和义务等。

宜宾建设绿色金融中心的支持政策大体应发挥两大作用：一是建立有效的激励、约束机制，以便增加全社会对绿色经济投融资以及环境风险管理的需要，进而影响绿色金融的发展，例如，政府可以加大对清洁能源汽车、环保投资的财政资金支持力度，吸引社会资本投入宜宾的绿色产业。二是为绿色金融发展创造有利的外部环境，使绿色金融的发展拥有一个法治化、规范化的环境；持续不断地激发市场主体发挥绿色金融的主体作用，提供金融机构经营绿色金融业务的能力。绿色金融涉及政府和市场等多个主体，即使绿色可持续发展已经成为共识，上升为国家战略，但是现实中不同的利益主体出于不同的利益考量，绿色金融的合作与交易可能难以达成，因此绿色金融的制度设计至关重要。

宜宾打造区域性绿色金融中心的框架和路径包括以下几个方面：

（一）大力提倡绿色发展理念，筑实绿色金融发展战略基础

宜宾要充分利用长江首城驰名品牌和生态优越底蕴，大力贯彻绿色发展理念，筑实绿色金融发展基础，着实践行中央对长江经济带"共抓大保护，不搞大开发"的基本思想，以绿色金融引领绿色发展，创新生态环境保护与开发机制，快速形成绿色发展轰动效应和全长江经济带绿色发展标杆示范效应，以绿色发展异军突起引发四川省和中央的关注并进而获得高层支持。出台对绿色金融支持的财税政策、促进传统金融机构绿色化，鼓励金融机构设立绿色事业部，使金融机构在其经营活动中所产生的环境效益作为评判自身经营成果的重要标准之一。

（二）创新绿色金融发展模式，服务长江经济带全局

抢抓国家发展绿色金融的重大改革机遇，将绿色资源资本化和促进经济转型升级作为发展绿色金融的主线，在长江经济带建设背景下，将服务长江经济带全局绿色经济作为发展绿色金融的首要目的。针对金融机构，以绿色金融为重点，推动转变金融机构的经营和盈利模式，增加其可持续竞争力，在推动绿色发展、解决环境问题和社会风险问题中发挥引领、促进和监督作用，发展银行机构绿色金融，设立宜宾绿色发展银行，按照国际赤道原则经营。目前，国内尚未成立专业性绿色银行，率先成立宜宾绿色发展银行将是我国绿色金融发展模式和机制的创新性突破。其带来的先发效应对打造宜宾绿色金融中心具有巨大的推动作用。

（三）绿色金融财政融合发展，做大做强绿色发展基金

基于宜宾目前的经济和金融发展现状，单纯依靠市场力量发展金融成为金融中心的可能性不大，宜宾在建设区域性金融中心过程中，建议充分发挥社会制度的优越性，以政府的力量助力金融市场的发展，同时，绿色金融发展要求充分整合财政和金融两大资本力量，与传统金融将财政和金融完全分开的分工模式不同。综合两方面的因素，西部地区发展区域性金融中心建议整合财政和金融的力量，促进其融合发展，设立非银行绿色金融机构，成立区域绿色发展 PPP 基金，采用政府和社会资本合作的模式，做大做强区域绿色发展基金，充分利用绿色金融结合财政与金融的创新模式，以财政支持金融发展，培育绿色金融机构。

（四）绿色金融服务实体，推动经济绿色转型

支持金融机构绿色贷款，绿色贷款是指银行业金融机构对具备环境正效应或者能够降低环境负效应的项目提供优惠利率和贷款支持[1]。绿色贷款的本质在于把环境与社会责任融入商业银行的贷款和管理流程中，提升商业银行的绿色治理和绿色文化能力。赤道原则是指导绿色金融机构发放绿色贷款的国际通用原则，它首次将项目融资中的环境和社会标准数量化、明确化和具体化。

鼓励企业发行绿色债券，绿色债券是指募集资金最终投向符合规定条件的绿色项目的债券债务凭证，绿色债券区别于其他债券的核心特征是其募集的资金用于推动和实现绿色效益[2]。随着工业化的不断推进，环境资源问题带来的投资风险日益凸显，责任投资的价值观念不断摄入人心，这成为绿色债券市场兴起的大背景。2016 年，我国绿色债券市场发展迅猛，绿色债券累计发行 2300 亿元，占全球发行总额的 40% 左右。目前，绿色债券标准体系、操作规范等基本共识正在形成，随着绿色债券市场的扩大，发行主体、投资者、期限和评级都在呈现多元化的发展趋势。

成立绿色发展基金，绿色基金是指针对节能减排、改善环境质量、促进经济高效发展而建立起来的各类直接投资基金。绿色发展基金可以很好地将绿色金融与 PPP 模式结合起来，使二者紧密融合，绿色金融支持绿色产业、促进产业结构升级，绿色产业大量采用 PPP 模式，促进了绿色 PPP 项目快速实施[3]。发展以碳排放权、排污权、水权、用能权等环境权益为抵（质）押标的的新型绿色信贷。在全市推行环境污染险，构建强制性的环境污染责任保险与商业性的环境污染责任保险相结合、保障较全、运行良好的保险市场机制，逐步提供与环境风

---

①②　马俊等. 国际绿色金融发展与案例研究[M]. 北京：中国金融出版社，2017.

③　陈青松，张建红. 绿色金融与绿色 PPP[M]. 北京：中国金融出版社，2017.

险、气候变化、低碳环保、可持续发展相关的保险产品和服务，有效发挥保险在经济补偿方面的有效作用。

（五）以长江经济带为契机，抢抓绿色金融发展机遇

长江经济带建设作为国家重大发展战略，习近平总书记高度重视长江经济带的绿色发展，多次强调发展经济与保护环境的辩证关系，国家也高度重视长江经济带发展绿色经济，促进长江经济带的可持续发展，与此同时，绿色发展理念在全国不断得到贯彻实施，绿色经济迅速发展起来，绿色金融在全国的发展方兴未艾，以 2016 年 8 月七部委联合下发的《关于构建绿色金融体系的指导意见》为开端，绿色金融在各个方面都获得了迅速发展，但是由于绿色金融发展的时间较短，各地都处于探索阶段，还没有形成一套适合国情的绿色金融发展模式，在这个经验探索过程中，先动先行优势形成的路径优势对于形成区域性金融中心具有重要的战略意义，宜宾应充分利用长江首城的绿色发展战略示范意义，率先在绿色发展方面取得突出成效。

（六）培育绿色经济，设立长江经济带绿色经济孵化中心

绿色金融是绿色经济发展的产物，绿色金融服务于绿色经济，为了避免金融脱实就虚，强化风险控制，增加绿色经济的金融可获得性，设立长江经济带绿色经济孵化中心。绿色金融发达与否的关键在于绿色经济的规模，整个长江经济带有庞大的绿色经济发展潜力，设立的长江绿色经济孵化中心一方面支持传统产业向绿色经济转型，减少资源消耗和环境污染；另一方面培育绿色新经济，以绿色发展理念支持创新创业的绿色企业，成立的长江经济带绿色经济孵化中心作为一个绿色金融服务机构，立足宜宾，面向长江经济带，拥有前景广阔的绿色经济，使绿色金融服务拥有广阔的市场需求。

经过上述分析，借鉴其他绿色金融发展方面具有一定先动先行优势的城市经验，提出宜宾发展绿色金融中心的初步框架和路径，如图 9-2 所示。

宜宾发展绿色金融主要有长江经济带建设和国家构建绿色金融体系两大战略机遇，因此，宜宾的绿色金融中心发展路径与框架也将围绕这两大发展机遇展开，与这两大发展战略配合的是宜宾处于长江首城的区位优势，在长江经济带绿色发展方面隐藏着巨大的战略示范空间，宜宾以服务长江经济带绿色发展的战略眼光，根据发展框架思路，宜宾绿色金融中心建设与发展分三个方面：一是在已有传统金融的基础上，将传统金融业绿色化，这方面主要是金融机构的绿色化，引导和鼓励金融机构设立绿色发展事业部。二是积极把握全国绿色金融发展的战略机遇，创新绿色金融发展模式，结合当前财政改革的背景，探索财政与金融相互

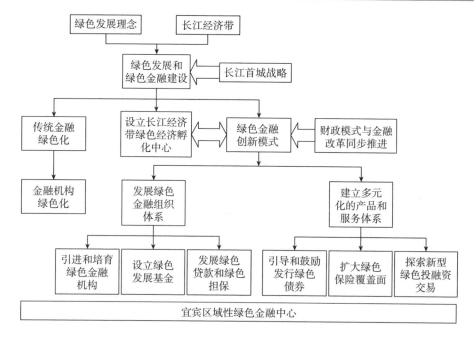

图 9-2 宜宾构建绿色金融中心的初步框架和路径

融合的绿色金融发展模式，例如，成立区域绿色发展基金，助推长江经济带产业结构转型升级；创新绿色金融产品，促进社会资本广泛参与绿色金融发展，财政引导社会资本流向绿色产业，最终实现财政与金融良性互动局面。三是加强面向国际的对外合作交流。充分利用宜宾位居"一带一路"重要枢纽的区位优势，加强与东南亚、南亚、西亚等地区金融中心如新加坡、中国香港、孟买、迪拜等城市的经贸、金融交流合作，重点探索绿色金融发展的交流合作机制，推动合作与交流的常态化。加强宜宾金融核心集聚区的海外宣传和推介，在国家相关部门支持下，加速推进金融中心国际化进程。

参考文献

[1] Allan Richard Pred. Place as Historically Contingent Process: Structuration and the Time-Geography of Becoming Places[J]. Annals of the Association of American Geographers, 1984(74): 279-297.

[2] Allen J. Scott. Review, Regions: The Economics and Politics of Territory by Ann R. Markusen[J]. Economic Geography, 1988, 64(2): 188-190.

[3] Amin A, Thrift N. Globalization, Institutions and Regional Development in Europe[M]. Oxford: Oxford University Press, 1994.

[4] August Lösch. The Nature of Economic Regions[J]. Southern Economic Journal, 1938, 5(1): 71-78.

[5] Clark Gordon L, Dariusz Wójcik. An Economic Geography of Global Finance: Ownership Concentration and Stock-Price Volatility in German Firms and Regions [J]. Annals of the Association of American Geographers, 2003, 93 (4): 909-924.

[6] Coase R H. The Nature of the Firm Economica[J]. New Series, 1937, 4 (16): 386-405.

[7] Cowan E. Topical Issues in Environmental Finance[J]. Eepsea Special & Technical Paper, 1998, 43(3): 33-41.

[8] Davis E P. International Financial Centres: An Industrial Analysis[R]. Bank of England Discussion Paper, No. 51, 1990.

[9] Dow S C. Stages of Banking Development and the Spatial Evolution of Financial Systems[M]. Stirling: University of Stirling, 1997.

[10] Edgar M, Hoover Jr. Spatial Price Discrimination[J]. The Review of Economic Studies, 1937, 4(3): 182-191.

[11] Gehrig B. Challenges for Central Bankers in a Changing World[J]. Revista de Análisis del BCB, 1998, 1(2): 9-17.

[12] Gehrig Thomas. Cities and the Geography of Financial Centres[C]. CEPR Discussion Paper Series, No. 1894, 1998.

[13] Glaeser E L, Gottlieb J D. The Wealth of Cities: Agglomeration Economies and Spatial Equilibrium in the United States. Journal of Economic Literature, 2009, 47(4): 983-1028.

[14] Gordon L. Clark, Dariusz Wójcik. An Economic Geography of Global Finance: Ownership Concentration and Stock – Price Volatility in German Firms and Regions [J]. Annals of the Association of American Geographers, 2003, 93(4): 909-924.

[15] Gras N S B. The Development of Metropolitan Economy in Europe and America[J]. The American Historical Review, 1922, 27(4): 695-708.

[16] Gunter Dufey, Ian H. Giddy. The International Money Market[M]. Pearson College Div: Subsequent Edition, 1994.

[17] Isard W. Introduction to Regional Science[M]. Englewood Cliffs: Prentice-Hall, 1975.

[18] Jao Y C. Hong Kong as A Financial Centre of Greater China[R]. CAPS Working Paper Series No. 53, 1997.

[19] Jao Y C. Hong Kong as An International Financial Centre: Evolution, Prospects and Polices[M]. Hong Kong: City University of Hong Kong Press, 1997.

[20] John Friedmann. Poor Regions and Poor Nations: Perspectives on the Problem of Appalachia[J]. Southern Economic Journal, 1966, 32(4): 465-473.

[21] Johnson H G. Panama as a Regional Financial Centre: A Preliminary Analysis of Development Contribution[J]. Economic Development and Cultural Change, 1976, 24(2): 261-286.

[22] Jones G. International Financial Centres in Asia, the Middle East and Australia: A Historical Perspective. In Finance and Financiers in European History, 1880-1960[M]. Cambridge: Cambridge University Press, 1992.

[23] Kindleberger C P. The Formation of Financial Centers: A Study in Comparative Economic History[M]. New Jersey: Princeton University Press, 1974.

[24] Krugman Paul. Cycles of Conventional Wisdom on Economic Development International Affairs[J]. Special RIIA 75th Anniversary Issue, 1995, 71(4): 717-732.

[25] Krugman Paul. Increasing Returns and Economic Geography[J]. Journal of Political Economy, 1991, 99(3): 483-499.

[26] Lundvall B A. National Innovation Systems: Towards a Theory of Innovation

and Interactive Learning[M]. Indianapolis: Anthem Press, 1992.

[27] Martin P, Rey H. Financial Integration and Asset Returns[J]. European Economic Review, 2000, 44 (7): 1327-1350.

[28] Martin R L. Stateless Monies, Global Financial Integration and National Economic Autonomy: The end of Geography? in Money, Power and Space Eds Corbridge[J]. Blackwell, 1944: 253-278.

[29] McCarthy. Offshore Banking Centers: Benefits and Costs[J]. Finance and Development, 1979(9): 45-48.

[30] Mckinnon R. Money and Capital in Economic Development[M]. Washington DC: The Brooking Institute, 1973.

[31] O'Brien R. Global Financial Integration: The End of Geography[M]. Zaragoza: Pinter, 1992.

[32] Park Y S. The Economics of Offshore Financial Centers[J]. Columbia Journal of World Business, 1982, 17(4): 31-36.

[33] Porteous D. J. The Geography of Finance: Spatial Dimensions of Intermediary Behaviour[M]. Aldershot: Avebury, 1995.

[34] Porteous D. The Development of Financial Centres: Location, Information, Externalities, and Path Dependence, Money and the Space Economy[M]. Chichester: John Wiley & Sons, 1999.

[35] Porter M E. The Competitive Advantage of Nations[M]. New York: Free Press, 1990.

[36] Porter M E. The Role of Location in Competition[J]. International Journal of the Economics of Business, 1994, 1(1): 35-40.

[37] Portes R, Rey H. The Determinants of Cross-border Equity Flows: The Geography of Information[R]. Revised Version of CEPR Discussion Paper 2225, 2000.

[38] Raymond Vernon, An Economist's View of Economic Integration[C]. Proceedings of the American Society of International Law at Its Annual Meeting (1921-1969), 1960.

[39] Reed H C. The Preeminence of International Financial Centers[M]. New York: Praeger Publishers, 1981.

[40] Roberts Richard. The City: A Guide to London's Global Financial Centre[R]. Economist Books, 2008.

[41] Salazar J. Environmental Finance: Linking Two World[C]. A Workshop on

Finance Innovations for Biodiversity Bratislava, 1998.

［42］Scott A J. Industrial Organization and the Logic of Intra‐Metropolitan Location: Theoretical Considerations［J］. Economic Geography, 1983, 59(3): 233-250.

［43］Shaw E S. Financial Deepening in Economic Development［M］. New York: Oxford University Press, 1973.

［44］Thomas Gehrig. Cities and the Geography of Financial Centres［R］. CEPR Discussion Paper Series, No. 1894, 1998.

［45］Toward Asian Pacific Financial Centers: A Comparative Study of Financial Developments in Taiwan, Hong Kong and Singapore［J］. Review of Pacific Basin Financial Markets and Policies, 1999, 2(1): 29-55.

［46］Vernon R. An Economist's View of Economic Integration［J］. Proceedings of the American Society of International Law at its Annual Meeting (1921-1969), 1960 (54): 160-169.

［47］Williamson, Oliver E. The Organization of Work a Comparative Institutional Assessment［J］. Journal of Economic Behavior & Organization, Elsevier, 1980(1): 5-38.

［48］Williamson, Oliver E. Economies as an Antitrust Defense Revisited［J］. University of Pennsylvania Law Review, 1977, 125(4): 699-736.

［49］Zhao X B, Smith C, Sit T O. Toward Asian Pacific Financial Centers: A Comparative Study of Financial Developments in Taiwan, Hong Kong and Singapore［J］. Review of Pacific Basin Financial Markets and Policies, 1999, 2(1): 29-55.

［50］阿尔弗雷德·韦伯. 工业区位论［M］. 北京: 商务印书馆, 2010.

［51］安同信, 侯效敏, 杨杨. 中国绿色金融发展的理论内涵与实现路径研究［J］. 东岳论丛, 2017, 38(6): 92-100.

［52］安烨, 刘力臻, 周蓉蓉. 中国区域金融非均衡发展的动因分析［J］. 社会科学战线, 2010(11): 51-57.

［53］巴曙松, 郭云钊. 离岸金融市场发展研究: 国际趋势与中国路径［M］. 北京: 北京大学出版社, 2008.

［54］白钦先. 百年金融的历史性变迁［J］. 国际金融研究, 2003(2): 59-63.

［55］白钦先. 亚洲债券市场发展: 任重而道远［J］. 中国外汇管理, 2004(12): 16-17.

［56］蔡真. 国际金融中心评价方法论研究——以 IFCD 和 GFCI 为例［J］. 金融评论, 2015(5): 1-17.

[57]曹源芳. 基于空间模型的金融支持与经济增长研究——来自中国省域 1998~2008 年的证据[J]. 金融研究，2010(10)：68-82.

[58]查尔斯·P. 金德尔伯格. 西欧金融史[M]. 北京：中国金融出版社，2007.

[59]陈剑. 香港边缘化危机与定位[J]. 粤港澳市场与价格，2006(12)：11-13.

[60]陈铭仁. 金融机构集聚：国际金融中心形成过程的新视角[M]. 北京：中国金融出版社，2010.

[61]陈青松，张建红. 绿色金融与绿色 PPP[M]. 北京：中国金融出版社，2017.

[62]陈瑛，朱远征. 西部区域金融中心建设的模式与路径[J]. 社科纵横，2011，26(11)：34-36.

[63]陈祖华. 金融中心形成的区位、集聚与制度探析[J]. 学术交流，2010(5)：76-79.

[64]崔维纲. 英属维尔京群岛离岸公司一瞥[J]. 工商行政管理，1999(4)：45-48.

[65]道格拉斯·诺斯. 西方世界的兴起[J]. 北京：华夏出版社，2017.

[66]邓翔. 绿色金融研究述评[J]. 中南财经政法大学学报，2012(6)：67-71.

[67]段军山. 国际金融中心成长因素的理论分析及在上海的实证检验[J]. 上海金融，2005(7)：16-19.

[68]鄂志寰. 香港国际金融中心的经验[J]. 深圳大学学报，2015(18)：28-30.

[69]范从来，林涛. 构建南京区域性金融中心的战略研究[J]. 南京社会科学，2005(1)：72-79.

[70]冯邦彦. 香港金融业百年[M]. 香港：香港三联书店，2002.

[71]冯得连，葛文静. 国际金融中心成长的理论分析[J]. 中国软科学，2004(6)：42-48.

[72]傅雪莹，陈才，刘继生，等. 世界金融地理层级性研究[J]. 地理科学，2011，31(12)：1447-1453.

[73]葛凤焘. 合肥市构建区域性金融中心研究[D]. 合肥：安徽大学，2013.

[74]桂花. 新加坡的金融体制转型对中国的启示[J]. 生产力研究，2008(13)：106-108.

[75]郭保强. 从费城到纽约——美国金融中心的变迁及其原因[J]. 华东师

范大学学报(哲学社会科学版)，2000(6)：86-91，124.

[76]何光辉，杨咸月. 避税港离岸金融中心经济有待转型[J]. 外国经济管理，2003，25(12)：31-35.

[77]贺瑛，华蓉晖. 金融中心建设中的政府作为——以纽约、伦敦为例[J]. 国际金融研究，2008(2)：60-66.

[78]贺瑛，等. 国际金融中心比较研究[M]. 上海：上海财经大学出版社，2011.

[79]胡坚. 欣欣向荣的国际金融中心——香港[M]. 北京：北京大学出版社，2007.

[80]黄解宇，杨再斌. 金融集聚论[M]. 北京：中国社会科学出版社，2006.

[81]郎咸平. 公司的秘密[M]. 北京：东方出版社，2008.

[82]李兵兵. 开曼群岛离岸金融中心的形成与发展透析[J]. 商业时代，2009(36)：93-94.

[83]李军. 金融中心形成的国际视角与地方性或有行为[J]. 改革，2011(11)：69-75.

[84]李倩. 新加坡政府在国际金融中心建设中的作用与启示[J]. 现代商业，2012(30)：44-45.

[85]李迅雷. 2020年上海国际金融中心发展战略研究[M]. 北京：中国金融出版社，2016.

[86]李颜."一带一路"倡议下国内区域金融产业发展现状研究[J]. 行政事业资产与财务，2018(9)：42-43.

[87]李永宁. 国际大都市的辐射效应研究——法兰克福都市区发展案例[J]. 城市观察，2013，27(5)：64-76.

[88]李玉萍. 当代金融中心形成与发展的深刻原因解析[J]. 中国集体经济(下半月)，2007(5)：79-80.

[89]连平. 离岸金融研究[M]. 北京：中国金融出版社，2002.

[90]梁璐. 浅析中国建设离岸金融中心的背景及对策建议[J]. 对外经贸，2014(7)：73-75.

[91]刘宏海. 以绿色金融创新支持京津冀协同发展[M]. 北京：中国金融出版社，2018.

[92]刘磊. 郑州区域性金融中心竞争力评价[J]. 金融理论与实践，2012(3)：40-45.

[93]鲁国强. 国际离岸金融市场的发展轨迹及影响研究[J]. 金融发展研究，

2008(2): 15-18.

[94]吕阳. 城中之城[M]. 北京: 中国经济期刊出版社, 2014.

[95]罗伯特·席勒. 非理性繁荣[M]. 北京: 中国人民大学出版社, 2008.

[96]马俊, 等. 国际绿色金融发展与案例研究[M]. 北京: 中国金融出版社, 2017.

[97]马克思, 恩格斯. 马克思恩格斯选集[M]. 北京: 人民日报出版社, 2004.

[98]迈克尔·波特. 国家竞争优势[M]. 北京: 中信出版社, 2012.

[99]孟广文, 赵园园, 刘函, 等. 英属维尔京群岛离岸金融中心发展历程及启示[J]. 地理科学进展, 2017, 36(6): 709-719.

[100]那高. 国际货币关系的理论、历史和政策[M]. 上海: 中华书局, 1985.

[101]宁钟, 杨绍辉. 金融服务产业集群动因及其演进研究[J]. 商业经济与管理, 2006(8): 38-44, 66.

[102]潘英丽, 苏立峰, 王同江, 等. 国际金融中心的形成与发展规律: 历史与理论分析[M]. 上海: 格致出版社, 上海人民出版社, 2010.

[103]钱明辉, 胡日东. 中国区域性金融中心的空间辐射能力[J]. 地理研究, 2014, 33(6): 1140-1150.

[104]任杰, 丁波, 等. 离岸金融中心发展过程中税收因素研究[J]. 经济纵横, 2007(24): 30-32.

[105]丝绸之路经济带战略构想的五大支柱与具体措施[Z]. 中华人民共和国国务院新闻办公室, 2014.

[106]宋湘燕, 李文政. 纽约国际金融中心的资源配置[J]. 中国金融, 2015(18): 22-23.

[107]孙剑. 中国区域金融中心的划分与构建模式[D]. 南京: 南京航空航天大学, 2007.

[108]汤玲. 香港和伦敦国际金融中心的比较[J]. 西南农业大学学报, 2011, 9(4): 26-27.

[109]王传辉. 国际金融中心产生模式的比较研究及对我国的启示[J]. 世界经济研究, 2000(6): 73-77.

[110]王曼怡. 中国特大城市金融功能区竞争力研究——基于波特钻石理论的分析[J]. 经济与管理研究, 2011, 12(12): 69.

[111]王树伟. 金融人力资本与竞争力之间的关系研究[J]. 管理观察, 2008(6): 108-109.

[112]王文越，杨婷，张祥．欧洲金融中心布局结构变化趋势及对中国的启示[J]．开放导报，2011(3)：27-31.

[113]吴红涛．金融深化理论与我国金融体制改革[J]．科技进步与对策，2001(8)：140-141.

[114]肖本华．政府引导下的国际金融中心建设：亚洲金融危机后的新加坡经验及其对上海的启示[J]．华东经济管理，2011，25(1)：13-17.

[115]徐诺金．论我国的金融生态问题[J]．金融研究，2005(2)：35-45.

[116]薛波，杨小军．国际金融中心比较研究——基于路径依赖与蝴蝶效应的分析[J]．新会计，2009(5)：25-29.

[117]严晨．国际金融中心建设的历史比较分析[J]．上海经济研究，2013，25(6)：33-38.

[118]阎丽鸿．香港国际金融中心的特征与结构[J]．金融科学，2016(3)：105-108.

[119]杨开忠，董亚宁，薛领，等．"新"新经济地理学的回顾与展望[J]．广西社会科学，2016(5)：63-74.

[120]杨小军，薛波．国际金融中心比较研究——基于路径依赖与蝴蝶效应的分析(上)[J]．新会计，2009(5)：25-29.

[121]杨秀萍．日元国际化及东京国际金融中心建设的启示[J]．华北金融，2010(1)：39-42.

[122]渝京．海外"避税天堂"[J]．新财经，2009(12)：60-61.

[123]于宁．新加坡国际金融中心启示录[J]．金融博览，2015(5)：44-45.

[124]于文菊．新加坡"监管沙盒"对我国的启示[J]．青海金融，2017(11)：44-47.

[125]俞岚．绿色金融发展与创新研究[J]．经济问题，2016(1)：78-81.

[126]约翰·S.戈登．伟大的博弈——华尔街金融帝国的崛起[M]．北京：中信出版社，2011.

[127]约翰·希克斯．经济史理论[M]．北京：商务印书馆，1987.

[128]曾国平，王燕飞．中国金融发展与产业结构变迁[J]．财贸经济，2007(8)：12-19.

[129]张承惠，谢孟哲．中国绿色金融——经验、路径与国际借鉴[M]．北京：中国发展出版社，2015.

[130]张红地．建立具有中国特色的主板行制度[J]．金融博览，1996(3)：45-47.

[131]张玫．迪拜：石油美元催生金融中心之梦[J]．新地缘金融，2007(1)：

14-16.

[132]张天桂. 新兴国际金融中心的崛起、特色和前景[J]. 经济视野，2016(14)：256-258.

[133]张懿. 伦敦国际金融中心的创新[J]. 中国金融，2015(18)：24-25.

[134]赵弘. 总部经济[M]. 北京：中国经济出版社，2004.

[135]赵剑英. 苏黎世规划建成世界第三大金融中心[N]. 经济日报，2007-10-11(012).

[136]赵蕾，邓迪心，何晓懿. 沙漠金融中心之门——迪拜国际金融中心的纠纷解决机制[N]. 人民法院报，2017-7-14(08).

[137]赵晓斌，王坦，张晋熹. 信息流和"不对称信息"是金融与服务中心发展的决定因素：中国案例[J]. 经济地理，2002(4)：408-414.

[138]郑强，杨瑞. 加勒比海地区离岸金融业的发展与趋势分析[J]. 北方经济，2010(9)：85-87.

[139]周卫民. 低税制：英属维尔京群岛的魅力[N]. 中国税务报，2005-09-14.